복 있는 사람

오직 여호와의 율법을 즐거워하여 그 율법을 주야로 묵상하는 자로다.
저는 시냇가에 심은 나무가 시절을 좇아 과실을 맺으며 그 잎사귀가 마르지 아니함 같으니
그 행사가 다 형통하리로다. (시편 1:2-3)

젊은 시절, 나름대로 다양한 신학 사조를 섭렵하려고 노력했지만 성경의 세계는 내게 여전히 뚫기 어려운 광맥과 같았다. 맥을 찾기 어려웠고 천착의 도구가 부실했기 때문이다. 브루그만의 『예언자적 상상력』을 읽고 마침내 성경의 문을 여는 열쇠를 찾은 듯한 느낌에 사로잡혔던 기억이 생생하다. 일종의 개안開眼이었다. 브루그만은 성경이 인간의 욕망에 부응하는 주류 담론의 폭력성을 폭로하는 동시에 긍휼과 공의에 기반한 새로운 세상으로 사람들을 초대하는 저항 담론임을 설득력 있게 제시한다. 지금까지 나의 설교와 목회의 출발점은 바로 이 책이 전하는 메시지라고 말해도 과언이 아니다. 『예언자적 상상력』 출간 40주년 기념판은, 어쩌면 좌초 위기를 겪고 있는 한국 교회에 건네진 하늘의 구명줄인지도 모르겠다.

김기석 청파교회 담임목사

월터 브루그만의 『예언자적 상상력』은 극단적인 욕망 충족으로 타인의 아픔에 공감할 능력을 상실한 지배 문화에게 하나님의 말씀에 응답할 영적 감수성을 회복해 주는 한편, 왕권 의식으로 가득 찬 지배 문화에 의해 억눌리고 무기력해진 변방 사람들에게 하나님이 일으키시는 새 일에 참여할 수 있도록 희망을 고취시킨다. 모든 육체가 하나님의 영광을 바라보도록 초청하는 나사렛 예수가 전한 복음의 원음原音을 아주 생생하게 재생해 주는 책이다.

김회권 숭실대학교 기독교학과 교수

예언자적 상상력을 필요로 하는 것과, 그것을 실제로 지니는 것은 전혀 다른 문제다. 월터 브루그만은 『예언자적 상상력』을 통해 시대를 꿰뚫는 통찰력으로 절망에 사로잡힌 우리 시대의 삶에 희망이 있음을 보여준다. 교회에서 행하는 평범한 일에서 싹트는 희망, 이 희망에 관한 통찰력이야말로 브루그만의 진면목이라고 할 수 있다.

스탠리 하우어워스 듀크 대학교 기독교 윤리학 명예교수

브루그만은 순화된 교회, 문화에 종속되고 길들여져 치유에 집중하고 있는 교회를 향해 지금이 위급한 때임을 상기시키며 교회를 부끄럽게 만든다. 왕성한 예언자적 진술과 창조적 수단을 통해 성경의 언어를 오늘의 시공간에 선포하는 그는, 말씀하시고 계시하시고 드러내시는 한없이 흥미진진한 하나님, 오직 말씀을 통해서만 알 수 있는 하나님, 또 그 말씀으로 인해 용맹한 전사로 변화된 성령 충만한 설교자들을 통해 자신을 알리시는 하나님을 증언해 준다.

윌리엄 윌리몬 듀크 대학교 실천신학 명예교수

하나님이 우리에게 명령하신 일은 세상 사람들에게 삶과 자유, 행복의 추구라는 것이 무엇인지 보여주려고 하는 것보다 다른 모든 사람을 공동체에 참여하게 하는 일이다. 나는 월터 브루그만이 해준 말을 단 한 번도 잊은 적이 없다. "당신이 정성껏 준비한 세상은 하나님의 은혜로 인해 당신에게서 거두어지고 있습니다."

바바라 브라운 테일러 피드몬트 칼리지 종교철학과 명예교수

여러 해 전, 예언과 목양을 아우르는 사역을 세우려고 애쓸 때였다. 하워드 서먼이 "예수의 종교"라고 부르는 것과 브루그만이 "왕권 의식"이라고 부는 것 사이에 벌어지는 충돌에서 상상력이 어떤 역할을 하는지 월터 브루그만의『예언자적 상상력』을 통해 깨닫게 되었다. 그 깨달음 이후에 여러 해 동안, 어제의 딜레마는 오늘의 위기를 낳았으며 이 위기는 이제 내일의 재앙으로 나타나고 있다. 이러한 짙은 어둠 한가운데서도 브루그만은 이러한 곤란한 문제들을 참고 나아가 극복하도록 우리에게 용기를 불어넣어 준다. 이 일은 강인한 블루스의 탄식과 초월적인 복음성가의 화음뿐 아니라, 여호수아의 노래를 재즈로 연주하여 지배 정치의 견고한 장벽을 허무는 예언자의 즉흥 공연으로 이루어진다.

윌리엄 바버 2세 예일 대학교 신학부 공공신학 교수

나의 영성이 형성되는 데 월터 브루그만만큼 큰 영향을 끼친 사람이 없으며『예언자적 상상력』만큼 도전을 준 책도 없다. 브루그만은 오늘 우리 곁에 살아 있는 신학자 중에서 가장 위대한 사람에 속한다. 아직 이 책을 읽지 않은 사람이 있다면 읽으라. 이전에 읽었다면 다시 읽으라. 지금 교회에게 필요한 것이 있다면 바로『예언자적 상상력』이다.

셰인 클레어본 기독교공동체개발협회 이사, 심플웨이 설립자

대학생 때 처음『예언자적 상상력』을 읽고 내 삶이 변했다. 브루그만의 이 책은 출간 후 40년이 지난 오늘날에도 여전히 시의적절하며, 힘과 통찰력이 넘치고 큰 도전을 준다. 새롭게 출간된 40주년 기념판―데이비스 핸킨스의 멋진 서론을 담고 있다―을 통해, 이 고전적인 저술이 여러 세대에게 영감을 불어넣어 파라오의 정적인 승리주의(오늘날에도 다양한 형태로 널리 퍼져 있다)에 항거하고 지배적인 전체주의 의식을 비판하며, 깊은 슬픔에 처한 하나님의 백성에게 생기를 불어넣는 데 유용하다는 사실을 확인하게 된다.

브렌트 A. 스트론 듀크 대학교 법학과 교수

고전이라는 말이 현대의 독특한 쟁점들을 다루는 데 전혀 도움이 되지 않는다는 뜻으로 비추어질 수 있는데, 이러한 의미에서는 월터 브루그만의 책을 고전이라고 부르는 것은 적절하지 않다.『예언자적 상상력』은 40년 전에 출간되었을 때만큼이나 여전히 중요하고 유익하다. 브루그만의 책은 신학자와 윤리학자들에게 현대의 "왕권적" 정치 체제와 맞서 싸울 예언자적 사명을 부여한다. 브루그만은 성서의 예언자들이 어떻게 편만한 부인과 절망을 뚫고 나아가 누구의 백성인지도 모르는 자기 민족의 기억상실증을 치유하며, 정치 투쟁 한가운데서 생명과 희망과 감사로 굳게 서는 길을 제시했는지를 보여준다. 금권정치가들이 활개 치는 우리 시대에 브루그만의 통찰은 값으로 헤아릴 수 없을 만큼 소중하다.

캐슬린 카베니 보스턴 칼리지 법학과 교수

월터 브루그만의 『예언자적 상상력』은 제목만으로도 많은 학생과 신학도, 설교자와 적지 않은 평신도를 이끄는 힘이 있으며, "거룩한 상상력"으로 타오르는 많은 흑인 설교와 공명해왔다. 이 책이 여러 세대의 성서 해석자들에게 영감을 주어 예언자적 소명으로 감당하게 한 일은 이 책 안팎에서 증언하는 저항이나 종교 정치적 도전을 훨씬 능가한다. 이 책은 지금도 여전히 적절하고 읽기 쉬우며 가르치는 데에도 수월하다.

월 개프니 브라이트 대학교 신학부 구약학 부교수

전통이 현실 체제로 편입되는 시대이기에 이 책이 더욱 적실하다. 전통이 체제에서 벗어날 때 종교와 정치, 경제의 지배적인 성과들을 전복하는 힘을 지니게 되며, 해방을 향한 새로운 활력을 솟구치게 만든다. 이 일은 지난 수천 년 동안 계속되어 왔으며, 이 책이 출간된 후 40년 동안 점차 늘어난—인간과 지구를 파멸로 몰아가는—도전들을 보면서 이 일이 여전히 중요하다는 것을 깨닫게 된다.

요르그 리거 밴더빌트 대학교 신학부 구성신학 교수

여러 세대를 이어 학자와 목회자들의 필독서였던 『예언자적 상상력』은 성서적 예언을 이해하고 예언자적 사역을 강화하기를 원했던 사람들에게 큰 힘이 되었다. 브루그만은 억압적인 이데올로기가 조성한 절망에 대항해 우리도 예언자들이 했던 일을 선택할 수 있다고 말한다. 부인하거나 묵인하는 대신 예언자적 소망을 품고 저항하는 것이다. 부르그만은 예언자적 상상력이야말로 우리가 제국의 끈질긴 조작에 휘말리지 않도록 지켜 주는 방도가 된다고 주장한다.

캐럴린 샤프 예일 대학교 신학부 설교학 교수

월터 브루그만의 『예언자적 상상력』은 시대를 초월하면서도 동시에 저자가 마치 "오늘 우리 시대를 위해" 그 책을 쓴 듯한 느낌을 준다. 죄를 책망하면서도 희망을 담아내는 브루그만의 외침은, 히브리 성서에서 그가 발굴하는 예언자들과 많이 닮았다. 진정 그는 우리 시대의 양심이다.

신시아 쉐이퍼-엘리엇 윌리엄 제섭 대학교 고고학 부교수

『예언자적 상상력』은 우리 눈과 귀를 활짝 열어 예언자의 비전에 담긴 힘과 목적을 보게 해준다. 인간을 소모품으로 여기는 사고가 널리 퍼진 오늘날, 예언자적 상상력을 실천하는 일은 무엇보다 긴급한 소명이다. 월터 브루그만은 그 소명을 정확하게 기술했으며, 그래서 이 얇은 책은 40년 전처럼 오늘날에도 영감을 줄 뿐 아니라 또한 현실에 들어맞는다. 이 새로운 판에서 브루그만은 자신의 주장을 다듬어 우리 시대에 꼭 필요하고 적절한 것을 제시한다.

닐 엘리엇 메트로폴리탄 주립대학교 성서학 교수

명쾌하고 매력적이며, 열정이 넘쳐나는 책이다.
The Christian Century

월터 브루그만은 구약학에 정통한 학자이나, 그의 글은 언제나 오늘날 우리 사회의 이슈에 관해 이야기한다. 이 책에서 그는 '우리를 둘러싼 지배 문화의 의식과 인식에 맞설 수 있는 대안적 의식과 인식을 끌어내고 키우고 발전시키는' 예언자적 목회의 모본을 제시한다. 세심한 독자에게 생각할 거리를 많이 던져 주는 책이다.
Expository Times

우리가 살고 있는 세상은 경제적 풍요, 억압하는 정치, 내재적 종교로 특징지워진 세상이다. 오직 예언자적 열정만이, 불쌍히 여기시는 예수의 파토스만이, 이 시대의 무감각을 꿰뚫을 수 있는 유일한 길임을 이 책은 잘 보여주고 있다.
Benedictines

예언자적 상상력

Walter Brueggemann

The Prophetic Imagination

40th Anniversary Edition

월터 브루그만

예언자적 상상력

복 있는 사람

예언자적 상상력

2009년 11월 16일 개정판 초판 1쇄 발행
2023년 4월 5일 40주년 기념판 1쇄 발행
2024년 4월 17일 40주년 기념판 2쇄 발행

지은이 월터 브루그만
옮긴이 김기철
펴낸이 박종현

(주) 복 있는 사람
주소 서울특별시 마포구 연남동 246-21(성미산로23길 26-6)
전화 02-723-7183, 7734(영업·마케팅) 팩스 02-723-7184
이메일 hismessage@naver.com
등록 1998년 1월 19일 제1-2280호

ISBN 979-11-92675-46-6 03230

The Prophetic Imagination 40th Anniversary Edition
by Walter Brueggemann

애통의 힘과 경탄의 선물을
날마다 내게 가르쳐 주는
목회에 임하는 자매들에게.

일러두기

40주년 기념판을 펴내며,

포트리스^{Augsburg fortress} 출판사는 『예언자적 상상력』의 출간 40주년을 맞아, 월터 브루그만과 함께 28권에 이르는 주요한 유산을 펴낸 일을 감사하며 기쁜 마음으로 새로운 판본을 출간한다. 이 기념판은 2001년에 출간한 개정판을 토대로 삼고, 데이비스 핸킨스의 40주년 기념판 서문과 월터 브루그만의 후기를 새롭게 추가했다.

차례

해설의 글

왜 우리는 월터 브루그만의 『예언자적 상상력』을 읽어야 하는가?

세계는 지금 정신적·영적 시계視界가 불확실한 밤바다에 표류하고 있다. 이 위기는 억제되지 않는 자본주의 세계관과 권력 엘리트들의 탐욕과 지배 이데올로기가 가져다준 재앙이다. 인간의 주변화는 하나님의 진리를 크게 이탈한 고도의 자본주의적 소비 사회가 가져온 필연적 파탄이며 인류 역사를 주도하는 중심부 문명이 맞이한 막다른 골목이다. 소비주의 사회는 특정 계층의 인간들에게 욕망의 과도한 충족을 의미하며, 대다수의 사람들에게는 의식주라는 기본적인 욕망의 부정과 비인간적 궁핍을 의미한다. 고도의 소비주의 사회는 자기부인의 문화와는 정반대로 질주하는 자기파멸적인 욕망의 과잉충족 사회다. 그것은 공동체 안의 가장 주변화되고 연약해진 구성원들의 눈물과 비통에 공감할 수 없는 사회이며, 그래서 하나님의 근심과 탄식을 자아내는 사회다. 그런 사회는 마음이 강퍅해져서 예언자의 목소리에 더이상 응답할 수 없는 무감각한 파라오의 압제 체제이며, 급기야는 예언자적 저항을 불러일으키는 사회다.

오늘날 우리는 주변화된 자들의 정당한 목소리를 누르고 이들의 생명 가치를 능멸하는 자본권력 중심부와 지배 문화의 강퍅하게 된 마음을 두려운 마음으로 지켜본다. 그들은 유난히도 법과 질서를 강조하지만, 긍휼과 비통의 감수성, 체휼과 동정의 마음을 잃어버렸다. 월터 브루그만의 『예언자적 상상력』은 극단적인 욕망 충족으로 타인의 아픔에 공감할 능력을 상실한 지배 문화에게 하나님의 말씀에 응답할 영적 감수성을 회복해 주는 한편, 왕권 의식으로 가득 찬 지배 문화에 의하여 억눌리고 무기력해진 변방 사람들에게 하나님이 일으키시는 새 일에 참여할 수 있도록 희망을 고취시킨다. 이 책은 중심과 주변을 나누고 왕권 의식과 예언자적 상상력을 나누는 외견상의 이항대립 구도를 사용하지만, 실은 모든 육체가 하나님의 영광을 바라보도록 초청하는 나사렛 예수가 전한 복음의 원음^{原音}을 아주 생생하게 재생하고 있다.

이 책은 1978년에 처음 출판된 저자의 『예언자적 상상력』 40주년 기념판이다. 2001년 개정판과 이후 성서연구 분야에서 일어난 변화를 반영하고 있으나 책의 중심 논지는 동일하다. 초판이나 개정판 둘 모두에서 브루그만은, 예언자를 단지 미래를 점치는 자라든지 사회 저항가가 아니라, 인간 정신을 획일화하고 노예화하는 전체주의에 대항하여 한 공동체의 근원적 변화를 촉발하는 사람이라고 정의한다. 모두 일곱 장으로 구성된 이 책은 모세, 예레미야, 제2이사야, 그리고 구약 예언자들의 총합이자 그 이상인 나사렛 예수의 예언자적 상상력과 목회를 감동적으로 분석한다. 모든 장이 설득력 넘치고 역동적인 어조와 문체로 채워져 있으나, 특히 5장과 6장 나사렛 예수의 예언자적 상상력과 목회에 대한 저자의 논의는 십자가 죽음의 대속적 차원만 알고 있는 한국의 그리스도인들에게 공관복음서의 예수상, 곧 나사렛 예수의 예언자적 면모를 입체적으로 재생해 준다. 때로는 과도한 단순화(왕정 체제와 모세 체제, 이사야와 예레미야의 이분법적 구분)가 옥에 티처럼 보이기도 하나, 그것들이 이 책의 중심 논지를 파악하는 데 장애가 되지는 않는다. 우리는 이 책의 순서를 따라 예언자적 상상력의 위력을 음미해 보고자 한다.

예언자적 상상력의 얼개와 메시지

제1장 '모세의 대안 공동체'에서 저자는, 오늘날 미국 교회의 정체성을 앗아 가는 미국의 소비주의를 히브리 노예들을 압제한 파라오의 억압 체제와 견준다. 미국의 자본주의 소비 문화에 교회가 순응하게 된 내적 원인은, 성서의 예언자 신앙 전통을 저버리고 그 결과 교회의 정체성을 상실한 데 있다. 예언자는 한 사회의 지배 문화에 적응하고 동화되어 거룩성을 상실해 가는 교회를 경각시키는 사람이다. 예언자는 지배 문화의 의식과 인식에 맞설 수 있는 대안 의식과 인식을 끌어내고 키우고 발전시키는 예언자적 목회에 투신된 인물이다. 이 예언자적 대안 의식이 바로 예언자적 상상력이다. 예언자적 상상력은 지배 의식을 해체할 목적으로 현존하는 질서의 불법성을 드러내고 "비판"한다. 다른 한편, 그것은 신앙 공동체가 바라볼 하나님의 새로운 미래를 약속하고 선포함으로써 개인과 공동체에게 "활력을 불어넣는" 일을 한다. 저자는 모세가 바로 이런 예언자적 상상력을 구현한 구약성서의 첫 예언자라고 본다.

모세는 정의와 긍휼의 정치를 내세워 파라오의 정적靜的인 승리주의와 억압과 착취 정치를 해체한다. 모세의 핵심 메시지는 이렇게 요약된다. 우리가 만일 "가진 자들의 이익을 옹호하는 질서만 강조하는 정적인 신을 따른다면 억압을 떨쳐 버리는 것은 불가능하다. 반대로, 자유롭게 행하시는 하나님, 곧 기존 체제로부터 자유로울 뿐만 아니라 그 체제를 반대하실 만큼 자유로운 분, 노예들의 탄식을 들어주실 뿐만 아니라 응답해 주실 만큼 자유로운 분, 제국이 정해 놓은 모든 신의 속성으로부터 자유로운 하나님을 인정한다면 이 사실은 사회학에 결정적인 영향을 미치게 될 것이다." 그런데 모세는 자유로운 새 하나님을 소개하거나 사회 해방의 메시지를 선포하는 데서 멈추지 않고, 하나님의 자유의 종교를 인간적인 정의의 정치와 결합하는 데까지 나아갔다.

이처럼 파라오의 고착화된 승리주의와 억압 체제에 대한 모세의 예언자적 상상력은 비판과 활성화로 구성되어 있다. 출애굽기 1-12장에 걸쳐 전개되는 출애굽의 구원 이야기는 이집트 제국의 번영과 막강한 힘을 분쇄하는 하나님의 심판과 재앙의 드라마다. 파라오 체제에 대한 하나님의 심판은 이스라엘의 탄원과 하나님의 긍휼로부터 시작되었다. 여기서 중요한 사실은, 예언자적 긍휼이 역사 발전의 원동력이라는 점이다.^{출 2:23-25} 모세는 젖과 꿀이 흐르는 땅이라는 하나님의 약속과 미래를 제시함으로써 예언자적 활성화의 생생한 예를 제공한다.

제2장 '왕권 의식과 대항 문화'에서 저자는, 모세의 대항 공동체 구축활동은 단순한 반체제적인 사회활동과는 구분된다고 말한다. 모세의 대안 의식, 곧 예언자적 상상력은 종교와 정치 사회적 기존 질서의 해체에 결정적으로 중요했다. 이 대안 의식은 첫째, 체제 고착적인 질서의 신^神 관념에 하나님의 자유라는 관념을 대립시킨다. 이집트의

신들에 의해 영원한 가치가 있다고 선포된 것들이 하나님의 자유 앞에 무력화된다. 둘째, 인간 공동체를 형성하는 일에 결정적으로 중요한 요소는 정의와 긍휼임을 역설한다. 노예와 산파들로 이루어진 소수자 집단이 하나님의 자유라는 관념을 받아들임으로써 이집트의 정적인 승리주의 종교를 돌파할 수 있었다. 노예로 이루어진 소수자 집단이 정의와 긍휼의 정치를 주장할 수 있었던 까닭은, 그것이 억압적인 상황에 저항하는 데 유일한 버팀목이 되어 줄 사회적인 비전이었기 때문이다.

저자는 파라오 체제와 모세의 갈등이 솔로몬적 왕정 체제와 그것에 대항하여 일어난 예언자들에 의해 재현되고 계승되었다고 본다. 브루그만은 솔로몬이 이룬 풍요와 번영은 일부분 억압적인 사회정책 때문이었다고 본다. 솔로몬의 풍요^{왕상 4:20-23}는 억압의 정치^{왕상 5:13-18; 9:15-22}가 가져다준 선물이요 하나님의 친근성을 과도하게 강조하는 내재적 종교^{왕상 8:12-13}에 의해 뒷받침되었다는 것이다. 솔로몬 체제의 내재적 종교는 모세가 그토록 강조했던 하나님의 자유와 하나님의 접근성 사이에 마땅히 존재해야 할 긴장관계를 해소해 버렸다. 하나님의 접근성을 포기하고 하나님의 자유를 강조하는 쪽을 택했던 모세의 종교와 하나님의 접근성을 강조한 솔로몬의 종교는 날카롭게 충돌하게 되었고, 이 충돌이 왕국 시대의 예언자 운동의 배경을 제공했다.

제3장 '예언자적 비판과 파토스의 포옹'에서 저자는, 예레미야를 모세적 의미의 예언자적 상상력을 구현한 예언자의 전범^{典範}으로 파악한다. 예레미야는 애통의 시가를 통하여, 왕권 체제가 있는 힘을 다해 지켜 내려 했던 사회 세계가 종말에 이르렀다는 사실을 선포하고자 애썼다. 그의 예언자적 비판은 분노가 아니라 고뇌였다. 하지만 솔로

몬 체제가 구현한 왕권 의식은 사회의 변두리로 내몰린 자들과 연약한 구성원들의 고통에 공감할 수 있는 격정을 잃어버렸다. 그런데 예레미야는 왕권 의식에 대항하여 예언자적 상상력과 그것에 입각한 상하고 찢긴 공동체 구성원들의 아픔과 탄식을 체현했다. 그는 애통과 공감을 잃어버린 왕에 맞서서 모세적 대안 의식을 구현했다. 냉담한 풍요와 냉소적인 억압과 뻔뻔스런 종교에 맞서서 그는 애통과 격정, 공감과 체휼의 종교를 주창했다.

제4장 '예언자적 활성화와 경탄의 출현'에서 저자는, 예레미야의 사역이 단지 근원적 비판을 넘어 가장 대담하고 창조적인 희망을 선포한 목회였음을 역설한다. 앞서 말했듯이, 예언자적인 대안 공동체는 비판과 동시에 활성화를 기도企圖한다. 예레미야의 목회는 유다 공동체와 바빌론 포로 공동체에게 생생한 신앙과 생명력을 불어넣어, 파국적 멸망 너머로부터 오는 하나님의 미래를 주목하도록 했다. 왕권 의식이 백성들로 하여금 새로운 삶을 향해 나가는 힘을 포기하고 닫힌 현실에 안주하도록 만드는 반면에, 예언자적 상상력에 충만했던 예레미야의 목회 과제는 백성들로 하여금 역사 속에서 일하시며 마침내 새 일을 추진하시는 하나님을 앙망하도록 돕는 일이었다.

기원전 587년에 유다가 바빌론에 의해 멸망당한 왕권 의식이 자신에게 아무런 자원도 남기지 않았다는 현실을 깨닫게 되었을 때, 예레미야는 왕권 의식을 지배했던 절망을 뚫고 하나님의 깊은 섭리 속으로 들어가 유다의 종말에서 시작되는 하나님의 새로운 시작을 통찰했다. 이 공공연한 예레미야의 예언자적 희망의 근거는, 야웨께서 당신의 백성 이스라엘에게 품으신 한결같은 질투였다. 이러한 질투 때문에 하나님은 자기 백성과 함께하시고 그들의 고통을 자신의 고통으로 여기시며 자신의 미래를 그들의 미래로 허락하셨다. 이 하나님의 질투에서 비롯된 새 일은 예언자들에게 경탄의 언어를 고취시켰다. 특히 제2이사야는 절망한 왕들에게 희망을 전하는 예언자를 위한 경탄 언어의 대표적 전령이었다. 그는 예레미야 애가의 파토스와 욥의 분노를 알았고, 또 그것을 몸으로 체험하며 살았던 것으로 보인다. 그럼에도 불구하고 그는 파토스와 분노를 뛰어넘어 희망과 송영의 언어로 나아간다. 제2이사야의 시는 포로생활 종식과 그 후에 벌어질 하나님의 새 역사를 다채로운 경탄의 이미지로 선포했다.

제5장 '나사렛 예수의 비판과 파토스'는 이런 예레미야와 제2이사야 등의 예언자적 비판 목회가 어떻게 나사렛 예수에게 발전적으로 계승되었는지를 추적한다. 브루그만은 나사렛 예수의 예언자적 상상력이 어떻게 현실을 변혁하고 당대의 지배 문화였던 왕권 의식을 비판했는지를 자세히 논한다. 첫째, 예수의 탄생은 그 자체만으로도 지배 의식에 대한 결정적인 비판이 된다. 누가복음에 나오는 예수와 가난한 사람들의 연대, 그리고 마태복음에 나오는 예수와 기존 권력자들과의 껄끄러운 갈등은 모두 왕권 의식을 비판하는 대안 의식의 등장을 웅변한다. 둘째, 나사렛 예수의 하나님 나라 선포[막 1:15; 눅 4:18-19]는 하나님의 친정통치 시대가 도래했음을 통고하는 한편, 당시의 지배 권력자들과 그 하수인들에 대한 냉혹한 비판을 함의한다.

왕권 의식에 도전하는 예수의 하나님 나라 선포는 그의 목회를 통해 실체화되었다. 예수의 근원적 비판을 대표하는 몇 가지 사역들을 살펴보자. 첫째, 예수의 용서 메시지와 용서 행위[막 2:1-11]는 현존하는 종교 체제의 중개 기능과 권위를 위협하는 행위였다. 한나 아렌트가 지적했듯이, 예수가 위험을 자초하게 된 가장 근원적인 행동은 죄 용서였다. 둘째, 예수의 안식일 치유^{막 2:23-28}는 안식일을 관장하고 거기서 이익을 얻는 사람들의 아성을 공격하는 행위였다. 당시 안식일은 사회의 안정을 나타내는 성스러운 표지였기 때문에 안식일 계명을 "위반"하는 일은 사회질서를 교란하는 행위로 간주되었다. 셋째, 버림받은 사람들과 거리낌 없이 나누었던 예수의 밥상 교제는 사회의 근본 도덕을 뒤흔드는 일이었다. 정결한 것과 부정한 것, 옳은 것과 그른 것을 나눔으로써 유지되던 종교 체제를 무력화하는 일이었다. 넷째, 예수의 병자 치유와 귀신 축출은 인간을 병들게 하고 귀신 들리게 하는 극단 경험으로 몰아 가던 당시의 악마적인 사회 체제, 권력 관계의 실상을 폭로하는 일이었다. 그것은 사회가 불결하다고 판정한 사람들^{막 7:24-30}과 죄인들,^{막 2:1-12} 하나님께 벌 받은 사람들^{요 9:1}까지 하나님 나라로 초청하시는 하나님의 무한 자비의 과시였다. 다섯째, 당시 천대받던 여인들에 대한 나사렛 예수의 긍정과 존대는 성차별적 남성지배사회를 타격하는 사회비판적인 자비의 실천이었다. 여섯째, 세금과 빚에 대한 예수의 담론^{마 20:1-16}은 단순히 영적인 가르침이 아니었다. 그것은 세금과 십일조, 사용료, 소작료, 압류 처분으로 인한 재산 상실 등의 문제로 시달리던 갈릴리와 유대 농민들을 자유케 하려는 예수의 정치적 해방 담론이었다. 마지막으로, 예수가 성전에 대해 보였던 태도^{막 11:15-19; 요 2:18-22}는 가장 불길한 체제 전복적 위협으로 간주되었다. 예수는 성전을 비판함으로써, 사실은 자기만족적이고 교조적인 이데올로기로 전락한 성전 체제주의자들의 선택 교리를 공격한 것이다.

　나사렛 예수의 하나님 나라 선포와 실천은 예언자적 긍휼에서 발원되었다. 긍휼은 비판의 근원적 형태이다. 예수의 긍휼은 단순히 개인의 감정적인 반응이 아니라 공적인 사회 비판이었다. 예수는 이 아품 속으로 뛰어들었고, 마침내 그것을 자신의 몸으로 구현했다. 예수는 지배 문화가 거부한 사람들의 애통을 긍휼을 통해 구체적으로 드러냈으며, 이렇게 아픔을 구현하는 행위를 통해 드러나는 그의 권위는 지배 문화의 파멸적 종말을 분명하게 선언한다.

그러므로 예수의 십자가 처형은 왕권 의식에 대한 결정적 비판이 된다. 브루그만은 예수의 십자가 처형을 고매한 사람의 희생이라고 이해하는 자유주의도 거부하고 중보적인 속죄 죽음이라고만 말하는 보수주의도 거부한다. 오히려 그는 예수의 십자가 사건 속에서 예언자적 비판의 궁극을 본다. 그 행위를 통해 예수는 죽음의 세상이 종말에 이르렀음을 선포하면서 죽음을 자신의 인격으로 끌어안는다. 예언자적 비판의 궁극은 하나님께서 당신의 백성이 당해야 할 죽음을 대신 끌어안으신 사건이다. 이러한 궁극적 비판은 의기양양한 분노로 가득 찬 비판이 아니라 파토스와 긍휼로 이루어진 비판이다. 더 나아가, 예수의 수난 고지들과 예수가 십자가상에서 한 말들은 지배 문화와 왕권 의식의 철옹성 같은 죽음의 질서를 궁극적으로 해체한다. 근원적 비판을 이루는 이 전승은 자기를 내어주는 예수의 비움, 지배권을 포기함으로써 다스림, 그리고 자기비움을 통해서만 이루어지는 완성에 관해 말한다. 복종하기 위해 자발적으로 권력을 포기하고 모든 것을 비운 이 분은 다른 누구도 엄두를 못 낼 권위를 가지고 인간다움을 허락하는 지고의 권력자이다. 이 자발적인 권력 포기를 통해 하나님께 절대적 순종을 드린 예수에 대한 십자가 처형은 신앙의 역사 속에 등장한 결정적인 사건이기는 해도 뜻밖의 사건은 아니다. 오히려 십자가 처형은 모세가 파라오와 맞서 싸운 이래로 예언자들이 겪어 온 고난과 희생의 총화이다. 모세와 마찬가지로 예수는 정의와 긍휼의 정치를 무기 삼아 억압의 정치에 맞서 싸웠으며, 이 모든 일이 그의 목회와 죽음에서 드러난다. 모세처럼 예수도 하나님을 포로로 삼은 종교에 대항해, 하나님의 자유 곧 당신의 뜻대로 행하시고 죽음에 대해서도 당신의 뜻을 이루시는 그 자유를 무기 삼아 싸우며 이 일 역시 그의 목회와 죽음에서 드러난다.

제6장 '나사렛 예수의 활성화와 경탄'에서 저자는, 나사렛 예수의 예언자적 사역의 궁극을 더 깊이 다룬다. 그 예언자적 사역의 궁극이란 단지 낡은 체제에 대한 그의 비판에 있지 않고, 그가 하나님의 자유의 종교와 정의와 긍휼의 정치를 통해 새로운 인간적인 시작을 열었다는 데 있다. 나사렛 예수가 말과 행동, 특히 십자가 처형을 통해 왕권 의식을 해체하는 일을 했으며, 또 그의 공동체를 향해 그러한 해체를 슬퍼하라고 요구했다는 것은 사실이다. 그러나 예수의 일에서 핵심은 해체가 아니라 전혀 새로운 하나님 나라의 건설이었다. 이것이 바로 나사렛 예수의 활성화 사역이다. 첫째, 예수의 탄생은 새로운 사회 현실로 나아가게 하는 결정적인 활성화를 의미했다. 모든 옛 역사는 로마 제국 황제의 호적 포고령에 의해 이루어졌으나, 예수가 창시한 새로운 역사는 전혀 다른 방식으로 시작한다. 새 왕의 탄생은 하늘과 이 땅에서 전혀 다른 방식으로 열리는 새로운 시작을 알리는 표지이다. 이 새로운 시작은 옛 질서의 희생자들로부터 나온다. 아이를 낳지 못하는 늙은 여인^{엘리사벳}, 결백하지만 믿음으로 행한 젊은 여인^{마리아}, 말문이 막혀 버린 늙은 남자^{사가랴}, 그리고 사회에서 버림받은 사람들^{목자들}가운데서 시작이 이루어진다.

둘째, 예수의 목회도 근원적인 시작을 열어 주는 활성화다. 예수의 탄생이 새로운 시작에 대한 희망을 담고 있는 반면에, 예수의 사역은 그 희망의 가능성들을 절망의 세상 속에서 온전히 이룬다. 예수의 사역은 대부분 사회의 변두리로 밀려난 희생자들 가운데서 이루어졌다. 셋째, 예수의 가르침은 그의 목회보다 훨씬 더 근원적이었다. 버림받은 사람들과 함께 식사하는 일도 중요하지만, 내부인과 외부인을 가르는 구분이 무너지고 백지화되었다고 선언하는 것은 훨씬 더 근원적인 일이다. 치유하고 죄를 용서하는 일도 가치 있지만, 사람들을 병자와 죄인으로 만드는 조건들이 더 이상 통할 수 없게 되었다고 선언하는 것이 더 크고 귀한 일이다. 특히 누가복음에 나타난 예수의 지복 선언이 근원적인 새로움의 결정체다.

마지막으로, 예수의 부활이야말로 새로운 미래로 향하게 하는 궁극적 활성화다. 부활은 지금까지 존재한 현실에 근거해서는 설명이 안 되는, 전적으로 새로운 하나님의 구원 행위다. 저자는 부활의 역사적 유일회성이라는 특성을 훼손하지 않으면서도, 부활이 예전에 예언자들의 말에 의해 제시되었던 대안적 미래와 동일한 것이라고 주장한다. 모세의 대안 공동체가 능력의 말씀으로 노예들을 해방하신 하나님으로부터 새로운 미래를 선사받았듯이, 예수의 부활은 권리를 박탈당한 사람들에게 미래를 열어 주는 산 소망이었다.

제7장 '목회의 실천에 관한 주'에서 저자는, 1-6장의 내용을 요약한 후에 예언자적 목회와 관련된 실천적인 문제들을 다룬다. 브루그만은 예언자적 목회는 거창한 사회적 십자가 운동이나 의분을 쏟아 내는 비판적인 행동으로 이루어지는 것이 아니라, 현실에 대한 대안적 인식을 제시하는 목회라고 주장한다. 그는 예언자적 목회의 특징을 네 가지로 정리한다. 첫째, 예언자적 목회의 과제는, 자기들에게 특별한 방식을 따라 행하는 특별한 사명이 주어졌다는 사실을 아는 대안 공

동체를 세우는 일이다. 둘째, 예언자적 목회는 죽음의 세상에 대해, 그리고 어떤 상황에든 빛을 비출 수 있는 생명의 말씀에 대해 취하는 태도와 자세, 해석학에 관심을 갖는다. 셋째, 예언자적 목회는 죽음의 세력에 맞서기 위해 애통과 탄식을 피력함으로써 무감각을 꿰뚫고 들어간다. 고통을 드러내어 함께 나누는 일은 고통의 현실을 가라앉게 만들고 죽음을 몰아내는 방법이 된다. 넷째, 예언자적 목회는 절망을 꿰뚫고 들어가서 사람들이 새로운 미래를 믿고 받아들일 수 있게 해 준다. 우리에게 미래가 있음을 믿고 그 미래를 우리에게 있는 그대로 확증해 주는 말과 몸짓과 행동만이 활력을 불어넣어 줄 수가 있다.

마지막으로 저자는, 이런 예언자적 목회를 가능하게 하는 예언자적 상상력, 근원적 신앙은 인간이 쌓을 수 있는 공로가 아니라 하나님의 선물이라는 점을 강조한다. 그는 예수의 관심이 하나님 나라의 기쁨에 있었음을 강조한다. 예수는 이 기쁨을 약속했으며, 사람들을 이 기쁨으로 초청했다. 그러나 예수는 이 미래를 기뻐하기 위해서는 현재의 질서에 애통할 필요가 있다는 점을 분명히 밝혔다. 그런데 이 애통이야말로 하나님 나라의 기쁨에 이르기 위한 형식적이고 외적인 요구 사항이 아니라 유일한 문이자 통로가 된다.

결론적으로 저자는, 예언자적 상상력이란 애통과 희망이 지배 문화의 굴레를 깨뜨린다는 확신을 지닌 참된 신앙인들이 행하는 구체적인 실천임을 강조하며, 이 장 끝에 목회의 실천 후기를 첨부한다. 슬픔과 희망을 품고서 저항과 대안을 이루는 일에 참여하는 구체적인 하위 공동체 몇 곳을 제시하고, 그들을 통해 예언자적 상상력이 현장에서 실천되는 모습을 살펴본다.

예언자적 목회는 오늘도 가능하다

브루그만은 번영과 풍요를 구가하는 주류 사회를 흔들어 깨울 예언자적 목소리는 "자연스럽게" 정치 경제적으로 주도적인 공동체와 갈등관계에 있는 하위 공동체에서 나올 수밖에 없다고 말한다. 그는 미국의 자본과 소비주의가 예언자적 담론과 행동을 촉발시키는 가장 주요한 환경이라고 말한다. 결국 예언자적 목회는, 하나님의 말씀대로 살 능력과 영적 감수성을 잃어버린 주류 문화에 창조적으로 대항하는 하위 공동체를 길러 내는 목회라는 것이다. 그것은 분파주의로 후퇴한 태도를 옹호하는 것이 아니며, 또는 끝없이 저항과 비판을 제기하고 대결적인 "사회 행동"을 실천하는 빼딱한 공동체를 지지하는 것도 아니다. 그것은 지배 문화가 이루어 놓은 모든 "가상현실"에 맞서는 생명과 희망의 공동체를 일구는 목회다.

이처럼 브루그만의 『예언자적 상상력』은, 예언자가 먼 옛 과거에 속한 인물이 아니라 바로 우리 시대에 출현할 수 있는 인물임을 보여 준다. 예언자의 서식지는, 고도의 자본주의적 소비주의 사회, 경쟁과 탐욕으로 인간의 정신을 마모시키는 도시의 소비 문화에 의해 생존의 벼랑 끝으로 내몰린 자들의 누추한 삶의 자리다. 도시에 속한 교회가 바로 이 과도한 욕망 충족의 사회인 도시 문화를 해체하고, 자애와 형제적 우애가 넘치는 사귐의 공동체를 이루는 예언자적 목회를 하기에 적합한 하위 공동체로 부름 받았다. 교회는 왕권 의식에 젖어 자신의 종말이 도래했음에도 불구하고 그것을 지각하지 못하는 벳세다와 고라신과 가버나움 같은 도시 사회가 아니라, 가난하지만 의에 주리고 목마르며 애통하지만 하나님의 은밀한 위로를 경험하는 산상수훈 시민 공동체이기 때문이다. 브루그만은 무감각과 냉정함으로 강퍅하게 된 도시 문화를 살릴 수 있는 유일한 목회는, 예언자적 상상력으로 가득 찬 비판과 활성화를 두 축으로 하는 예언자적 목회임을 설득력 있게 제시한다.

한국 사회는 예언자적 목회 사역을 애타게 갈망하고 있다. 하나님의 아픔, 눈물, 애통에 공감하는 그리스도인들이 예언자적 사역을 감당할 사명자들이다. 그것은 목회자의 전유물이 아니라, 교회 공동체 구성원 모두에게 위탁된 성역聖域이다. 예언자적 목회는 자신의 욕망을 위해 도시를 탐닉하는 자들에게서 기대할 수 없다. 사막의 흙먼지를 뒤집어쓰고 오늘도 인간의 존엄성을 지키기 위해 기진맥진한 이웃들과 함께 숨 쉬는 자들에게서 기대할 수 있다. 예언자적 상상력의 뿌리는 파라오 체제에 대한 적의나 분노가 아니라, 히브리 노예 같은 이웃들의 탄식과 슬픔에 진실한 마음으로 공감하고 공명하는 자비심이다. 예언자적 상상력의 소유자들은 권력자들과 날카롭게 충돌하다가 감옥에 가고, 그 이후에 정치적 유명인사가 되어 주류 사회로 진입하는 그런 정치적 야심가들이 아니다. 무자비하고 무감각한 파라오 같은 자들이 구축한 지배 문화의 변두리에서 시작한 하나님의 애통과 체휼 목회를 남들이 알아주든 알아주지 않든, 죽을 때까지 비영웅적으로 감당하다가 남몰래 죽는 사역자다. 이 책을 다 읽고 나면 교회가 참으로 인류를 향하신 하나님의 선물이라는 말이, 더 나아가 예수 그리스도가 보혈로 값 주고 사신 기업基業이라는 말이 아주 실감나게 다가올 것이다.

김회권 교수
숭실대학교 기독교학과

40주년 기념판 서문

월터 브루그만이 지은 저술들을 보면 당대에 필적할 만한 사람을 찾아보기 힘들 만큼 엄청나다. 그는 비판적인 학술서와 평론, 설교, 기도시 등 다양한 장르를 아우르며 많은 주제에 관해 눈 깜짝할 속도로 책을 펴냈다. 다양하고 광범위한 브루그만의 저술 가운데, 많은 것들이 일찍이 이 작은 책 『예언자적 상상력』에 예시되었다는 사실이 놀라울 뿐이다. 2001년에 쓴 "개정판 서문"에서 브루그만은 이 책을 가리켜 "내 주장이 적잖이 포함"된 "첫 번째 책"이라고 말했다. 지나치게 단순화하는 것일지 모르겠지만 그가 이 책에서 외치는 주장을 몇 가지 명료한 단계로 정리해 보고자 한다.

브루그만은 다양한 이데올로기로 지탱되는 착취 사회들을 탐구한다. 이 이데올로기들은 부와 권력을 휘둘러 소수의 이익을 옹호하고 나머지 사람들을 배제하는 불평등 체제에 대해 실제로나 가상적으로 제기되는 일체의 위협을 철저히 억누른다. 예언자의 일은 고통과 상실, 두려움, 분노, 적대감으로 이루어진 사회의 실상을 폭로하는 애통에서 시작한다. 이러한 탄식을 통해 공동체는 지배 체제의 착취에 대한 부인과 무감각, 비인간성을 꿰뚫고 나아갈 수 있다. 예언자의 외침이 지배 이데올로기의 통제를 약화시킬 때 공동체는 무관심에서 행동으로 나아가는 활력과 힘을 얻는다. 이것을 통해 공동체는 치유뿐 아니라 대안적인 삶의 방식을 향한 희망을 품을 수 있게 되는데, 이때 예언자들은 길들이고자 하는 억압에 충분히 맞서도록 힘찬 예술적 재능을 사용해 대안적인 삶의 방식을 제시하고 실천할 수 있어야 한다. 예언자적 상상력은 다음과 같은 세 가지 기본 단계로 실행된다. (1) 예언자적 상상력은 사회 부정의에서 생겨나는 고통과 상실에 대해 진지하게 외침으로써 지배 체제의 착취에 대한 부인을 거부하고 절망을 꿰뚫는다. (2) 공동체가 좀 더 정의로운 질서를 상상하고, 그 상상대로 살 수 있도록 활력을 불어넣는 옛 예술가 전통들을 의지하여 기억상실증을 극복한다. (3) 해방된 미래라는 놀라운 선물에 대한 희망과 감사로 마무리 짓는다. 이 세 가지 단계는 브루그만의 후속작에서도 기본적인 뼈대로 계속 유지되며, 이러한 이유로 사람들은 브루그만이 수십 권의 책을 저술하는 모습을 보면서도 그가 계속해서 『예언자적 상상력』을 쓰고 있는 것이라고 생각했다.

　『예언자적 상상력』이 40년 동안 계속 필요했으며 발전을 멈추지 않은 것에는 두 가지 주요한 이유가 있다. 먼저 성서 자료에 대한 이 책의 접근 방식이 폭넓으면서도 깊고 도전적이며 다수의 성서학과 다른데, 이 책의 깊고 다양한 통찰을 파악하기 위해서는 지적인 성장을 필요로 했다. 이것은 단순히 브루그만이 그의 시대보다 한 걸음 앞서갔다—실제로 그렇지만—는 문제가 아니다. 사실상 이 책 자체가 저자를 앞서갔다. 브루그만은 2001년 개정판의 서문에서 이 책의 제목을 "예언자적"과 "상상력"이라는 말을 결합해 정한 것은 나중에 "우연히 이루어진" 것이라고 밝혔다. 그 후 상상력이—성서 본문과 그 해석, 공동체의 실천 등에서—담당하는 중요하고 다양한 역할을 다룬 브루그만의 저술들을 볼 때, 이 책의 제목이 완전히 우연의 산물이라고 보기는 어렵다.[1] 다시 말해, 그때 이후로 우리는 어떠한 예언적인 글이나 과업도 상상력의 기능을 고려하지 않으면 제대로 파악할 수 없다는 것을 배웠으며, 따라서 이제는 이 책의 제목을 엄밀히 공식화하는 것이 필요해 보인다. 이것은 『예언자적 상상력』에 분명히 나타나 있지만 이 책을 앞서 읽었던 독자들에게는 명확하지 않았을 것이다.

브루그만을 비롯해 많은 학자들이 40년 동안 계속 연구하고 노력한 결과로, 이 책이 담고 있는 주장들의 깊이와 풍요로움이 분명하게 드러났다. 예를 들어, 상상력에 관한 브루그만의 연구는 문학비평과 철학 등 여러 분야에서 큰 발전을 이루는 데 영향을 주었다. 후기 구조주의나 포스트모더니즘이라고 불리는 이 발전들은, 개념적 내용을 산출하고 그 가치를 평가하는 일에서 비개념적인 내용(공연, 생활방식, 행위, 이미지 및 기타 감각적인 특징들)이 맡는 역할을 깊이 이해하는 일과 관련된다. 하지만 나는 이 논점을 이론적으로 다루기보다 개인적인 경험에서의 구체적인 사례를 통해 살펴보고자 한다.

나는 예언적 수사법과 문학에 관해 가르치는 세미나에서 매번 학생들에게 캐슬린 오코너Kathleen O'Connor가 2011년에 예레미야서에 관해 연구한 논문[2]을 읽게 한 뒤에 『예언자적 상상력』을 읽도록 한다. 오코너와 브루그만은 컬럼비아 신학교에서 오랫동안 동료로 행복한 시간을 보냈으며, 그곳에서 나는 두 분에게 배우는 행운을 누렸다. 두 분은 긴 시간 동안 서로 돕고 격려하며 깨우치는 관계였다. 오코너는 브루그만의 연구를 기초로 삼아 예레미야서를 연구하며, 트라우마와 재난에 관한 연구를 덧붙인다. 이 연구 분야는 20세기의 끝에서 힘 있고 독특한 학문 분야로 등장했다. 1978년에 처음 출간된 이 책에서 브루그만이 애통과 애도에 대해 성찰한 내용이 최근의 연구와 일치한다는 사실은 놀라운 일이다. 오코너는 브루그만의 책과 씨름한 뒤 새로운 탐구 분야에 대한 지식으로 그 책을 보충하기 때문에, 독자들은 먼저 『예언자적 상상력』을 읽고 그다음에 오코너의 책을 읽는 것이 적절할 수 있다. 하지만 경험상 오코너의 글을 먼저 읽음으로써 더 많은 것을 배우는데, 트라우마와 재난의 영향을 연구한 사람들이 세운 이론적 체계와 실제적 경험에 대한 오코너의 설명은 브루그만 이론의 깊이와 함의를 보다 면밀히 이해할 수 있는 배경이 되기 때문이다. 예를 들어, 브루그만은 지배자의 왕권 의식이 현실 체제를 영속화하는 도구로 사용하는 무감각과 부인, 강력하고 철저한 지배를 파헤친다. 학생들은 가정폭력의 희생자들의 대응기제로 흔히 나타나는 심리적 반응들에서 이것과 동일한 증상들이 어떻게 나타나는지를 먼저 살펴봄으로써 사회현실을 이해할 준비를 갖추게 된다. 또한 고통의 경험을 드러내고 애통을 표현하는 행위가 사회정치적으로 적극적인 잠재력을 지닌다고 보는 브루그만의 견해는, 질병 치료에서 이 행위가 담당하는 본질적인 역할을 연구한 뒤에 더 명료해진다.

　『예언자적 상상력』이 40년 동안 계속해서 다듬어질 필요가 있었다고 판단하는 두 번째 이유는, 이 책이 사회 현실에서 진단하는 문제들이 과거의 일로 사라지지 않았기 때문이다. 또한 이 책에서 주장하고 있는 비판적이고 활력을 불어넣는 예언적 활동이 지금도 여전히 적실성과 생명력을 유지하기 때문이다. 브루그만이 왕권적 현실이라고 부르는 것과 예언자적 상상력을 가르는 여러 요소 가운데서 부의 불공평한 분배와 불의한 경제적 착취는 사회적 불평등과 억압에서 핵심 역할을 하는데, 이러한 사회적 불평등과 억압은 부의 불공평한 분배의 토대가 되며 불의한 경제적 착취를 초래한다. 제2차 세계 대전이 끝난 뒤 30년 동안 비교적 심각하지 않고 변동도 없었던 부와 수입의 불평등이 1970년대 후반으로 들어서면서, 특별히『예언자적 상상력』이 개정된 2001년에 이르러 유럽의 부자 국가들과 미국에서 극적으로 증가하기 시작했다.[3] 수입과 부의 불평등이 급속도로 커지는 형편에서도 미국 인구의 대다수가 받는 임금은 변화가 없었다.[4] 부와 수입의 격차를 심화시킨 조직적인 힘이 이러한 현실 체제를 떠받치는 것이다. 브루그만에게 "예언자적 목회의 일차적 과제는 특정한 공적 위기들을 다루는 것이 아니라, 영속적이고 쉽게 해결되지 않는 근원적 위기, 곧 우리의 대안적 소명을 무력화하고 길들여 버리는 위기와 씨름하는 것"이다. 경제적인 관점에서 볼 때 이 말의 의미는, 예언자들이 주로 맞서고 다툴 대상은 과도한 보수를 받는 최고 경영자나 기업 회장, 대학교 총장, 미식축구 코치, 프로 운동선수 등이 아니라 부의 분배 격차를 계속해서 심화시키는 사회경제적인 지배 세력이라는 것이다. 이와 마찬가지로, 우리의 경제 체제가 성장과 윤택한 삶을 가능하게 해주는지가 쟁점이 되는 것이 아니라, 미래에 많은 사람들에게 폭넓은 혜택을 베푸는 대안적 경제 유형을 우리가 상상하게 해주는지가 쟁점이 된다.

이러한 경제적 현실은 정치 및 공공 정책과 분리될 수 없다. 지난 40년 동안 이루어진 수많은 정책 결정은 불평등을 심화시키는 결과를 가져왔으며, 이 불평등으로 인해—2008년 이후 10년 동안 금융이 주도적으로 세계 경제를 붕괴시키는 형편에서도—우리 경제 체제에 대한 금융 지배가 더욱 강화되었다.[5] 그 외에 정치적인 불안들도 이 현실을 지속시켰다. 브루그만은 왕권 체제가 힘과 지배력을 유지하기 위해 사용하는 다양한 수단을 폭로한다. 그 수단들로서 도덕적 우월성이나 의로운 보복, 평화, 복지와 같은 거짓 명분을 내세우며, 이로써 비판을 억누르고 사리사욕과 피해자 책임 전가, 불평등과 같은 현실을 감추려고 애쓴다.

예언자들은 핵심 가치가 무너진 현실을 지속시키려는 행위들에 대해 애통해하고 비판해야 하며, 그 가치들을 기초로 삼아 국가의 이익을 정하는 대안 정책들을 상상해야만 한다. 이것이 마틴 루터 킹이 그의 "꿈"을 담은 연설을 시작하며 외쳤던 것이다. 그는 미국 헌법과 독립선언문에서 아프리카계 미국인에게 제시한 "약속 어음", 그러나 여전히 현금화할 수 없는 그 약속 어음을 존중하라고 미국을 향해 외쳤다.[6] 예언자들은 공동체를 향해 혼란한 현재의 상황에서 돌이키고 일어나 가장 근본적인 가치들에 충실하라고 외친다.

『예언자적 상상력』이 처음 모습을 드러낸 이후로 수십 년 동안 이민자와 난민, 외국인 문제나 성적인 평등과 권리를 위한 투쟁처럼 인종 문제가 현실적인 쟁점이 되었다. 브루그만은 "목회에 임하는 자매들"에게 이 책을 헌정했으며, 최근에 『타임』지는 "미투 운동 #MeToo"을 2017년 "올해의 인물"로 선정했다. 또한 위에서 언급한 예언에 관한 수업, 그 마지막 시간에 학생들은 스토클리 카마이클Stokely Carmichael이 "흑인의 생명도 중요하다Black Lives Matter"라고 외친 운동을 알지 못했음에도 40년 전에 이미 그와 동일한 시대정신을 주장했다는 사실을 알고 놀라워했다. 물론 이처럼 말한다고 해서 미국에서 이 쟁점들과 관련해 이루어진 진보를 부인하는 것은 아니다. 카마이클 같은 예언적 지도자들이 헛되이 수고하고 죽은 것이 아니기 때문이다. 하지만 이 사회적 문제들의 근본은 그대로 남아 있으며, 대안을 찾아가는 단계마다 따라 나온다. 윌리엄 바버^{William Barber}가 '도덕적 월요일^{Moral Mondays}' 운동과 '가난한 이들의 운동^{Poor People's Campaign}'에서 자주 언급했듯이 『예언자적 상상력』은 문제를 규명하고 다듬는 것과 해방을 쟁취한 미래를 상상하고 추구하는 일에 도움을 주었다. 이것이 바로 브루그만의 책이 40년 동안 변함없이 필요했던 이유다.

『예언자적 상상력』은 성서 본문을 단순히 정책 입안이나 문화 비판을 위한 도구로 다루지 않는다. 브루그만은 예언자들이 전문가가 아니라 시인이고 설교자라는 사실을 중요하게 여기며 그 함의를 한결같이 강조한다. 예언자들이 예기치 못한 일을 허용하지 않는 지배적 담론의 얄팍한 산문에서 상상력을 해방하는 시적 언어를 다듬듯이, 예언자들의 주님께서도 지배 의식이 인정하지 않으며 알 수도 없는 영역에서 매개자를 통해 일하신다. 하나님은 교리에 의해 규정되거나 사회 제도에 얽매이지 않으신다. 오히려 하나님은 예언자들이 하나님의 이름으로 외치는 새로운 의미와 예상치 못한 가능성, 의식하지 못한 진리들을 통해 인간 공동체를 계속해서 놀라게 하신다. 그 일을 나타내는 한 가지 사례가 『예언자적 상상력』이다. 궁극적으로 『예언자적 상상력』은 이웃에 대한 분노나 공격, 증오로 인해 정체불명의 불안에 휩쓸린 문화 상황 속에서 하나님의 미래를 위해 일하는 백성인 기독교에게 새로운 미래를 제시하고자 애쓴다. 불행하게도 주류 기독교는 병든 문화를 자라게 하는 것에 이바지했으나, 브루그만은 예언자적 전통이―교회 안과 밖에 퍼진―그러한 질병 속으로 파고드는 이물질, 곧 그 질병을 치유하고 대안을 세워 가는 항원과 같은 것이 되기를 소망한다. 이 책은 1978년에 출간된 뒤 40년이 지나도 여전히 긴요하며, 이 책에서 제시한 약속은 갈수록 힘이 넘친다. 남은 과제는 그 대안을 상상하고 실행에 옮기는 것이다. 그 결과에 감사하고 또 감탄하게 되기를 소망한다!

데이비스 핸킨스
애팔래치아 주립대학교
2018년, 마틴 루터 킹 기념일에

『예언자적 상상력』 40년을 돌아보며

책의 수명으로 40년은 긴 시간이다. 많은 독자들이 오늘날에도 이 책이 해석학적으로 유효하다고 인정해 주니 어깨에 힘이 들어간다—독자들이 이해해 주기를.

『예언자적 상상력』을 쓴 뒤, 40년의 세월을 돌아보며 예언적 패러다임에 관한 내 표현에서 특별히 한 가지 말을 바꾸려 한다. 나는 고대 이스라엘의 예언자들이 활동한 사회-이데올로기적 상황을 가리켜 "왕권 의식"이라는 말을 사용했다. 이제는 "왕권 의식"을 "전체주의"로 바꾸어, 후기 자본주의에서 우리가 처한 상황과 유사한 다른 상황들에도 좀 더 유연하게 적용하도록 했다. 나는 로버트 리프턴[Robert Lifton]을 통해 "전체주의"라는 용어를 배웠다. 리프턴은 다양한 형태의 이데올로기 정권들을 연구하여 그 정권들이 자신들의 주장을 "전체주의화"하는 데 동원하는 특징적이고 끈질긴 실태를 밝혀 냈다.[1] 또한 우리는 리프턴의 배후에 있는 에마뉘엘 레비나스[Emmanuel Levinas]의 "전체성" 개념을 생각해 볼 수 있다.[2] "전체주의"라는 말은 지배 이데올로기가 사회의 전 영역을 장악하고 대안적 가능성을 전혀 용납하지 않는 사회-이데올로기적 질서를 가리킨다. 그것이 외치는 주장이 "전체"다!

 소위 "종교적 진보주의자들" 사이에서는 대체로 사회 정의를 옹호하는 모든 일을 가리켜 "예언적"이라고 부른다. 이 어법 자체에는 문제될 것이 없다. 하지만 엄밀히 따지면, 고대 이스라엘에서 "예언적"이라는 말은 사회 정의 문제를 가리키는 것이 아니었다는 사실을 알 필요가 있다. 오히려 고대 이스라엘에서 예언적이라는 말은 언약의 주님이신 야웨께서 옛 서사와 노래와 시를 이용해, 실제 인물과 살아 있는 행위자로 말씀하시는(종교적 진보주의자들에게는 당혹스러운 주장이다) "하나님 행위"를 가리킨다. 예언 신탁이 대체로 "만군의 주가 말한다"라거나 "주님께서 나에게 말씀하셨다"라는 표현으로 이루어지는 이유는 예언자의 발언이 "하나님 행위"이기 때문이다. 다시 말해, 이러한 발언과 행위를 통해 예언자들은 하나님의 힘과 의지와 목적이 실행되고 진지하게 받아들여지는 세상을 만들어 간다. 더 나아가 예언자들은, 하나님의 일을 철저히 거부할 뿐 아니라 무기력한 신을 자신들의 후견인으로 삼는 정권의 한가운데서 이 일을 수행한다.

 예언자들은 야웨의 특별한 뜻과 목적(토라에서 드러난다)이 그 시대의 전체주의 밖에 있으며, 전체주의의 힘에 의해 조롱당하거나 무너질 수 없다고 주장한다. 사회나 제의의 관행들이 하나님의 목적을 침해하거나 부정할 때 하나님은 여러 대리자와 중보자를 통해—때로는 "자연" 재앙이나 다른 나라를 통해—심판하신다고 예언자들은 말한다. 하나님의 목적은 당연히 약자들(과부와 고아, 이민자들)을 위한 사회 경제적 정의와 관련되지만, 때로는 유일하신 하나님의 성품에 일치된 삶을 살지 못하는 하나님의 백성을 거룩하게 훈련하는 일과도 관련된다(레 19:2; 겔 22:26을 보라). 우리가 "예언"을 하나님의 섭리를 외치는 일과 상관없는 것으로 보며 사회 정의에만 관련시킬 때, 종교적 진보주의자들이 그러하듯 사회 정의를 전체주의의 울타리 안에 가두게 될―다시 말해 근본적인 변혁을 이루지 못할―가능성이 크다. 하지만 이스라엘 예언자들이 거듭 강조한 바에 따르면, 어떠한 전체주의 정권도 심지어 거룩한 도성 예루살렘의 전체주의일지라도 하나님의 섭리를 외치는 일을 용납하지 않으며, 용납할 수도 없다.

예언자들은 하나님께서 전체주의 밖에서, 전체주의를 초월해서, 그리고 전체주의와 상충되게 행동하실 자유가 있다고 주장한다. 그러한 이유로 예언자들은 하나님의 약속으로 선포되는 하나님의 새 일을 기대한다. 따라서 예언자들은 "그날은 반드시 온다"라거나 "그날이 오면"이라고 확신 있게 주장할 수 있다. 기대하던 그날에 하나님께서 이루실 새 일은 진정한 새로움이다. 그것은 현재의 삶의 환경에서 도출하거나 추론하는 것이 아니다. 그래서 예언자들은 예언적 심판과 예언적 약속을 증언하며 현실의 전체주의와 상관없이 오직 하나님의 결의로 이루어지는 세상을 외친다. 전체주의자는 전체주의가 끝날 수 있으며, 끝나게 될 것이라는 사실을 인정하지 않는다. 또한 어떤 새로운 대안이 가능하다는 사실도 믿지 않는다. 시적 선포를 통해 드러나는 하나님은 전체주의의 허황된 주장에 조롱당하지 않는 주권자이시며, 예언자들이 외치는 전체주의의 종말에 의해서도 휩쓸리거나 무너지지 않고 약속을 지키는 분이시다.

예언자들이 제도적 정의를 외친 것이 사실이지만, 내가 보기에 예언자의 발언이 전체주의의 극렬한 반감을 불러일으키는 이유는 사회 정의를 옹호하기 때문만은 아니다. 오히려 반감의 이유는, ("미국을 다시 위대하게"라는 구호에 나타나듯) 전체주의 정권은 자신을 궁극적인 것으로 치켜세우는 데 반해 언약의 하나님(창조주 하나님이시다)께서는 말씀으로 전체주의의 주장을 부차적인 것으로 만들어 버린다는 사실에서 찾을 수 있다. 예언자의 해체 행위는 전체주의가 요구하는 궁극적인 충성과 복종을 인정하지 않는다. 하나님의 말씀은 그 모든 주장을 헛된 것으로 무너뜨린다.

심판과 희망을 증언하는 예언자는 익숙하고 통제된 전체주의 세상이 무너질 것과, 전체주의 세상과는 완전히 다른 대안적 세상의 출현을—미묘한 시적 형식을 통해—선포한다. 예언자들은 청중 앞에 펼쳐진 가시적이며 구체적인 세상과는 전혀 다른 세상을 전한다. 따라서 예언자의 발언은 "상상적" 특성을 지녀야 한다. 다시 말해, 예언자의 발언은 쉽게 통제할 수 있는 세상과 질적으로 다른 세상을 불러내고 펼쳐 보이는, 말과 이미지로 이루어지는 상상의 행위여야 한다. 그러므로 정권이 절대적이고 영원하다고 착각하며 버틸 때, 예언자들은 철저히 전통을 기초로 삼아 사회 현실을 깊이 간파하며, 강력한 언어의 힘을 사용해 현실 세상이 심판과 위협 아래 놓였음을 상상한다.

심지어 예언자들은 정권이 틀어쥔 거룩한 도성Holy City의 종말까지 상상할 수 있다. 그래서 예언자들은 전체주의 밖에서 오는 새로운 세상, 전체주의자들은 불가능하다고 여기는 그 세상을 상상한다. 예언자들은 정권의 역량을 벗어나 있는 새로운 사회정치적 현실 세상이 출현하는 것을 상상한다. 전체주의는 자신이 절대적이고 영원하다고 상상하는 데 반해, 예언자적 상상력은—정반대로—옛 세상은 끝나고 새 세상이 출현하는 일을 상상한다. 이러한 상상력 사이의 다툼은 쉽게 해결되지 않으며, 오히려 청중을 실패한 상상력과 이해할 수 없는 새 상상력 사이의 곤경 속에 빠뜨린다.³ 성서 정경이 형성되면서 상상력 사이의 다툼은, 전체주의의 상상력을 배척하고 예언자적 상상력을 옹호하는 방향으로 해결되었다. 역사적 사건들이 상반된 사실을 보여줄 때가 있지만, 예언자적 상상력은 정경 속에서 온전히 참된 것으로 인정받는다.

내가 이 책에서 제안했던 패러다임은 이후에 펴낸 많은 저술에서도 중심 뼈대 역할을 했다는 사실을 뒤늦게나마 확실히 알게 되었다. 그래서 나는 *Hopeful Imagination, Reality, Grief, and Hope*, 최근에 펴낸 *The Practice of Prophetic Imagination*(『예언자적 설교』)에서 그 생각을 좀 더 명확하게 제시했으며, 덜 명확하지만 많은 책들을 통해서도 설명했다.[4] 여러 잡지에 실은 논문 중 오랫동안 사랑받은 두 논문이 이 패러다임을 설명하는 데 도움이 된다. 먼저 "탄식의 상실에 따른 값비싼 대가The Costly Loss of Lament"에서는—중산층 교회와 정치 문화에서 흔히 보이듯—행복하고 무비판적인 복지에 대한 관심 때문에 고대의 탄식과 저항과 고발 행위들이 무시되고 부인될 때 어떤 일이 일어나는지를 살펴보았다.[5] 시민 문화에서 탄식의 상실은 부인을 초래하며, 그 결과로 지배적인 사회 체제를 실패나 비판을 초월하는 것처럼 드높인다. 교회에서는 이러한 상실로 인해 복음이 "낙심케 하는 말이 전혀 들리지 않는" 완전한 행복 가운데 하나로 변질된다. 게다가 많은 목회자들이 그 현상을 유지하는 일에 매달린다. 하지만 예언자적 현실에서는 (실제 삶의 현실에서와 마찬가지로) 그 환상이 지속될 수 없다. 탄식하고 저항하며 고발해야 할 것들이 많기 때문이다. "상실에 따른 값비싼 대가"는 복지라는 환상과 결탁하는 일로 나타나고, 신학에서는 "십자가의 신학"을 버리고 "영광의 신학"에 매달리는 결과로 나타난다.[6]

둘째로, 나의 논문 "풍요의 예전과 결핍의 신화The Liturgy of Abundance and

the Myth of Scarcity"에서 불평등을 꾀하는 사람들이 사용하는 요소가 "결핍"이라는 사실을 분명하게 밝혔다.[7] 사회의 결핍을 빌미로 작동하는 정권은 다른 사람의 필요를 무시하면서 비축하고 축적하며 더 나아가 독점하는 일을 정당화하며, 심지어 그러한 방법으로 약자에 대한 강자의 폭력을 조장하고 정당화하기까지 한다. (그래서 우리는 특성상 위로부터 밀어붙이는 "계급전쟁"을 치르고 있으며, 우리의 경제 현실을 가리켜 워렌 버핏은 "계급전쟁이 진행 중이며 우리가 이기고 있다"고 말했다.) 풍요를 노래하는 이스라엘의 송영들(시편 104편과 145편이 그 예시다)은 창조주 하나님의 번성하게 하시는 은혜를 선포한다. 따라서 결핍을 외치는 구호는 창조주께서 번성하게 하신다는 신앙의 주장들과 상충한다. 시장 이데올로기(전체주의가 우리 가운데 구체화된 독특한 형태)가 일으킨 광적이고 끝없는 탐욕은 실생활의 구체적인 결과를 통해 신앙의 주장들에 타격을 가한다.[8]

도널드 트럼프가 이러한 전체주의의 강력한 대변자로 활약하는 상황에서, 내가 나서서 우리 가운데 벌어지는 전체주의와 예언자적 상상력 사이의 뿌리 깊은 다툼을 증언할 필요는 없어 보인다. "미국을 다시 위대하게"라는 트럼프의 구호는 인종주의적 편견을 정당화하고 "아메리칸 드림"의 예외주의를 무비판적으로 추종하는 강력한 이데올로기다. 그러나 이 이데올로기는 트럼프 대통령이 창안한 것이 아니며 유럽-미국의 예외주의 전통에서 매우 오래된 것으로, 코튼 매더Cotton Mather의 초기 청교도주의에서 이미 작용했다. 이 냉혹한 이데올로기는 모든 사회관계를 돈으로 환산하고 사회적 기회 전체를 상품화하며, 전체주의에서 합당한 자격을 얻지 못하는 잉여 인간을 한없이 쏟아 낸다. 시장 이데올로기의 세부적인 면모에 관해서는 각자 의견 차이가 있을지 모르지만, 그 이데올로기가 강력한 힘으로 우리 시대를 주도하고 있다는 사실에는 논쟁의 여지가 없다.

이러한 이유로 우리 시대는 예언자적 상상력이 필요한 시대, 다시 말해 시장 이데올로기가 떠받들고 정당화하는 세상과는 다른 세상을 세우는 능력이 필요한 시대라는 결론에 이른다. 오늘날 예언자적 상상력을 실행하기 위해서는 다음과 같은 일이 중요하다.

- 교회가 자선을 베푸는 일로 만족하는 체질에서 벗어나 정의의 문제를 끌어안게 한다.
- 교회가 "돈의 흐름을 추적하는" 방법을 체계적으로 인식하도록 변화시킨다.
- 언약의 하나님을 따르는 옛 전통을 의지해 의와 정의와 신실함을 일상생활의 중심으로 삼으며, 이로써 돈과 권력과 지혜의 자리를 새롭게 규정하는 길을 제시한다(렘 9:23-24; 마 23:23을 보라).
- 우리 시대를 휩쓸고 있는 안락하고 편리한 영광의 신학들이 십자가의 신학과 어떻게 모순되는지를 제시한다.

지금은 우리 사회를 압도하는 전체주의에 맞서 싸울 용기와 자유가 필요한 때다.

이 책을 계속해서 펴내고 40주년을 맞아 기념하게 해준 포트리스 출판사와 편집자들에게 감사드린다. 또한 이 책이 학문적 연구의 자원으로서 지닌 가치를 인정해 준 많은 독자들(목사와 수녀, 교사, 학생들을 포함해)에게 감사드린다. 예언자적 상상력은 언제나 그러했듯 원대한 결의를 토대로 삼으며, 심판 아래 놓인 실패한 세상으로부터 복된 소식을 통해 펼쳐지는 새로운 세상을 향한 그 길에서 이 예언자적 상상력은 신뢰할 수 있는 많은 동료를 필요로 한다. 그 "길"은 실패한 것(우리가 소중하게 여겨온 것)은 내버리고 하나님께서 주실 것을 받아들이는 길이다. 그 길은 탄식을 통해 송영으로 이어지고, 결핍에서 풍요로 나아가는 운동이다.

2017년 강림절에
월터 브루그만

개정판 서문

1978년에 출판된 『예언자적 상상력』은 내가 쓴 첫 번째 책이었다. 그 책에는 교회에서 선생의 위치에 있던 내 주장이 적잖이 포함되었다. 그때 이후로 나는 많이 변했다. 그러나 그 책에서 내가 주장했던 기본 명제는 여전히 내 관심을 사로잡고 있으며, 이후 내 저술 활동의 근간을 이루어 왔다. 그 당시에 내가 말한 것과 이제 말하고자 하는 것 사이에는 분명한 연속성이 존재한다.

1

동시에 그때 이후로 많은 일들이 변했다. 그런 변화 중 세 가지를 살펴보자. 첫째, 그 시절 이후로 비판적인 성서연구의 경향과 방법이 놀라울 정도로 변했다. 내가 책을 펴냈던 1978년과 그 직전의 몇 년 동안은, 비록 새로운 연구 경향을 보이는 실마리들이 얼핏 눈에 띄고는 있었으나 성서연구는 여전히 역사비평historical criticism 안에서 이루어졌다. 이런 식으로 역사비평의 틀 안에서 예언서의 본문text을 연구한다는 것은 곧 예언자들의 인격personality을 그들이 속한 역사적 상황context

에서 이해하고, 나아가 본문을 그 상황에 비추어서 일반적인 주제를 추론하는 것을 뜻했다. 따라서 예언서 본문을 실제로 "예언자적 목회 prophetic ministry"에 사용하는 일은 대체로 아모스가 아마샤에게 맞섰던 식 으로암 7:10-17 기성 권력에 직접 맞서서 대항하는 일을 의미했다. 지금 생각하면 단순해 보이는 그런 연구 방식이, 참으로 대담하고 용감한 목회를 하도록 힘을 주고 권위를 부여해 주었다.

그러나 그 당시 성서연구에는 진부한 역사비평을 넘어서거나 새롭게 하는 방법론들이 서서히 드러나기 시작했다. 특히 내 책이 나온 다음 해인 1979년에는 노먼 갓월드Norman Gottwald가 멋들어지게 구약성서 연구에 사회과학적 비평social-scientific criticism을 소개했다. 이 비평은 성서 본문을 이데올로기적 진술로 보는 길을 열어 놓았는데, 성서 본문은 특정한 사회 행동과 정책, 사회 비판과 공인을 통해 형성되고 또 역으로 그러한 행위들을 불러내기도 하는 이념적 진술이라는 말이다.[1] 로버트 윌슨Robert Wilson 덕분에 우리는 예언자들이 외로이 기존 체제에 대항해 외쳤던 사람들이 아니라, 사실은 관련된 중요한 이해 집단을 대신하여 그들의 생각을 사회적으로 공표한 대변인이었다는 사실을 알게 되었다.[2] 이러한 연구의 결과로 인해, 사회 현실을 규정하는 문제로 옳고 그름을 다투었던 여러 사회 세력들을 배경으로 해서 예언서 본문을 볼 수 있게 되었다. 따라서 본문들의 배후에 있는 사회 과정, 또 본문의 영향을 받아 이루어졌던 사회 과정에 비추어서 예언서 본문을 이해할 수 있게 되었다.

이와 비슷하게, 1978년 당시에는 구약성서 비평 연구에 아직 수사학적 비평rhetorical criticism이 등장하지 않았고 또 수사비평이 밝혀낸 상상력의 생성적generative이고 구성적인 능력도 소개되지 않았다. 내 책이

출판된 해인 1978년에 필리스 트리블Phyllis Trible은『하나님과 성의 수사
학God and the Rhetoric of Sexuality』을 출간했는데, 이 책은 구약성서 연구에서 공
적 담화(본문도 포함해)가 대안적인 세상을 가져오는 방식을 연구하게
된 명확한 출발점이 되었다.[3] 이 수사학적 비평과 더불어 상상력을 다
룬 폴 리쾨르Paul Ricoeur의 중요한 저작들을 통해 본문, 그중에서도 특히
성서 본문은 발화發話, utterance 행위 속에 존재하는 "대안적인 세상"을 찾
고 제공하는 상상력의 행위라는 사실이 분명하게 밝혀졌다.[4] 트리블
의 이 초기 저작이 나온 이후로, 신학적 상상력에 관한 문헌이 폭발적
으로 쏟아져 나왔으며, 종래의 지배적 견해와는 달리 상상력이 지식
의 합당한 방법으로 인정받게 되었다.[5] 이러한 새로운 지식의 등장으
로 성서 본문들, 그중에서도 특히 예언서 본문들은 "의심의 여지없이
당연한 세상들"(옛 자유주의의 전제)과 정면으로 상충하는 대안적 사회
현실을 담고 있는 시적 시나리오라는 사실이 밝혀졌다. 시대를 초월하
여 공동체의 규범으로 주장되어 온 정경적 본문은 전혀 다른 인식과
태도와 관행 위에 세워진 공동체와는 불가피하게 충돌할 수밖에 없었
는데, 이제 이러한 연구 결과로 그런 공동체도 그 본문을 받아들여 순
종할 수 있게끔 가르치고 제시할 수 있게 되었다(상상력/순종). 이렇게
창의적 상상력을 발휘하는 수사학에 관심을 갖게 됨으로써 예언서 본
문을 지배 현실과 맞서는 새 현실을 제시해 주는 본문으로 이해하고
말할 수 있게 되었다. 지배 현실은 제도적이고 지배적인 권위를 누리
면서도 자기 자신에 대해서는 철저히 무비판적인 특성을 띤다.

    1978년 이후로 나타난 변화 중 두 번째는 내 자신의 관점이 바뀌
었다는 점이다. 이 책의 초판에서 "목회에 임하는 자매들"에게 바친 헌
정사와 더불어 89쪽에 인용한 호세 미란다Jose Porfirio Miranda의 글은, 그 당

시 내가 다양한 형태의 해방신학에서 나온 여러 관점을 나의 해석적인 작업에 통합하는 시작 단계에 있었다는 사실을 말해 준다(대부분의 사람들이 갓 시작하고 있었다). 해방의 해석학liberation hermeneutic의 쟁점들에 내가 지속적으로 지녔던 관심은 그때 이후로 강화되어 왔다. 물론 해방의 해석학에 대해 끈질기게 제기된 비판도 잘 알려져 있다. 그러나 내가 보기에 그런 비판들은 대체로 사회 현실의 쓰라린 아픔은 알지 못한 채 사회적 풍요를 누리는 비평가들에게서 나온 것이며 잘못되었다. 만일 우리가 삶의 현장 속에서 착취와 해방이라는 문제를 다룬다면, 예언자적 성격을 띠는 성서 본문들이 사회 정의라든가 사회적 관심, 사회 비평 같은 문제들과 밀접하게 연결되어 있다는 사실을 부정할 수 없다는 것이 내 생각이다. 게다가 미국 교회가 세계화의 강력한 물결에 휩쓸리고 교회의 신앙과 실천이 쉽사리 소비자 상품이 되어 버리는 현상이 나타나면서, 그 어떤 방법에 대한 비판보다는 "예언자적 의식"이 가장 긴급한 일이 되었다. 어쨌든, 오늘날 "왕권 의식royal consciousness"의 지배적 권력이 거의 절대적인 힘을 휘두르고 있으며, 그런 까닭에 내가 초판에서 펼쳤던 논증의 기본 원칙들은 그 당시에 비해 오히려 더 중요하게 되었다고 생각한다. 게다가 내 신앙에 비추어 내가 속한 현실의 상황을 바라보면 이 원칙들에 대한 확신은 훨씬 더 강해진다.

세 번째 변화는, 교회 "주류"의 표현을 빌려 말하면, 내 책 초판이 발행된 이후로 교회 공동체가 점차 중심에서 밀려나고 특권을 박탈당해 왔다는 사실이다. 이러한 교회의 주변화marginalization에 대해 많은 분석이 이루어지고 분노가 표출되었으며, 나아가 수많은 원인이 그 범인으로 지목되었다. 그러나 오랜 기간 계속되고 큰 힘을 발휘해 온 세속화를 그 원인으로 보는 게 가장 적절한 "설명"일 것이다. 제도로서의 교회가 이렇게 변두리로 밀려난 이유가 무엇이든, 결과에 대해서는 의심의 여지가 없다. 이러한 사회 현상이 우리에게 주는 의미는, "예언자 대 왕"이라는 구약성서의 관념을 그대로 베낀 "예언자 대 기성 권력"이라는 오래된 대결 모델confrontational model이 점차 힘을 잃고 사회적 영향력을 상실하게 되었다는 사실이다. 대결 모델은 "예언자의 목소리"가 사회적으로나 도덕적으로 큰 힘이 있어서 사람들을 귀 기울이게 할 수 있다고 생각한다. 교회들이 누렸던 옛날 식의 "예언자적 지위"는 권위가 오늘날 많이 떨어졌으며, 그 결과 예전의 대결 모델은 전반적으로 무기력한 처지에 놓여 있다. 내가 보기에도 의심의 여지가 없는 이러한 사회 현실에 비추어 볼 때, 오늘날 "예언자적 특성"을 지켜 가기 위해서는 훨씬 더 명민하고 교묘해야 하며 또 훨씬 더 역설적일 수밖에 없다는 생각이 든다.

이러한 이유로, 거창한 대결을 특징으로 하는 예언서 본문들을 직접적으로 흉내 내거나 재연해서는 안 된다는 사실을 아는 것이 중요하다. 이와는 달리, 그 본문들을 예언자로 살고자 하는 이들에게 지혜와 용기를 주고 힘을 실어 주는 자료들로 보아야 할 것이다. 그러나 이렇게 하는 데는 그 본문들을 어떻게 구체적인 사건에 적용할지를 알기 위해 엄청난 상상력이 요구된다. 우리 시대의 상황을 이해하는 데 필요한 이러한 적용은, 예전의 대결 모델이 하던 식으로 예언서 본문을 "인격"으로 이해하는 것이 아니라 본문을 본문 자체로 파악하는 데서 시작한다. 따라서 오늘날 필요한 일은 상대적으로 힘없는 예언자적 목소리에 본문에 뿌리를 두면서도 자유롭고 과감하게 본문을 넘어 구체적 환경으로 들어가게 해 주는 상상적 방법들을 찾아 주는 일이며,

이런 이유에서 내가 상상력을 강조한 일은 정확하게 옳았다. 이렇게 상황을 고려하는 방식을 따르면서 사회적 관점과 사회 정책을 강화하는 것이 아니라 바꾸는 것을 목표로 삼는다면, "예언자적 상상력"은 지금까지 자유주의가 해 온 대결을 훨씬 넘어서는 과제를 안게 될 것이다.

2

나는 지금까지 "왕권 의식"과 "허위의식false consciousness"을 거의 동일한 것으로 말해 왔으며, 따라서 이제 내 동료인 로버츠J. J. M. Roberts와 그의 학생들이 내 견해에 대해 끈질기게 제기한 비판에 응답할 때다. 그비판의 한결같은 주장은 내가 구약성서 속의 군주제에 대해 너무 비판적이었으며, 또 왕권이라는 주제를 너무 혹독하고 부정적으로 다루어 왔다는 것이다. 그럴지도 모른다. 그러나 나는 우리 각자가 문제를 제기하는 관점에 아주 미묘한 차이가 있으며, 그에 대한 근거를 밝히는 것이 중요하다고 생각한다. 첫째, 나는 왕과 관련된 본문 속에 들어 있는 이데올로기에 대해 진지한 사회 비판을 하려고 했다. 다시 말해, 나는 그 본문에 의심의 해석학hermeneutic of suspicion을 적용했다. 솔로몬의 통치가 파국으로 끝난 이유를 설명하기 위해 우상숭배왕상 11:1-13에다 노동문제와 관련된 경제정책의 비판왕상 12:1-19을 결합하는 것을 볼 때, 내가 제기한 의심의 해석학이 옳다는 생각이 든다. 우상숭배와 경제정책을 하나로 엮은 것을 보면, 그 본문이 군주제를 의심의 눈길로 보았다는 사실을 알 수 있다. 둘째, 분명한 사실은 그 군주제는 끝장이 났고, 구약성서 어디를 읽어 보더라도 한결같이 율법Torah에의 불순종을 그러한 결말에 이른 원인으로 지목하고 있다는 점이다. 내가 보기에, 사람들은 대부분 율법에의 불순종과 사회의 현실적인 문제는 전혀 별개의 일이라고 여기는 게 분명하다. 따라서 나는, 실제 현장에서도 그렇지만 구약성서 속에서 군주제를 신학적으로 강하게 옹호하는 경우는 대체로 일체의 사회적 분석을 무시하고 있고 또 일종의 순진성으로 이루어진 것이 틀림없다고 믿는다. 셋째, 군주제를 옹호한 이유가 그리스도의 도래를 왕조 혈통의 완성으로 제시할 수 있기 위해서라는 것이 내 생각이다. 다시 말해, 그렇게 옹호한 데는 신학적 동기가 있으며, 이것은 내가 하고 있는 분석과는 성격상 전혀 별개의 것이라는 말이다. 나는 내 비판자들에게 학문적으로 정당한 판단 외에는 강요할 생각이 없으며, 결국 우리는 본문이 무엇을 말하는지에 대해 의견의 일치를 이루지 못할 것이다. 내가 보기에, 우리의 판단은 그들의 것이든 내 것이든 어느 것도 객관적이거나 공평한 것은 없다. 단지 내가 생각하는 차이점이 어떤 것인지를 제시하고, 나아가 그 문제에 관한 내 판단이 매우 잠정적이라고 인정하는 것이 바른 태도라고 생각한다.

3

"예언자적"이라는 말과 "상상력"이라는 말을 연결한 것이 아주 중요한 것으로 드러났다. 그러나 솔직히 말하면 이 구절을 책의 제목으로 정한 것은 우연히 이루어진 일이며, 책 출판 과정에서 나중에 결정된 일이었다. 그럼에도 다행스러운 까닭은, 냉랭하고 대결적인 분위기의 예언자적 신앙에 상상력이 빠진다면, 애초부터 성공을 기대할 수 없는 것이기 때문이다. 책 제목의 구절과 관련해 기분 좋은 일은, 내 책이 출간된 직후인 1982년에 F. 애설스Asals가 플래너리 오코너 Flannery O'Connor의 작품을 연구하여 그것을 『플래너리 오코너: 극단의 상상력Flannery O'Connor: The Imagination of Extremity』이라는 제목으로 출간했다는 사실이다.[6] 더 기쁜 일은, 그 책의 6장 제목이 '예언자적 상상력'이라는 점이다.[7] 물론 오코너의 격렬한 예술적 재능과 내 글을 연결시킨다는 것이 그때나 지금이나 무리이기는 하다. 그럼에도 내가 확신하는 사실은, "예언자적"과 "상상력"을 연결함으로써 불가피하게 예술의 영역으로 들어가게 되었으며, 그리하여 제 마음대로 진리를 주무르거나 길들이려는 패권적이고 해석적인 권력의 영향을 받지 않고서 자유롭게 진리를 논할 수 있게 되었다는 점이다. 애설스는 오코너의 저술에 대해 다음과 같이 평가한다.

> 오코너가 발견한 상상력은 훨씬 더 많은 것을 이루어 낼 수도 있고 또 환상적visionary 인식의 통로가 될 수도 있다.……아퀴나스와 같이, 오코너에게도 인간의 무의식 속에 깊이 뿌리 내리고 있는 상상력은 자신의 심층과 무한히 넓은 우주를 연결하는 고리가 되며, 유한한 인간에게 자신의 묵시적apocalyptic 운명을 드러내는 길이 된다.……그녀에게 상상력은 프로이트Freud가 이름 붙인 어떤 힘 못지않게 위험한 힘이다. 왜냐하면, 상상력이 자유롭게 발휘되는 충격적인 절정 단계에 이르러서 상상력이 열어 보이는 것은 자기 이야기의 주인공들의 삶을 파괴하는, 달갑지 않은 비전이기 때문이다.[8]
> ……예언의 말씀의 제도적 수호자인 교회가 "주께서 말씀하셨다"고 외치는 개인의 목소리를 좋게 봐줄 리가 없었다.[9]
> ……후기의 소설에 나타나는 금욕주의는 몸과 감각을 부인하기는커녕 오히려 끈질기게 긍정하고 있으며, 또 그것들을 자기 소설의 주인공들이 지닌 허위의식으로부터 해방시켜서 현실을 경험하도록 만들기 위해 애쓴다. 그러나 예언자적 정신에게 현실은 항상 이중적이다.

즉 "이 세계는 단순한 이데아의 그림자가 아니고 실재다. 그러나 절대는 아니다. 세계는 하나님과 더불어 있음으로써만 현실로 존재한다."[10] 오코너의 성례전 개념에서 초자연적인 것의 전달자로 등장하는 것은 자연 세계이며, 그녀의 등장인물들은 감각을 온전히 되찾음으로써 초자연을 받아들일 수 있는 상상력을 펼칠 능력을 지니게 된다.[11]

고난은 예언자적 의식의 중심이다. "예언자는 고통을 당할 각오가 되어 있다. 예언자가 나서서 이루어야 할 일 중의 하나는, 사람들이 고난을 감당하는 능력을 강화시키는 것이요, 삶과 고통 사이에 가로놓인 장막을 찢어 버리는 것이다."[12] ……오코너에게서, 이런 고행적인 의무는 예언자적 의식의 한 부분을 이룬다…….[13]

소설가로서 플래너리 오코너는 "사회적으로 바람직한 기독교"에 대해서는 전혀 관심이 없었으며, 따라서 그에 대한 상상력도 없었다.[14]

구체적이고 열정적이며 상상적이고 예언적인 형식을 띠는 예언자의 말은 그럼에도 불구하고 "날카로운 칼"이 되며, "교화하기보다는 충격을 주기 위한" 비전을 제시한다.[15]

온화함은 기만일 뿐이며, 과격한 태도만이 현실에 맞닿을 수가 있다.[16]

오코너의 글이 난해하듯이 애설스가 분석해 놓은 글도 어렵다. 그러나 여기서 나는 그들의 글을 설명하지는 않겠다. 첫째, 오코너가 내 글에도 굉장히 중요한 인물인 아브라함 헤셸Abraham Heschel을 크게 의지하고 있다는 점을 밝히는 것으로 충분하다. 둘째, 오코너가 사용하는 "예언자적"이라는 관념은, 설명하기가 불가능하고 그녀의 작중인물들의 정상적인 수준을 벗어나는 진리라는 점을 지적하는 것이 중요하다. 예언자적이라는 것은 일상적인 일과 논리적 수준을 완전히 벗

어난 것이며, 그런 까닭에 예언자적이라는 말은 곧 상상적이라는 말과
연결되어야 한다는 것이 내 주장이다.

애설스의 분석을 통해, 오코너가 "허위의식"에 관심을 갖는 일을
중요하게 여긴다는 것이 확실해졌다. 이 허위의식은 내가 "왕권 의식"
이라고 이름 붙인 것으로, 진리를 받아들이는 데 거부반응을 보이는
폐쇄적인 권력을 가리킨다. 또 기성 제도와 사회 관습은 그러한 상상
력에 전혀 호의적이지 않다는 점도 분명하게 드러났다. 예언자의 말과
행동이 불합리한 일로 보이는 것이야 어쩔 수 없겠으나, 온전한 상상
력의 핵심 진리를 이루는 것이 바로 불합리성이다.

4

이 책의 목적은 교회의 실천에 도움을 주는 것이며, 따라서 예언
자적 목소리들의 "자연 서식지"에 대하여 논하는 것이 마땅하겠다. 완
전한 자유로 행하시는 하나님은 당연히 언제 어디서 어떤 환경에서든
"예언자들을 일으키시고" 그들의 말과 행위에 권위를 부어 주실 수 있
다. 그러나 만일 우리가 이 문제를 인간적인 측면에서 생각한다면, 어
떤 사회적 환경의 경우 다른 환경에 비해 예언자들에게 더 우호적이
고, 예언자들이 등장할 수 있는 장소로 더 적절할 수가 있다는 점은 놀
랄 일이 아니다. 나는 윌슨이 제시한 "변두리 예언자"라는 관념을 따
라, 예언자들은 "자연스럽게" 정치 경제적으로 지배 공동체와 긴장관
계에 있는 하위 공동체에 속한다고 말한다.[17]

예언 활동의 모태가 되는 하위 공동체는 지배 공동체의 공적 삶
속으로 참여하게 되며, 이때 이러한 참여는 어떤 특정한 관점과 의도
에 따라서 이루어진다. 이러한 하위 공동체는 대체로 다음과 같은 특

성을 지닐 것이다.

- 오래되고 이용 가능한 기억을 지니고 있다. 이 기억은 현재의 세대를, 노래와 이야기story로 표현되는 분명한 과거 속으로 깊이 젖어들게 만든다.
- 구체적으로 표현되어 이용 가능한 고통에의 감각이 있다. 이 고통은 실제적인 사회적 사실로 간직되고 거듭 언급된다. 이 고통은 공적인 방식을 통해 구체적으로 확인되며, 오랜 동안은 감내하기 어려운 일로 여겨진다.
- 희망의 적극적인 실천이 있다. 이 공동체는 언젠가는 반드시 이루어질 약속, 그러나 지금은 심판을 받고 있는 약속에 대해 알고 있다.
- 여러 세대를 거쳐 오면서 소중히 지켜 온 효과적인 담론discourse의 방식이 있다. 이것은 고유한 것으로 여겨지며, 오직 내부자만이 알 수 있는 방식으로 풍부하게 암호화되어 있다.

간단히 말해서 이러한 하위 공동체는, 몸을 지닌 역사적 실존인 인간의 기본적이고 본질적인 실재들을 긍정하고 존중하고 귀하게 여기는 공동체다. 분명한 사실은, 이 하위 공동체는 자기들이 오랜 세월 동안 지배 공동체와 긴장관계에 있었다는 사실을 알았다는 것이다. 지배 공동체가 이들에게 보인 반응은 좋아 봤자 귀찮게 여기는 정도요, 최악의 경우는 가차 없는 제재로 나타났다.

위에서 살펴본 특징으로부터 다음과 같은 세 가지 사실을 정리할 수 있다.

1) 20세기의 탁월한 "예언자적 인물들"이 등장했던 환경은 억압

적이기는 했어도 강탈적인 과학기술에 의해 완전히 막혀 버린 상황은 아니었다는 점을 들 수 있다. 즉 그들은 하위 공동체들이 저항하고 대안을 제시할 만큼은 자기 몫의 영역을 주장할 수 있는 환경에서 활동했다.

2) 미국이 지닌 엄청난 과학기술적 능력은 미국에서 저항과 대안의 하위 공동체들이 형성되고 유지되는 일을 매우 어렵게 만들었다. 게다가 우리가 소중히 다뤄 온 "개인의 자유"에 관한 논의와 비교해 보면, 동질성homogeneity을 요구하는 힘은 참으로 거대해서, 때로는 속이기도 하고 때로는 강제력으로 몰아붙이고 때로는 풍요라는 거부하기 힘든 유혹을 수단으로 우리를 억누르는데, 어느 경우든 하나같이 "차이점"을 용납하지 않는다.

3) 번영하는 미국의 기독교 교회가 훨씬 더 잔혹한 다른 사회들 속에서 활동하는 저항과 대안의 하위 공동체들을 그대로 흉내 내지만 않는다면, 미국의 하위 공동체인 교회도 하나의 목회 방식으로 고려해 볼 만하다. 이렇게 말한다고 해서 분파주의로 후퇴한 태도—흔히 스탠리 하우어워스Stanley Hauerwas와 윌리엄 윌리몬William Willimon에게 이러한 혐의를 뒤집어씌운다—를 옹호하는 것은 아니며, 또는 끝없이 저항과 비판을 제기하고 대결적인 "사회 행동"을 실천하는 뻐딱한 공동체를 지지하는 것도 아니다. 반대로, 이 말이 가리키는 공동체는 인간의 삶을 건강하게 유지해 주는 기억과 희망과 고통이라는 문제들을 주요 의제로 다루면서, 오늘날의 지배 문화가 이루어 놓은 모든 "가상현실"에 맞서는 공동체다. 성서적 신앙을 깊이 살펴보면, 성서 본문의 담론 자체가 이러한 공동체를 가능하게 하는 말의 방식을 제공해 준다는 사실을 알 수 있다. 이러한 하위 공동체를 세우고 지켜 가는 데는 저항의 몸짓과 깊은 희망의 행위에 기꺼이 참여하고 함께하려는 자세가

요구된다. 역으로, 이러한 몸짓과 행위가 가능하기 위해서는 의도적으로 교회, 곧 공공의 일에 참여하려는 복음적인 의지를 지닌 하위 공동체에 초점을 맞춰 일하는 목회 지도력이 필요하다.

오늘날 우리는 전 세계에 걸쳐서 억압에 맞서는 예언자들을 목격할 수 있다. 소비주의가 지배하는 우리 사회의 전자적인electronic 환경 속에서 예언자적 담론과 예언자적 행동을 그려 본다는 것은 그리 쉬운 일은 아니지만, 그럼에도 불구하고 그러한 소비주의는 미국에서 예언자적 신앙이 활동할 가장 주요한 환경이다. 살아 움직이는 모든 하위 공동체들이 증명해 주듯이, 어떤 하위 공동체가 생기 넘치는 곳이 되기 위해서는, 하나님께서 주신 변함없는 목적들로 말미암아 그 공동체는 다를 수 있고 또 달라야 한다는 확신이 반드시 필요하다. 우리는 이러한 확신을 쉽게 잃어버리곤 하는데, 그렇게 되면 절망적으로 현실과 타협하는 결과가 나타나고, 예언자적 특성이 전혀 자랄 수 없는 환경이 등장한다.

5

매우 고무적이고도 혼란스러운 책인 윌리엄 카바노William T. Cavanaugh의 『고문과 성만찬: 신학, 정치 그리고 그리스도의 몸Torture and Eucharist: Theology, Politics, and the Body of Christ』을 통해 나는 신학적 상상력에 대해 전혀 새로운 이해를 갖게 되었다.[18] 이 책은 피노체트Pinochet가 통치하던 공포의 시대에 칠레 로마 가톨릭 교회가 취했던 처신과 역할에 대해 놀라울 정도로 비판적으로 성찰한다. 카바노는 피노체트가 자행한 고문과 테러의 고의성을 분석하였다. 그에 따르면, 그러한 행위의 목적은 인간적인 공동체를 불가능하게 만들고 인간적인 의견 차이나 대안이 들어설 자리를 제거해서 국가의 독재를 공고히 하는 데 있었다.

이 책에서 카바노는, 폭정의 시대 처음 몇 년 동안 교회와 그 지도자들이 관심을 기울이지 않고 수동적으로 모든 것을 체제에 맡겨 버렸다고 밝히고 있다. 그러나 어느 때인가부터 교회의 주교들은, 공동체를 일으켜 세우는 성만찬의 기적이 하나님의 통치의 수단이며 또 정부에 맞서는 저항 공동체들을 일으켜 세우는 실제적 도구라는 사실을 깨닫기 시작했다. 그리하여 실천적 고려와 더불어 깊은 신학적 근거 위에서, 성만찬이 고문에 대한, 비록 위험부담이 크지만 효과적인 대책이 된다는 사실이 밝혀졌다. 카바노는 이 책의 마지막 부분에서 로렌스 손턴Lawrence Thornton의 소설 『아르헨티나 상상하기Imagining Argentina』[19]를 인용해 예전적liturgic 상상력이 지닌 힘에 대해 성찰하고 있다. 이 소설에서 주인공인 카를로스 루에다는 "기적을 행하는 특이한 능력", 곧 예지적인anticipatory 상상력의 행위를 통해 미래를 창조하는 능력을 선물받는다. 카바노는 다음과 같이 요약한다.

더욱 놀라운 일은 카를로스가 받은 은사가 단순히 일을 꿰뚫어 보는 능력을 능가한다는 점이다. 그가 사람들에 관해 하는 말은 실제로 현실을 바꾸어 버린다. 한밤중에 사람들이 나타나서는 제 어미와 함께 살해당한 아기들을 돌려준다. 두꺼운 콘크리트 벽에 구멍이 뚫리고 고문당한 죄수들이 걸어 나와 자유를 얻는다. 카를로스는 상상력을 통해, 사라져 버린 사람들을 실제로 찾아낸다.……카를로스의 친구들은 기적 같은 일들에 대한 증거를 보고서도 의심을 버리지 못하고, 카를로스가 탱크와 이야기를, 헬리콥터와 단순한 상상을 구분하지 못하는 것이라고 주장했다. 그들은 그 충돌 현상을 단지 환상fantasy 대 현실이라는 관점에서만 볼 뿐이었다. 그러나 카를로스는 그 다툼

이 상상과 현실 사이의 일이 아니라 두 가지 유형의 상상력, 즉 장군들의 상상력과 그들의 반대자들의 상상력 사이의 일이라는 점을 분명히 알았다. 고문이 자행되고 사람들이 사라져 버리는 악몽과 같은 세상은 장군들이 아르헨티나와 그 백성을 어떤 모습으로 상상하느냐와 밀접하게 연관되어 있다. 카를로스는 "자신이 구스만과 그 일당에 의해 강요된 꿈을 꾸고 있던 것이라고, 그들의 상상력 속에서 살아왔던 것"이라고 깨달았다.[20]

이어서 카바노는 그 소설에서 직접 인용한다.

그들은 이 정권이 들어서기 전 시대를 기억한다. 그러나 기억 너머로 자기들의 상상력을 펼치지 않는다. 희망을 품는 일은 너무도 고통스럽기 때문이다. 그 인간들이 차 안에 앉아 상상하는 것을 우리가 받아들이는 한, 우리는 끝장이다.……우리는 상상의 힘을 믿어야 한다. 그것이 우리가 가진 전부이며 또 우리의 상상력은 그들의 것보다 강하기 때문이다.[21]

이어서 카바노는 이 소설에 대한 평으로 결론을 짓는다.

내가 해 온 식으로 고문을 "국가의 상상력"이라고 부르는 것이 결코 고문의 현실을 부정하는 것은 아니다. 오히려 고문이란 국가 차원에서 이루어지는 상상력의 음모에 특별한 용도로 쓰기 위해 육체를 희생시키는 드라마의 한 부분이라는 사실을 밝히기 위해서다. 게다가 『아르헨티나 상상하기』에서 카를로스의 상상력은 실제적인 결과들로 구체화된다. 국가의 상상력을 떨쳐 버리는 것은 곧 육체가 해방되는 것을 의미한다. 상상력은 바로 "존재의 장엄한 이유"라고 정의된다. 손턴의 소설은, 성만찬이 고문에 대한 기독교적 저항의 열쇠가 된다는 기이한 주장의 의미를 희미하게나마 알 수 있게 해 준다. 성만찬에 참여하는 것은 하나님의 상상력 속에서 사는 것이다. 성만찬은 진정으로 현실적인 것, 곧 그리스도의 몸 안으로 뛰어드는 것이다. 육체와 영혼을 지닌 인간이 그리스도의 참된 몸corpus verum을 보여주는 예전liturgy 속에 통합될 때, 그들은 고문의 메커니즘을 통해 무엇이 현실적인 것인지를 결정짓는 국가의 능력에 저항하게 된다.[22]

신학적 힘으로서의 상상력에 대해서는 더 이상 말할 것이 없을 것 같다.

다만, 미국에서 성만찬적 상상력이 요구되는 경우는 아르헨티나와 칠레를 뒤덮은 혹독한 상황에서 그것을 필요로 하는 때와는 매우 다르다는 점을 밝힐 필요가 있겠다. 참으로 양쪽의 상황은 너무나 다르고, 그래서 한 상황에서 다른 상황으로 상상력의 힘을 전해 주는 것은 불가능하다는 생각이 들 정도다. 남미의 사회들은 고문과 신체적 학대로 고난을 당하고 있으며, 이에 반해 소비재가 남아돌고 전자 과학기술에 휘둘리는 미국의 문화적 상황은 인간의 현실에 완전히 무감각해진 문제로 어려움을 당하고 있다. 그러나 고문과 소비 과용consumer satiation은 동일한 부정적 기능을 수행한다고 볼 수 있다. 즉 절망하여 현실에 굴복해 버리는 어리석은 인간성에 저항할 수 있는 공동체적이고 생생한 상상력을 부정하게 한다.

만일 성만찬이 고문에 맞서는 저항과 대안의 잠재적인 행위가 된다면, 성만찬적 상상력은 또한 소비 과용에 대해서도 잠재적인 저항과 대안이 될 수 있을 것이다. 앞에서 언급한 나라들의 잔혹한 상황에서와 마찬가지로, 우리 미국 사회에서도 두 가지 유형의 상상력이 존재한다고 말할 수 있다. 바로 "장군들과 그들의 반대자들"이 각자 품는 상상력, 다시 말해 소비자 이데올로기의 상상력과 이에 맞서는 저항자들의 상상력이다. 미국 사회에 속한 우리도 예언자적 상상력을 통해 하나님의 상상력 안에 사는 일이 가능한데도, 우리는 너무 안일하게 "저들의 상상력에 빠져서" 살아가는 게 확실하다. 분명, 인간의 변혁적 활동은 변화된 상상력에 달려 있다. 무감각은 고문처럼 상처를 입히지는 않는다. 그러나 무감각은 매우 유사한 방식으로 우리에게서 인간됨을 향한 우리의 능력을 빼앗는다.

예언자적 전통을 통해 알게 되는 사실은, 예언자적 전통은 다를 수 있고 또 그 차이는 구체적으로 실행될 수 있다는 사실이다. 나는 이 개정판의 끝 부분에 예언자적 상상력이 구체적으로 실행된 사례들을 실어 놓았다. 그 목록에는, 이질적이고 무감각하게 만드는 상상력 안에 살기를 거절하고 단호히 "하나님의 상상력"을 끌어안은 사람들과 공동체, 기관들의 이름이 실려 있다. 그런 대안적 상상력은 능력 면에서 강하지도 약삭빠르지도 못하다. 그러나 이렇게 분명히 말할 수 있다.

하나님의 어리석음이 사람의 지혜보다 더 지혜롭고, 하나님의 약함이 사람의 강함보다 더 강하기 때문입니다. 형제자매 여러분, 여러분이 부르심을 받을 때에, 그 처지가 어떠하였는지 생각하여 보십시오. 육신의 기준으로 보아, 지혜 있는 사람이 많지 않고, 권력 있는 사람이 많지 않고, 가문이 훌륭한 사람이 많지 않았습니다. 그런데 하나님께서는 지혜 있는 자들을 부끄럽게 하시려고 세상의 어리석은 것을 택하셨으며, 강한 자들을 부끄럽게 하시려고 세상의 약한 것을 택하셨습니다. 하나님께서는 세상에서 비천한 것과 멸시받는 것을 택하셨으니, 곧 잘났다고 하는 것들을 없애시려고, 아무것도 아닌 것들을 택하셨습니다.

6

이 책의 개정판과 관련해서 감사의 마음을 표하려고 한다. 포트리스 출판사의 K. C. 핸슨^{Hanson}의 격려로 이 개정판을 쓸 생각을 하게 되었다. 핸슨은 격려뿐 아니라 이 새 판을 준비하는 과정에서도 많은 일을 도와주었다. 그는 개정판 뒤에 실을 참고문헌을 정리하고 새로운 주^註를 준비하는 일을 포함해서, 책의 본문을 새롭게 고치는 데 큰 몫을 감당해 주었다. 그가 없었다면 이 두 번째 작품을 완성하는 것이 어려웠을 것이다. 그에게 깊은 감사를 전한다.

아울러 템피 알렉산더^{Tempie Alexander}에게도 똑같이 감사를 전한다. 그녀는 늘 그러하듯이 신중하고 깔끔하게 일을 처리해 주었다. 또 수십 년 동안 이 책을 읽고 사용하고 반응을 보여주었을 뿐 아니라, 책이 계속 살아남도록 힘을 모아 준 독자들에게도 마땅히 감사를 드린다. 독자들과 마찬가지로 나 역시 오늘날 우리에게 맡겨진, 삶과 죽음을 가르는 사명에 참여하고 있음을 고백한다.

2000년 성령강림절에
월터 브루그만

초판 서문

교회에서 예언을 목회의 중대한 요소로 진지하게 고려해야 할 때가 무르익은 듯싶다. 1960년대에 끓어올랐던 학생들의 분노는 확연히 잦아들었다. 그러나 동시에 성서적 신앙의 가장 기본적인 주제들로 되돌아가려는 진지한 움직임이 나타나고 있다.

이 책을 통해서 우리는, 미래를 점치는 자라든가 사회 저항가라는 고정관념으로 굳어진 예언자 상像을 벗겨 낸다면 예언자란 도대체 무엇을 하는 사람인가에 대해 살펴보려고 한다. 예언자들은 인간 사회의 가장 근원적인 변화에 관심을 가진 사람들이었고 또 변화가 어떻게 이루어지는지를 깊이 이해했던 사람들이라는 것이 이 책의 주장이다. 예언자들은 변화의 가능성이 삶의 감정적 곤경과 관련된다고 생각했다. 그들은 공적 신념과 개인적 열망 사이에 존재하는 껄끄러운 부조화를 이해했다. 무엇보다도 그들은 언어가 지니는 독특한 힘을 알았으며, 말에 재능이 있어서 "말씀으로 새롭게" 새 일을 일으킬 줄 아는 사람들이었다. 사회의 모든 현실은 말씀으로 새롭게 솟아난다는 관념이 예언자가 현실을 이해하는 토대가 된다는 것이 이 책의 논지다. 전체주의의 한결같은 목표는 바로 새로움을 말하는 언어를 차단하는 데 있으며, 그러한 언어가 막혀 버리는 곳에서 우리의 인간성도 무너져 버린다는 사실을 우리는 잘 알고 있다.

이 책에 실린 글들은, 워싱턴 주에서 연합 그리스도의 교회United Church of Christ와 그리스도의 제자 교회Disciples of Christ 목회자들을 대상으로 행한 강연에서 처음 발표했다. 그때 래리 피트만Larry Pitman과 제임스 해패커James Halfaker가 융숭하게 대접해 주었다. 또 나는 시카고의 노스파크 신학교에서도 강연했는데, 이때는 글렌 앤더슨Glenn Anderson 학장이 격려와 지원을 아낌없이 베풀어 주었다. 내가 연구하고 성장하는 데 여러 가지 면에서 힘이 되어 준 동료인 더글러스 믹스M. Douglas Meeks 교수는 이 책을 쓰는 데도 큰 도움을 주었다.

마침내 안수를 받고 목회에 나설 나의 자매들에게 감사하는 마음으로 이 책을 바친다. 이 탁월한 동료집단은 예언자적 방식으로 목회를 하고 있는 내 아내 메리Mary가 나를 대신해 이끌고 있다. 이 모임에는 이든 신학교Eden Seminary에서 나의 학생이자 동료로 함께 했던 많은 여성들이 참여하고 있다.

새롭게 등장한 여성 의식feminine consciousness이 우리 시대 최고의 신학적 사고에 영향을 미쳤으며, 그 결과 이 책의 모습도 달라졌음을 분명히 밝힌다. 이 여성 의식은 거친 사회개혁 운동에 영향을 주기보다는 우리의 모든 인식을 세부적인 면에서 새롭게 볼 수 있게 해 주었다. 나는 여성 목회자와 여성 신학자들이 우리의 삶에 있는 애통grief과 경탄amazement의 현실을 최초로 깨달은 사람들이라고는 생각하지 않는다. 그러나 이들은 우리가 그것들을 예언자적 현실의 중요한 차원으로 볼 수 있도록 도와주었다. 이 자매들은 내가 보지 못하고 놓쳐 버렸을 것들을 볼 수 있도록 여러 가지 방식으로 도움을 주었다. 그것에 감사하며 아울러 놀라움을 금치 못한다.

1978년 사순절에 이든 신학교에서
월터 브루그만

1장

모세의 대안 공동체

이스라엘 예언자들에 관한 연구는 구약성서의 증거뿐만 아니라 오늘날 교회가 처한 상황까지 살피며 이루어져야 한다. 구약성서에 대한 우리의 이해는 어떤 식으로든 오늘날의 교회 현실과 연관될 필요가 있다. 그래서 나는 오늘 우리가 처한 상황과 우리가 목회에서 담당하게 되는 과제에 대한 내 생각을 밝히는 것으로 글을 시작하려고 한다. 자세한 내용까지 논하지는 않고 내가 주제를 다루는 관점에 대한 개략적인 내용만 언급하겠다.

오늘날 미국 교회는 미국의 소비주의 풍조에 너무 깊이 빠져들었고, 그 결과 믿음이나 행동에서 전혀 힘을 쓰지 못하고 있다. 이러한 문화적응enculturation 현상은 자유주의와 보수주의를 포함해 교회의 삶 전반에 걸쳐 사실로 나타나고 있다. 이 일이 우리에게 새로운 상황은 아니지만, 특히 오늘날에 시급하고 절박한 문제로 떠오르고 있다. 이러한 문화적응 현상은 교회 제도뿐만 아니라 우리 개개인에게도 해당된다. 잘못된 인식 이론들과 맹신적인 언어와 수사학 체계가 우리의 의식을 사로잡아 버렸다.

이러한 문화적응이 나타나게 된 내적 원인은, 우리가 신앙의 전통을 저버리고 정체성^{identity}을 상실한 데 있다. 우리의 소비문화는 역사를 포기한 대가로 이루어진 것이다. 기억을 가볍게 여기고 희망을 비웃는 일이 벌어진다. 이런 현상이 뜻하는 바는, 모든 일이 현재 속에—눈앞의 현재든 영원한 현재$^{eternal now}$든—있어야 한다는 말이다. 어쨌든 이러한 문화 속에서는, 활력^{energy}을 주는 기억을 기초로 삼고 급진적 희망에 의해 형성된 공동체는 기이한 현상이자 위협적인 요소로 대접받는다. 우리가 기억상실증을 앓고 있는 한, 신앙을 떠받치는 진지한 권위는 어떤 것이든 의혹의 대상이 되어 버리고 우리의 신앙생활은 무기력해지고 목회도 힘을 잃게 된다.

　　교회가 신앙 전통을 회복하고 나아가 그 전통을 문화적응에서 벗어나는 주요한 길로 인정할 때에야 비로소 교회는 행동이나 믿음에서 힘을 발휘할 수 있다. 이 말의 뜻은 전통주의가 필요하다는 것이 아니라, 단지 교회의 일 중에서 그 기억을 본래의 모습과 능력대로 되찾는 것만큼 시급한 일이 없다는 것이다. 그런데 이 주장은, 너무나 세련되어서 기억하는 일에는 관심조차 없는 자유주의자들과, 또 신앙의 기억 둘레에 온갖 종류의 울타리를 쳐서 계몽주의와 과학주의^{scientism}를 차단하려고 애쓰는 보수주의자들 모두에게 해당된다.

　　전통의 주장과 문화적응의 상황을 마주 세워 효과적인 대화가 이루어지도록 이끄는 것이 예언자적 목회의 과제다. 다시 말해, 예언자란 전승의 자녀로 부름받은 이로서, 자기 고유의 인식 이론과 언어 체계를 갖추고서 전승을 진지하게 다루는 사람이며, 또 전승의 기억에 매우 정통해서 문화와 교회의 접촉점과 상충점을 날카롭게 식별하고 밝혀낼 수 있는 사람이다.[1] 이어지는 글에서 내가 주장하려는 것은, 예언자적 목회를 정확하게 이런 식으로 밝혀 주는 모델을 성서 속에서 발견할 수 있다는 점이다.

이스라엘의 예언자들을 연구하기 위해서는 현대의 학문이 이룬 최고의 결실과 전승 자체가 우리에게 가르치는 내용도 함께 살펴보아야 한다. 전승과 현대 학문의 성과는 어느 정도 긴장관계에 있으며, 따라서 우리는 이 점에 주의를 기울여야 한다. 교회들이 따분하고 평온함을 누리는 바로 지금이 예언자들을 연구해서 낡고 잘못된 개념들을 털어 버릴 좋은 기회다. 보수주의자들의 대표적인 오해는 자동차에 붙인 수많은 스티커에서 분명하게 볼 수 있는데, 예언자는 점쟁이, 곧 흔히 예수의 권위를 빌려서 미래의 일(대부분 불길하다)을 알려 주는 자라는 것이다. 예언 활동의 이러한 측면을 전적으로 부인하고 싶지 않은 사람도 있겠으나, 그것은 기계적이고 따라서 지지할 수 없는 일종의 환원주의에 속한다. 어떤 면에서 예언자들은 미래를 알리는 자이기는 하나, 그들이 관심을 두는 미래란 현재로 치고 들어오는 미래다. 이와는 반대로, 미래 탐색futuring을 포기한 자유주의자들은 그 일을 모두 보수주의자들에게 넘겨주고는 현재에만 몰두했다. 따라서 예언은 의분義憤으로 축소되고, 내가 속한 진영에서는 대개 예언을 사회 행동으로 이해한다. 정말이지, 자유주의자들이 생각하는 이러한 예언 이해는 그들이 명분을 이루기 위해 애쓰는 데서 생겨나는 지나치게 거친 모습을 덮어 주는 매력적인 수단이 된다. 어쩌면 우리가 할 수 있는 최선의 노력은, 보수주의자들의 미래 탐색과 자유주의자들의 현실 비판이 서로를 교정하게 하는 일인지도 모른다. 그러나 이 일조차도 기대치에 훨씬 못 미친다. 내가 보기에는, 보수주의와 자유주의 어느 쪽도 이스라엘의 예언 이해에서 진정한 쟁점이 무엇인지 제대로 알지 못하고 있다.

　이제 다음과 같은 가설을 제시하고 살펴보고자 한다. 예언자적 목회의 과제는 우리를 둘러싼 지배 문화의 의식과 인식에 맞설 수 있는 대안적 의식과 인식을 끌어내고 키우고 발전시키는 것이다.[2] 따라서 나는 예언자적 목회의 일차적 과제는 특정한 공적 위기들을 다루는 것이 아니라, 영속적이고 쉽게 해결되지 않는 근원적 위기, 곧 우리의 대안적 소명을 무력화하고 길들여 버리는 위기와 씨름하는 것이라고 제안한다. 물론 이 영속적 위기는 특정한 때 구체적인 문제들을 통해 나타날 수도 있다. 그러나 예언자적 목회는 그러한 구체적인 문제들의 저변에 깔린 영속적 위기에 관심을 둔다. 이러한 지적은 특히 자기들이 비전을 완전히 자기들 식으로 길들여 버렸다는 것을 알지 못한 채 쟁점만을 쫓아다니는 자유주의자들이 귀 기울여 들을 필요가 있다.

　한편, 성숙한 대안 의식은 지배 의식을 해체^{dismantle}할 목적으로 "비판"을 행한다. 이런 점에서 보면, 대안 의식은 자유주의자들이 해 온 일, 곧 현존하는 질서를 거부하고 불법성을 드러내는 일을 한다. 다른 한편, 성숙한 대안 의식은 신앙 공동체가 나아갈 다른 시대와 상황을 약속해 줌으로써 개인과 공동체를 "활성화하는^{energize}" 일을 한다. 이런 점에서 보면, 대안 의식은 보수주의자들이 해 온 일, 곧 하나님께서 약속하셨고 분명히 허락하실 새로움에 열렬한 기대를 품고 살게 하는 일을 한다.

　이런 사고방식에서, 핵심 단어는 "대안"이다. 예언자적 목회자와 예언자적 공동체라면 반드시 이 관념과 깊이 씨름해 보아야 한다. 그렇다면 무엇에 대한 대안인가? 어떤 식의 대안인가? 얼마나 근원적인 대안인가? 끝으로, 길들여지지 않는 대안을 생각할 수 있을까? 아주 구체적으로 이렇게 물어보자. 대안이 있다는 사실조차 모르고, 설령 그런 대안을 보여주어도 받아들일 준비가 전혀 안 된 신앙 공동체 안에서 대안을 제시하고 그것을 실행에 옮기는 일은 어떻게 가능할까? 이러한 목회를 사람들은 별로 달가워하지 않으며 심지어는 그 목회를 담당하는 사람들조차 그렇게 생각한다. 그래서 나는, 예언자적 목회를 하려는 사람이라면 자기의 모든 목회 행위 속에 대안 공동체를 불러내고 형성하고 개혁하는 방식을 반영해야 한다고 주장한다. 이 점은 또한 목회의 모든 분야와 실천에도 그대로 적용된다. 목회의 다양한 행위들(예를 들어, 상담과 교회행정, 나아가 예전까지도)을 대안 공동체의 형성과 개혁이라는 하나의 예언자적 목회에 속한 부분으로 생각하지 않고 그것들 자체의 존속과 기능만을 중요하게 여겨 왔다는 사실은 우리가 문화적응에 빠져 있다는 표시다.

　　기능적 수식어인 "비판적"이라는 말과 "활성화energizing"라는 말이 중요하다. 오늘날만 아니라 어느 시대든 지배 문화는 전체적으로 무비판적이고, 진지하고 근본적인 비판을 용납하지 않으며, 또 비판을 억누르기 위해서라면 어떤 짓도 서슴지 않는 게 사실이다. 오히려 지배 문화는 맥이 빠진 문화이며, 하나님의 새로운 약속을 향해 일어서도록 진지하게 활력을 불어넣을 수도 없다. 분명 우리 중 비판을 좋아할 사람은 없다. 그러나 우리는 활력을 불어넣는 일도 대체로 좋게 여기지 않음이 분명하다. 그 일에는 뭔가 우리의 희생이 요구되기 때문이다. 예언자적 목회의 과제는 비판과 활성화를 하나로 결합하는 일이다. 어느 하나만 가지고는 우리의 최고 전승에 충실할 수가 없다. 우리의 신앙 전통에 의하면, 비판과 활성화가 서로 조화될 때 비로소 우리는 하나님께 진정으로 신실할 수 있다. 나아가 비판이나 활성화 가운데 하나를 선택하라는 것은 자유주의와 보수주의가 던지는 유혹이라고 말할 수도 있다. 자유주의자들은 비판은 잘하지만, 전해 줄 약속의 말을 가지고 있지 못할 때가 흔하다. 보수주의자들은 그럴듯하게 미래로 이끌고 대안적 비전으로 인도하기는 하나, 그들에게서 예언자의 모습을 보여주는 적절한 비판은 찾아보기가 쉽지 않다. 우리 주위에서 이런 식의 목회에 힘쓰는 사람들을 보면, 이 같은 변증법을 유지하는 것이 참으로 힘에 겨운 소명이라는 생각이 든다. 그래서 우리가 쉽사리 이것이나 저것 어느 한쪽으로 치우치게 되는 것 같다.

이제 논의를 시작하면서, 이 책에서 제시하는 예언의 이해는 모세의 계약 전승에서 가져온 것임을 밝혀 둔다. 그러나 이스라엘에서 예언이 나타나기 전에 이스라엘 밖에서 이루어진 예언을 연구한 중요한 학문적 업적들을 과소평가하지 않는다. 여기에는 (1)사무엘상 10장과 19장에 뚜렷한 흔적을 남기고 있는, 가나안 사람들의 황홀체험에 관한 연구들과, (2)더 최근의 연구로 제의cult와 궁정 양쪽에서 활동한, 예언을 담당한 제도적 직무들에 대해 말해 주는 마리Mari 문서와 아시리아 증거 자료들이 포함된다.[3] 이 두 종류의 증거 자료들은 이스라엘이 본받고 광범위하게 받아들인 것이 확실한 관습과 실천이 어떤 것이었는지 보여준다. 그러나 모세라는 탁월한 인물이 등장하면서 계약 전승 자체가 모습을 분명하게 드러내며, 우리가 제시하는 주요 개념은 그에게서 온 것이다. 다시 말해, 이스라엘은 그 내부의 경험과 신앙고백을 통해 형성된 것이지 외부의 다른 요소의 영향을 받아 이루어지지 않았다. 이 주장은 이 책의 논의에서 굉장히 중요하다. 교회가 만일 참되고자 한다면 이스라엘의 예와 마찬가지로 교회 내부의 경험과 신앙고백을 통해 형성되고 질서가 잡혀야지, 교회의 삶과 무관한 외부의 자

료를 빌려다가 그 위에 교회를 세우려고 해서는 안 되기 때문이다.[4]

조지 멘덴홀George Mendenhall과 노먼 갓월드가 최근에 주장한 바와 같이, 모세의 목회는 파라오가 지배하는 이집트의 사회 현실과 근원적 단절을 이룬다.[5] 그 시대에 모세와 이스라엘이 이룬 새로움과 근원적 혁신은 참으로 대단한 것이다. 우리 대부분은 이 이야기narrative에 너무 익숙해져 있어, 모세로 말미암아 나타난 사회 현실이 얼마나 근원적이고 혁명적인 것인지 쉽게 잊어버린다. 모세의 인도로 이스라엘이 출현한 일은 고대의 다른 현실에 비추어서는 설명이 안 된다. 겐족 가설kenite hypothesis(모세가 자기 장인인 겐족 사람 이드로에게서 유일신 신앙을 배웠다고 봄)이나 이집트 제18왕조(파라오 아크나톤이 설립)의 유일신 신앙 같은 것은 우리에게 전혀 도움이 안 된다. 이스라엘의 하나님을 조상들의 하나님이라고 말하는 몇 개의 암시가 있기는 하나(출 15:2을 보라) 그 증거는 분명하지 않다. 어쨌든, 출애굽이라는 놀라운 경험이 결정적 역할을 하며, 이 전승 속에 희미하게 나타나는 몇 가지 과거의 기억은 별 힘을 발휘하지 못한다. 이러한 이전 시대의 요소들을 다 받아들인다 해도, 그것으로는 이 새로운 사회 현실의 출현이 다 설명되지 않는다. 기원전 13세기의 이스라엘은 정말이지 무로부터ex nihilo 나타난 것이다. 그리고 이 새로운 사회 현실은 우리로 하여금 계시라는 범주를 생각하게 만든다.[6] 우리는 하나님의 새로운 부르심과 하나님께서 주장하시는 대안적인 사회 현실을 전제하고서야 비로소 이스라엘을 제대로 이해할 수 있다. 눈앞에 나타난 사회 정치적 현실이 너무나 근원적이고 불가해한 것이어서 생각나는 게 신학적 주장theological cause밖에 없을 때 예언은 탄생한다. 사회 정치적 현실과 동떨어진 신학적 논의는 직업적인 종교인들에게나 관심거리일 뿐이며, 신학적인 논의와 무관한 사회 정치적 현실은 지금 우리의 관심사가 아니다. 그런데도 오늘날 우리가 예언자로 사는 삶에 대해 이야기하고 고민하게 되는 계기는, 앞의 종교인들이 아니라 뒤에 언급한 사회 정치적 현실에 의해 주어지고 있다.[7]

승리주의와 억압에서 벗어남

모세와 이스라엘이 제국의 현실과 완전히 갈라선 것은, 정적인 승리주의static triumphalism 종교로부터의 단절과 억압과 착취의 정치로부터의 단절이라는 두 차원에서 이루어졌다. 모세는 이집트 신들의 정체를 폭로하여 그들이 사실은 힘이 없고 신이 아니라는 사실을 보여줌으로써 정적 승리주의의 종교를 해체했다. 이렇게 해서 파라오의 체제가 사실은 존재하지도 않는 권위 위에 서 있다는 사실이 밝혀졌으며, 그 결과 파라오의 사회 세계social world의 신화적 정통성이 무너져 내렸다. 제국의 신화적 주장들은 하나님의 자유를 내세우는 대안 종교가 등장함으로써 종말을 맞게 된다.[8] 모세는 제국 의식imperial consciousness의 산물인 이집트의 신들을 부정하였으며, 그 대신 주권적 자유로 행하는 지고의 존재이신 야웨는 특정 사회적 현실로부터 추론되거나 어떤 사회적 인식 도구로 파악될 수 있는 분이 아니고, 오히려 그 자신의 품격에서 출발해 자신의 목적을 향해 행동하시는 분이라는 사실을 밝히고 있다.

이와 동시에 모세는 "정의justice와 긍휼compassion의 정치"를 내세워서 "억압과 착취의 정치"를 해체한다. 출애굽으로 이루어진 현실은 단순히 새로운 종교라든가 새 종교 관념 또는 자유에의 비전 정도로 끝나는 것이 아니라 역사 속에 새로운 사회 공동체를 세우는 일로서, 이 공동체는 역사적인 조직을 갖추고 법을 제정하고, 통치와 질서의 형태, 선과 악의 규범, 책임에 따른 처벌을 제정한다. 출애굽에 따라나선 사람들은 자기들이 하나님의 자유라는 비전에 어울리는 새로운 사회 공동체를 세우는 일에 참여하고 있다는 사실을 깨닫고는 크게 놀랐을 것이다. 이집트와는 전혀 다른 새로운 사회 현실은 그 고유의 대안적 특성을 유지하며 250년 동안 계속되었다.

　　정적인 승리주의의 종교와 억압과 착취의 정치 사이의 결탁 관계를 바로 보지 못하는 한, 예언자적 상상력의 의미를 제대로 파악할 수 없다. 칼 마르크스^{Karl Marx}는 이러한 결탁관계를 꿰뚫어 보았으며, 그래서 종교 비판은 궁극적 비판이며, 종교 비판은 법·경제·정치의 비판으로 이어져야 한다고 주장했다.' 이집트의 신들은 질서를 고착화하는 신들이다. 이 신들은 질서 잡힌 사회를 요구하고, 거기에 권위를 부여하여 정당화하는데, 이렇게 해서 나타난 사회가 바로 이집트다. 프랭크퍼트^{Frankfort}(미국의 고고학자―옮긴이)가 밝혀냈듯이, 이집트에서는 혁명도 일어나지 않았고 자유를 위한 단절도 없었다. 파라오의 질서를 "자연스럽게" 유지하는 데 필요한 것은, 정치와 경제를 조정하는 일뿐이었다. 따라서 정적인 신들의 종교는 공평하지 않으며 공평할 수도 없었다. 오히려 이 종교는 당연히 관련된 사람들, 곧 그 질서를 주관하고 거기서 이익을 얻는 사람들의 유익을 위해 봉사했다. 사회가 원활히 돌아가서 왕들이 번영을 누리고 벽돌이 계속 생산된 일은 그 종교가 옳다는 증거였다.

　　제국의 종교와 정치를 모두 무너뜨린 데서 예언자적 신앙의 경이로움을 보게 된다. 종교적인 면에서, 제국의 신들은 결코 신이 아니라는 사실이 선언되었다. 정치적인 면에서, 벽돌공장의 압제는 인간 공동체에게 효과적이지 못하고 필수적인 것도 아니라는 사실이 확인되었다. 모세는 자유로운 새 하나님을 소개하거나 사회 해방의 메시지를 선포하는 데서 멈추지 않았다. 오히려 그는 하나님의 자유의 종교를 인간의 정의의 정치와 결합하는 데까지 나아갔다. 마르크스가 지적한 바와 같이, 우리는 이 전통을 통해 하나님의 자유의 종교가 없다면 결코 정의와 긍휼의 정치도 있을 수 없다는 사실을 배운다. 우리는 신의 형상을 따라 창조된 존재임이 분명하다. 따라서 우리가 어떤 신의 형상을 본받아 창조된 것인지를 확인하는 일보다 더 중요한 신학적 탐구는 없을 것이다. 우리의 사회학은 우리의 신학으로부터 나온 것으로서, 신학에 의해 정당화되고 신학을 반영한다. 따라서 우리가 만일 "가진 자들"의 이익만을 옹호하는 질서의 정적인 신을 따른다면 억압을 떨쳐 버리는 것은 불가능하다. 반대로, 자유롭게 행하시는 하나님, 곧 기존 체제로부터 자유로울 뿐만 아니라 그 체제를 반대하실 만큼 자유로운 분, 노예들의 탄식을 들어주실 뿐만 아니라 응답해 주실 만큼 자유로운 분, 제국이 정해 놓은 모든 신의 속성으로부터 자유로운 하나님을 인정한다면 이 사실은 사회학에 결정적인 영향을 미치게 될 것이다. 하나님의 자유가 벽돌공장을 뒤덮고 정의와 긍휼의 모습을 밝혀낼 것이기 때문이다.

내가 보기에는 우리가 지금까지 이 두 영역을, 그럴 만한 이유가 있다 해도 너무나 쉽게 갈라놓았던 것이 아닌가 싶다. 자유주의자들은 정의와 긍휼의 정치에 관심을 집중하면서도 하나님의 자유에는 거의 무관심한 경향이 있었다. 자유주의자들은 신학이 현실과 동떨어졌다고 여겼고 그런 까닭에 신학이 중요다고는 생각조차 못했다. 그리고 하나님 문제는 여전히 그런 문제들을 걱정하고 있는 다른 사람들에게 맡겨 버리는 것이 안전하다고 생각했다. 그 결과 사회적 근원주의radicalism는 줄기가 잘려 양분을 공급받지 못하는 꽃처럼, 인간의 용기와 선한 의도를 능가하는 훨씬 더 깊은 권위의 인정을 받지 못하게 되었다. 이와 반대로, 다른 편에서는 하나님에 대해 지대한 관심을 쏟기는 하나 비판적 정신을 잃어버리고 그 결과 안녕과 바른 질서의 하나님이 바로 사회적 억압의 근원이라는 사실을 깨닫지 못하는 경향이 있어 왔다. 참으로, 예언자적 정신을 지니지 못한 보수주의자들은 하나님을 진지하게 여긴다고 말은 하면서도 우리의 하나님 이해가 깊은 사회학적 의미를 지닌다는 점을 깨달을 만큼 진지하게 고민하지는 않았다는 것이 맞다. 자유주의자들은 하나님이 사회학과 아무런 관계가 없다고 여기고, 보수주의자들은 신 관념과 사회적인 원리가 어떤 식으로 조화되는지를 알지 못한 채 무턱대고 신 관념을 사회적 원리로 끌어다 사용하는데, 둘 중 어느 쪽도 받아들이기가 어렵다. 여기서는 예언자의 패러다임인 모세가 양 방향으로 대안을 제시했다는 점을 주장하는 것으로 충분하다. 즉 그는 질서와 승리를 내세우는 정적인 제국의 종교에 대해서는 하나님의 자유의 종교를 대안으로 제시했고, 억압의 제국 정치에 대해서는 정의와 긍휼의 정치를 대안으로 제시했다. 예언자적 상상력이 놓치지 말아야 할 점은, 정의와 긍휼의 정치 없이는 하나님의 자유도 있을 수 없고, 하나님의 자유의 종교가 없이는 정의와 긍휼의 정치도 불가능하다는 사실이다.

　　모세가 의도했던 일은, 적은 무리의 노예들을 해방시켜 이집트 제국으로부터 탈출하는 것이 아니었다. 물론 이 일도 적잖이 중요하며 특히 당신이 그 적은 무리에 속한 경우에 중요할 수밖에 없다는 점은 인정한다. 그러나 모세가 한 일은 이집트 제국의 의식意識에 타격을 가

하는 것이었고, 그는 그 제국을 사회 관습과 신화적 주장의 양면에서 해체하는 것을 목표로 삼았다. 마틴 루터 킹^{Martin Luther King Jr.}이 식당이나 시내버스에서 인종차별을 철폐하는 데 심혈을 기울였던 일이 어떤 의미를 담고 있는지 생각해 보라! 이스라엘이 진정한 대안 공동체로 등장한 일은, 모세의 지도력이 일부 중요한 역할을 담당했지만, 결코 모세의 지도력만으로 이루어진 것이 아니었다. 예언 전승에 의하면, 대안 공동체는 하나님을 노예화하는 신학과 인간을 노예화하는 사회학에 대한 진정한 대안을 지니고 있었다. 같은 소명을 품은 우리에게도 주어지는 이 진정한 대안은 사회 이론이나 의분, 이타주의에서 생겨나는 것이 아니라 진정한 대안이 되시는 야웨에게서 나온다. 야웨 하나님은 대안 신학과 대안 사회학을 가능하게 하시고 또 그것을 요구하신다. 그분이 어떻게 진정한 대안이 되시는지를 깨닫는 데서 예언은 시작된다.

예언자적 비판

모세를 통하여 다듬어진 대안 의식은 비판과 활성화를 특징으로 한다. 이에 대해서는 나중에 상세히 다룰 것이나, 여기서는 순서상 다음과 같이 간단하게 살펴본다. 출애굽 이야기는 이집트 제국을 근원적으로 비판하고 그 불법성을 확연하게 드러내는 형태로 짜여 있다. 시작 부분^{출 5:7-10}을 보면, 이집트 사람들이 번성하고 막강한 힘을 행사한다. 그들은 술수를 부리고 그 누구의 제지도 받지 않는다.

"그들에게는 더 힘겨운 일을 시키고, 그 일만 하게 하여서, 허튼 소리에 귀를 기울이지 못하게 하여라." 이스라엘 백성을 부리는 강제노동 감독관들과 작업반장들이 나가서, 그들에게 이렇게 선포했다. "바로께서 명령하시기를……."

표현의 구조가 전체 체제에 분노를 느끼고 깊은 적개심을 갖도록 짜여 있는 점을 눈여겨보라. 그러나 이야기는 여기서 끝나지 않는다. 마지막에 이르러 바로 이 권력자들, 곧 감독관과 작업반장들은 패배하고 수모를 당하고 결국 역사에서 사라지게 된다.

"너희가 오늘 보는 이 이집트 사람을 다시는 볼 수 없을 것이다."출14:13

바로 그날, 주께서 이스라엘을 이집트 사람들의 손아귀에서 구원하셨고, 이스라엘은 바닷가에 널려 있는 이집트 사람들의 주검을 보게 되었다.출14:30

처음부터 끝까지, 이 이야기는 결론에 이르기를 서두르지 않으면서 이집트 신들의 종교적 주장이 어떻게 자유의 주님에 의해 무력화되어 가는지를 보여준다. 이야기는 또 억압의 정치가 어떻게 정의와 긍휼의 실천에 의해 무너지는지를 느긋하고 기쁜 마음으로 묘사한다. 그리고 이야기의 시작과 결말 사이, 해체의 순간에 일련의 재앙들이 집중적으로 나타난다. 이 재앙 이야기는 설명이 불가능한 일, 적어도 이집트 제국의 논리로는 해명이 불가능한 일을 보여주기 때문에 가볍게 입에 담을 이야기가 아니다. 재앙이 일어나는 방식은 다음과 같다.

처음의 두 재앙, 곧 나일 강물이 피로 변하고 개구리가 들끓는 재앙에서는 모세와 아론의 강력한 도전이 이집트의 "연구 개발 부서" 사람들에 의해 무력화된다. 이 두 재앙으로는 상황이 전혀 바뀌지 않으며 이집트의 권력은 꿈쩍도 않는다. 이집트 제국에게는 "네가 하는 일이라면 나는 더 잘할 수 있다"고 맞받아 칠 수 있는 능력이 있었다. 그런데 이제 세 번째 재앙이 임한다.

> 아론이 지팡이를 잡고서, 팔을 내밀어 땅의 먼지를 치니, 먼지가 이로 변하여, 사람과 짐승들에게 이가 생겼다. 온 이집트 땅의 먼지가 모두 이로 변하였다. 마술사들도 이와 같이 하여, 자기들의 술법으로 이가 생기게 하려고 하였으나, 그렇게 할 수가 없었다. 출 8:17-18

이집트 제국은 할 수 없었다! 이집트의 신들은 할 수 없었다! 체제의 과학자들은 할 수 없었다! 제국의 종교는 죽었다! 억압의 정치는 실패했다! 이 일이 바로 궁극적 비판이요, 이로써 지배 문화의 확고하고 막강한 권력이 가짜였음이 드러난다. 비판이란 트집을 잡고 비난을 퍼붓는 것이 아니다. 근거 없이 권위와 권력을 주장하던 이들은 자신의 약속을 지킬 능력이 없으며, 자유로운 하나님 앞에서 그들의 약속은 무력할 수밖에 없다고 주장하는 것이 비판이다. 그들이 바닷가에 널린 주검과 같은 처지에 떨어지는 것은 시간문제일 뿐이다.

그러나 비판에는 또 다른 차원이 있다. 플래스타라스Plastaras는 해방의 이야기가 이스라엘의 애통하는 탄원으로 시작되었다는 점을 밝혀냈다.[10]

이스라엘 자손이 고된 일 때문에 탄식하며 부르짖으니, 고된 일 때문에 부르짖는 소리가 하나님께 이르렀다. 하나님이 그들의 탄식하는 소리를 들으시고,……세우신 언약을 기억하시고, 이스라엘 자손의 종살이를 보시고, 그들의 처지를 생각하셨다. 출 2:23-25

이제 진정한 비판은 애통할 수 있는 능력에서 나온다는 사실을 살펴보자. 일이 잘못되어 있다는 사실을 드러내는 가장 원초적인 방법이 애통이기 때문이다. 우리는 제국 안에서, 예를 들어 대학의 학장실이나 결혼생활, 병원 입원실에서 만사가 잘 돌아간다고 생각하도록 강요당하고 내몰리고 있다. 그리고 제국이 만사가 잘 풀리고 있다는 허위의식을 제대로 심어 주는 한 진정한 애통과 진지한 비판은 들어설 여지가 없다.

그런데 만일 출애굽이 역사의 시작을 가능케 하는 원초적인 절규라면 어떨지 생각해 보라.[11] '울부짖다 za'ak'라는 동사에는 약간 모호한 의미가 담겨 있다. 우선, 이 단어는 불행과 고통에 대해 자기연민의 심정으로 울부짖는 일을 의미하기도 하고, 또 법적인 탄원을 공식적으로 제기하는 일을 뜻하기도 한다. 슬퍼하는 사람이 고소인이다. 에르하르트 게르스텐베르거Erhard Gerstenberger가 주장했듯이,[12] 한탄하기보다는 탄원하는 것이 이스라엘의 특징적 모습이다. 다시 말해, 이스라엘은 체념의 한숨소리를 쏟아낸 것 아니라, 무엇이 잘못되어 있다는 것을 강력하게 표현하면서 누군가 그것을 들어주고 응답해 주기를 간절히 기대했다. 따라서 이스라엘 백성이, 듣지도 않고 대답할 수도 없는 이집트의 신들에게 호소하기를 그만둔 바로 그날에, 이스라엘의 역사는 시작되었다. 자유와 정의의 삶은 그들이 체제에 맞서서 자유로운 하나님으로부터 오는 자유를 따르는 모험을 감행할 때 찾아온다.

이스라엘이 애통하는 데서 비판은 시작된다. 애통은 자기연민의 표현일 수도 있고, 탄원인 것은 확실하나 결코 체념은 아니다. 이로써 만사는 약속된 대로 마땅히 이루어져야 할 모습과 거리가 멀고, 또 당연하고도 기대되는 대로 되어 있지 않다는 사실이 분명하게 드러난다. 아픔을 공개적으로 표현하는 일은 해체하는 비판의 중요한 첫걸음이 되고, 이러한 비판은 신학적이고 사회적인 면에서 새로운 현실을 연다. 역사의 문을 두드리는 이러한 울부짖음을 야웨 하나님께서 들으시고, 역사는 힘을 얻게 된다.

> "나는, 이집트에 있는 나의 백성이 고통받는 것을 똑똑히 보았고, 또 억압 때문에 괴로워서 부르짖는 소리를 들었다. 그러므로 나는 그들의 고난을 분명히 안다. 이제 내가 내려가서, 이집트 사람의 손아귀에서 그들을 구하여……." 출 3:7-8

> "지금도 이스라엘 자손이 부르짖는 소리가 나에게 들린다. 이집트 사람들이 그들을 학대하는 것도 보인다. 이제 나는 너를 바로에게 보내어……." 출 3:9-10

원초적 비판인 이 울부짖음은 다시 출애굽기 8:12에 분명하게 나타난다. 이제 모세와 아론은 이집트의 거짓 신들이 아니라 자유의 하나님이신 야웨께만 진지한 개입과 중재를 바랄 수 있다는 사실을 깨닫는다. 5장 8절과 15절을 보면, 여전히 파라오를 향해 울부짖고 이집트 제국에게 도움과 구원을 요청한다. "그들이 게을러서, 그들의 하나님께 제사를 드리러 가게 해 달라고 하면서 떠든다.……이스라엘 자손의 작업반장들이 바로에게 가서 호소하였다……."

거듭되는 재앙의 중간쯤에 가서야 이스라엘은 이집트 제국에서 벗어나 더 이상 제국에게 부르짖거나 기대지 않으며, 제국을 완전히 무시하게 되며, 이 제국이 자기 약속도 지키지 못하기에 그들에게 의지하거나 얻을 것이 전혀 없음을 깨닫게 된다. 이것이 바로 궁극적 비판이며, 이로써 해체가 시작된다.

이 이야기에서 비판은 진전하고 점점 고조된다. 비통해서 울부짖는 사람은 이제 들어주지 않는 대상으로부터 돌아서서 도와줄 수 있는 이를 향하는 법을 배우게 된다. 도로테 쵤레Dorothee Soelle가 주장했듯이, 예언자적 비판이란 사람들을 움직여 그들의 깊고 끈질긴 애통을 끌어안도록 만들고, 듣지도 않고 반응도 보이지 않는 사람들로부터 벗어나도록 힘을 부어 주는 일이다.[13] 본래 역사는 말하고 응답하고 부르짖고 반응하는 일로 이루어진다. 만일 이것이 사실이라면, 제국에서는 울부짖음을 들어주는 일도, 말에 대답하는 일도 없기에 역사란 존재할 수 없다는 뜻이 된다. 그리고 예언의 목적이 사람들에게 힘을 불어넣어 역사에 참여하게 만드는 데 있다고 본다면, 이 말은 곧 응답을 기대하는 울부짖음을 이끌어내고, 받아 줄 만한 곳에다 울음을 쏟아놓기를 배우며, 또 도대체 귀 기울일 생각조차 없는 꽉 막히고 우둔한 제국을 더 이상 의지하지 않는다는 의미다.

기이하게도, 울부짖음의 비판은 이 이야기가 진전되어 가면서 더 강해진다. 출애굽기 11:6과 12:30을 보면, 그 강대한 이집트 제국이 울부짖고 있다.

"이집트 온 땅에서, 이제까지도 없었고, 앞으로도 없을, 큰 곡성이 들릴 것이다."출11:6

바로와 그의 신하와 백성이 그날 한밤중에 모두 깨어 일어났다. 이집트에 큰 통곡소리가 났는데, 초상을 당하지 않은 집이 한 집도 없었다.출12:30

두 본문에서 울부짖음은 모두 처음 난 것의 죽음과 관련이 있으며, 이 죽음에는 통치자의 후계자로 태어난 파라오의 맏아들까지 포함된다. 자부심이 강하고 막강한 체제가 이제 도움을 얻지 못해 애원하는 처지로 몰락했다는 것이 참으로 얄궂다. 이스라엘의 울부짖음은 힘이 솟게 해 주는 울음이요, 이집트의 울부짖음은 도움을 얻지 못해 무너지면서 쏟아내는 울음이다. 그러나 때는 이미 늦었다. 역사는 시작되었고, 주도권은 새 공동체를 이루시는 새 하나님께로 넘어갔다. 이집트 제국에게 남은 일은, 무감각한 자기네 시대와 질서의 신들과 불의의 정치가 모두 종말에 이르렀음을 애통하는 일뿐이다. 비판은 그 목표를 성취했다.

예언자적 활성화

모세에 의하여 다듬어진 대안 의식은 또한 활성화가 무엇인지 보여주는 모델이 된다. 옛 현실이 우리를 절망에 빠뜨린 바로 그곳에서, 모세와 이 이야기는 우리가 믿고 의지할 수 있는 새로운 현실을 볼 수 있게 해 준다. 훨씬 더 가깝게 느껴지는 옛 질서의 현실에 맞서서 새로운 현실을 보여주는 것이 예언자의 과제다. 활성화는 희망과 밀접하게 연결되어 있다. 우리가 활력을 되찾는 일은, 우리가 이미 소유하고 있는 것이 아니라, 약속되어 있고 이제 곧 주어지는 것을 통해서 이루어진다. 자유주의자들은 비난하고 논쟁을 벌이기는 잘하지만, 그들 대부분은 신앙이 부족하거나 그릇된 신앙을 가지고 있어서 무엇인가가 곧 주어지게 된다는 사실을 믿지 않는다. 이집트가 활력을 잃었던 까닭은, 바로 무엇인가가 약속되어 있고 주어지게 된다는 사실을 믿지 않는 데 있었다. 제국적이고 영원한 현재가 늘 그렇듯이 이집트는 모든 것이 이미 이루어졌고 성취되었으며 자기 수중에 있다고 믿었다. 우리 대부분이 명백하게 연루되어 있는 사항을 들어 본다면, 다음과 같이 말할 수 있을 것이다. 즉 우리는 새 일이 있으리라고는 믿지 않으며, 단지 조각난 파편들이 이동해 새로운 형태로 조합될 뿐이라고 생각한다.

예언자란 이런 식으로 조작된 자료에 대해 항의하는 사람이요, 추론된 것이 아니라 진정으로 새로운 미래를 향해 활력을 불어넣는 사람이다. 이 이야기에서 예언자적 상상력에 중요한 활성화의 세 차원을 살펴보자.

첫째, 활력은 불가해한 어둠을 꿰뚫어 보는 데서 생겨난다.[14] 경악케 하는 권위를 휘두르는 이 어둠은 강퍅한 마음속에서 나타난다. 이 기이한 본문 속에는 이런 모티프가 널리 퍼져 있다. 어느 본문을 보든 파라오의 마음이 강퍅하다는 식이 아니라, 야웨 하나님이 그의 마음을 강퍅하게 하셨다는 식으로 말한다. 바로 이것이 야웨 하나님께서 이집트를 넘어뜨리시는 독특한 방법이다. 이것이 야웨 하나님께서 역사적인 자유의 가능성을 열어 놓으시는 기이한 방식이다. 여기에는 인간의 생각으로 헤아릴 수 없는 것이 있다. 그러나 그것이 뜻하는 바가 무엇이든, 그것은 하나님께서 이 세상의 양쪽 사람들 모두에게 역사하신다는 확신에서 나온다. 절망에 빠져 있는 사람들은 새로움이 어떻게 도래하는지, 악이 어떻게 극복되는지, 전체주의적인 현 상황에서 어떻게 미래가 일어날 수 있는지 알 수 없다. 이 놀랍고도 치밀한 진술이 주장하는 바는, 어둠 속에서 어둠의 지배자조차도 식별할 수 없는 어떤 일이 "진행되고 있다"는 점이다. 이집트와 이스라엘이 모두 어둠 속의 일을 알지 못한다는 사실이 참 기이하다! 이집트와 마찬가지로 이스라엘도 하나님의 자유를 헤아릴 수 없다. 그리고 이스라엘이 하나님의 자유에 관하여 너무 많은 것을 알려고 할 때 이스라엘도 당연히 이집트와 같은 처지에 놓이게 된다. 어쨌든 이 이야기는 파라오가 어둠을 지배하지 못하는데 반해 하나님께서는 그 어둠을 다스리신다는 사실을 말해 준다. 바로 여기서 활성화가 시작된다. 대안 공동체는 어둠의 정체가 어떤 것인지를 담대하게 밝혀 주기 때문이다. 대안 공동체는 파라오가 모르는 것을 안다. 그런데 알기는 하나 이해하지는 못한다. 대안 공동체가 아는 까닭은 순종했기 때문이며, 그러한 순종은 자유로운 분을 향해 돌아서서 부르짖는 데서 시작된다. 어둠을 맡아 줄 수 있는 분, 곧 겉으로만 빛을 지배하는 자보다 훨씬 더 강력한 존재로 믿고 따를 분을 아는 데서 새로운 활력은 생겨난다.

둘째, 출애굽기 11:7을 보면 활력을 부어 주는 새로운 현실에 대한 놀라운 진술이 나온다. "그러나 이집트의 개마저 이스라엘 자손을 보고서는 짖지 않을 것이다. 사람뿐 아니라 짐승을 보고서도 짖지 않을 것이다. 이는, 나 주가 이집트 사람과 이스라엘 사람을 구별하였다는 것을 너희에게 알리려는 것이다." 우리 같은 학자의 눈은 여기에 나타난 힘을 놓치기가 쉽다. 이 본문은 너무 혹독해서 "선택의 교리"에 포함시킬 수가 없다. 이것은 교리가 아니라 이야기이자 확인되지 않은 기억을 언급한 것으로, 우리는 이것이 과장되었다는 전제에서 이해할 필요가 있다. 이것은 성찰하는 신학이 아니라 단지 이 순간 이 공동체에게 전하는 소식일 뿐이다. 결정을 내리는 하나님은 이집트 제국의 느긋한 신, 잘 먹고 살이 쪄서 중립적이고 무관심한 신과는 다르다. 그와는 달리 하나님은 현실을 꿰뚫어 보시는 분이요, 편드는 일을 주저하지 않으시는 분이요, 하늘의 회의석상에서 보좌 가장자리로 달려 나와 자신의 특별한 관심사를 주의 깊게 헤아리시는 분이다. 관용이란 명분을 내세워 누구의 편도 들지 않고 만사가 현재 존재하는 방식에 영원한 찬성표나 던지는 것은 이 제국의 통합적인 신들이 일하는 방식이다.

여기서 잠시 멈추고 이 최초의 예언적 이야기와 연관된 신학적 성찰의 성격에 대해 살펴보자. 여기에는 이론적인 사상가들을 위한 몫이 그다지 많지 않다. 지금까지 어떤 예언자도 영원성이라는 관점에서 세상사를 본 적이 없다. 예언적 이야기는 언제나 당파적 신학이며, 늘 현재의 순간과 관련되며, 언제나 구체적인 공동체를 위한 것이며, 나아가 매사에 한 부분만을 보는 것으로 만족하고 나머지 모든 것과 모순될지도 모를 위험을 무릅쓰면서까지 그 한 부분에 대해 말하기를 기뻐한다.[15] 제국이 좋아하는 사상가는 세상을 두루 파악하는 이론적인 인물이요, 양쪽을 모두 이해하는 사람이요, 논쟁술은 하나님에게는 적합지 않고 공공의 이익을 위해서나 중요한 일이라고 보는 사람이다. 그러니 이 이야기가 얼마나 힘을 솟게 하는 주장이겠는가! 모세는 자신의 격정passion과 활력을 쏟아 부어 하찮은 사람들과 힘없는 변두리 인생들을 편든다. 또 그는 제국이 떠들어대는 "이중적인 논리"에 굴복해 냉소적으로 변하지 않았고, 그래서 문제가 되는 사실들 앞에서 말하기를 주저하지 않았으며, 훨씬 더 교묘한 사고에 대해 과감하게 맞섰다. 사람들 사이에서 귀엣말을 통해 확신이 퍼져 나갔는데, 모세는 그 헌신적인 행동을 보니 "정직한" 사람이요 파라오는 이것을 좋아하지 않을 것이라는 내용이다.

어느 정도 거리를 두고 보면, 이 출애굽기 11:7의 노골적인 진술은 훌륭한 신학이 된다. 그것은 하나님께서 우리를 위하신다는 복음이다. 제국에는 누군가를 편드는 신은 존재하지 않는다. 제국의 신들은 시대에 뒤진 신들로서, 더 이상 돌볼 줄 모르며, 단번에 모든 문제를 해결하고는 이제 나머지 문제들을 연구하는 위원회나 열고 있다. 모세와 이스라엘의 경우, 활성화는 사회적 전략을 세우거나 사회의 역동적 힘을 예측하는 데서 생겨나는 것이 아니라 하나님의 자유로부터 온다. 따라서 나는 예언자로 살고자 하는 사람들에게 다음과 같이 강력하게 권고한다. 즉 우리는 하나님이 어떤 분이신가라는 문제와 씨름하는 일에 게을러서는 안 되며, 또 우리의 하나님 인식이 인간 공동체를 가르는 전환점이 된다는 사실을 명심해야 한다.

셋째, 장엄한 '바다의 노래'Song of the Sea 출 15:1-18와 '미리암의 노래' 출 15:21는 이스라엘의 노래 중에서도 가장 감동적으로 해방을 노래하고 또 해방의 힘을 불어넣는 노래다. 활력을 불어넣는 마지막 요소가 송영doxology이다. 송영 속에서 노래하는 이는 이 자유로운 분께 초점을 맞추며, 또 그 노래를 부름으로써 하나님의 자유를 자신의 자유로 품게 된다. 데이비드 노엘 프리드먼David Noel Freedman은 최근의 유형론 연구에서 이 노래를 시기 구분상 '전투적인 모세의 야웨신앙' 단계의 앞부분에 놓고 있다.[16] 그는 신의 이름들을 다룬 한 연구에서 그 이름, 곧 이집트는 용인할 수 없었고 노예들은 기대하지 못했던 바로 그 자유의 이름이 반복적으로 사용되고 있음을 밝혀냈다. 그 이름을 말한다는 것 자체가 이미 대안 공동체가 활동할 자리가 주어졌음을 의미한다. 그러므로 예언자들은 하나님의 이름에 대해, 그 이름이 무엇이며 그 뜻은 무엇인지, 또 그 이름을 어디에서 거론할 수 있으며 어떤 사람들이 그 이름을 부르게 되는지 생각했을 것이다. 신앙과 자유를 노래한 이 최초의 노래들 속에 신의 이름을 언급한 가장 원초적이고 직접적인 내용이 나타난다. 이집트는 형용사와 온갖 방식의 한정어를 동원하여 그 이름을 둘러싸는 데 바빴으나, 하나님의 자유를 실천하는 정의의 공동체는 그러한 일로 지체할 수 없었다.

모세는 이 전승에서 미리암을 밖으로 밀어내고 주도적인 자리를 차지했음이 확실하다. 출애굽기 15:1에 나오는 모세의 노래는 미리암의 노래를 베낀 것이 분명하며 그런 점에서 이 전승의 중심인물은 미리암이다. 이 본문의 최종 형태가 정해지는 과정에서 남성의 권력이 미리암이 초기에 차지했던 우월성을 밀어낸 것으로 보인다. 최근에 미리암의 우월성을 되찾으려는 학문적으로 중요한 연구가 이루어지면서 원래는 미리암이 이스라엘 형성에서 중요한 인물이었다는 사실이 밝혀졌다.[17]

예언은 송영에서 멀리 떨어질 수 없다. 만일 그렇게 되면 예언은 힘을 잃거나 아니면 이데올로기로 전락하고 만다. 송영이 어떻게 인간의 자유와 정의의 최종적이고 완전한 행위가 되는지 가장 놀랍게 보여준 사람은 아브라함 헤셸이다.[18] 예언자적 공동체는 송영의 전제 조건이 무엇인지를 깊이 살펴야 하고, 또 이런 예언을 담아내는 송영이 우리가 스스로나 서로에게 소비주의 이데올로기를 노래하도록 가르치는 텔레비전 소리로 대체될 때 어떤 일이 벌어지게 될지 깊이 생각해야 할 것이다. 이런 세상에는 예언자가 있을 수 없고 자유도 역시 존재할 수 없다. 텔레비전의 잡소리가 송영을 대신하는 세상에서 하나님은 더 이상 자유롭지 못하며 사람들은 정의나 긍휼을 알지 못한다.

모세의 송영은 다음과 같은 요소들을 통해 활력을 제공한다.

- 모든 사회의 인식을 재규정하는 새 이름을 말한다.
- 제국의 현실을 무효화한, 믿기 어려운 반전의 역사를 재검토한다. (이 역사는 분명 왕립학교에서 가르치는 역사와는 다르다.)
- 춤을 통해 자유를 실연實演하고, 파라오가 더 이상 지배할 수 없는 해방된 몸으로 자유를 표현하도록 요청한다.출 15:20 (우리 몸의 자유가 박탈된 예를 생각해 볼 수도 있고, 또 오늘날 인간의 성 문제에 퍼부어지는 분노가 어떤 이데올로기적 차원을 지니고 있는지 살펴볼 수도 있을 것이다.)
- 대관식에서 절정에 이르며, 이집트로서는 허락하거나 용납할 수 없는 새로운 현실을 주장한다. "주께서 영원무궁토록 다스리실 것입니다."출 15:18 (여기서 우리가 기억해야 할 사실은, 이러한 송영들은 언제나 논쟁을 불러온다는 점이며, 또 구체적으로 언급되지는 않으나 귀엣말로 돌고 있는 대응 주제를 담고 있는데, 바로 "파라오는 아니다"라는 사실이다.)

송영은 그저 한 편의 시일뿐이며, 따라서 노래 부르는 것만으로는 현실을 바꾸지 못한다고 가볍게 말할 수도 있을 것이다. 그러나 이렇게 말하더라도 절대적 확신을 담아서는 안 된다. 대안적 현실을 성취하는 데는 일부분 새로운 수사학을 정당화하는 일과 언어를 놓고 다투는 일이 중요한 역할을 한다. 제국의 언어는 분명 관리된 현실의 언어요 생산과 계획과 시장의 언어다. 그러나 이 언어 속에는 새로움이란 존재하지 않으며, 따라서 결코 자유를 허용하거나 불러일으키지 못한다. 송영은 관리된 현실의 언어에 대한 궁극적 도전이며, 송영만이 활력을 낳는 담론의 세계가 된다.[19]

송영의 언어를 어떻게 제국 속에서 실천할 수 있는지를 묻는 일은 중요하다. 송영이 있는 곳에서만 긍휼이 자랄 수 있는데, 그 까닭은 자명한 원리로 주장되는 이데올로기를 송영이 깨뜨리기 때문이다. 또 송영이 있는 곳에서만 정의가 있을 수 있는데, 그러한 노래가 두려움을 활력으로 바꾸기 때문이다.

여기서는 모세가 광야 체류와 시내 산에 대해 가지고 있는 둘째와 셋째 기억에 대해서는 더 이상 논하지 않겠다. 이것들도 탐구해 볼 만한 가치가 있는 것들이기는 하다. 광야 주제는 배부름의 고착화에 대해 다루며, 시내 산 주제는 이웃에 대한 하나님의 자유에 대해서 말한다. 전체를 하나로 묶어 볼 때, 모세의 전승은 다음과 같은 세 가지를 주장한다.

1. 역사적이고 역사를 만들어 가는, 매우 독특한 이 공동체 안에서는 대안적 삶이 이루어진다.

2. 이 공동체는 자체의 특별한 기억을 수단으로 비판하고 활력을 불어넣는다. 이 기억에는 제국의 현실로부터 단절과 완전한 탈출이 간직되어 있다.

3. 그러한 기억을 중심으로 형성된 공동체는 자신이, 제국이 마음대로 할 수 없고 받아들일 수도 없는 하나님에 의해 세워지고 좌우된다는 사실을 안다.

2장

왕권 의식과 대항 문화

우리는 앞에서, 모세의 주된 관심은 대항 의식을 지닌 대항 공동체[counter-community]를 세우는 데 있었다는 사실을 제시하려고 애썼다. 모세에 대해 이런 주장을 하면서 나는, 예언자적 상상력과 사회 행동[social action]을 긴밀하게 연관시키는 일은 조심스럽게 피해 왔다. 내가 보기에, 모세가 개입한 일은 오늘날 우리가 사회 행동이라고 말하는 것과는 다르기 때문이다. 모세는 체제를 변혁하는 투쟁에 참여하지 않았다. 오히려 그는 그러한 체제를 뒷받침하고 가능하게 만드는 의식意識에 관심을 기울였다. 정치적 성격을 띠는 특별한 행동이 꼭 필요한 때도 있다는 복음의 가르침을 부정하는 것은 아니다. 그러나 병원 심방이나 예배 집례보다 이런 정치적 행동이 예언자적 목회와 더 본질적 관계를 지니거나 예언자적 목회의 초점이 되는 것은 아니다. 또 모세는 기존 체제를 회개시켜 사회를 개선하는 일에는 관심이 없었으며, 오히려 체제를 완전히 무너뜨려 새로운 현실이 등장할 수 있게 하는 데 관심이 있었다. 모세로부터 비롯된 것이라 할 수 있는 이 예언자적 상상력은 정치적이고 사회적인 문제들과 관련되지만, 그에 못지않게 언어적 문제(우리는 사물에 대해 어떻게 말하는가)와 인식론적 문제(우리는 어떻게 우리가 아는 것을 알게 되는가)와도 깊게 관련되어 있다. 그런데 이런 식의 구분이 단순한 말놀음으로 보일지도 모른다. 그러나 나는 두 가지 이유에서 이러한 구분을 중요하게 생각한다. 첫째, 예언자의 목적은 사회의 변화를 뛰어넘는 훨씬 더 근원적 일을 이루는 데 있다. 둘째, 모세의 전승에서 다루는 쟁점들은 우리가 일반적으로 사회 행동이라고 생각하는 문제보다 훨씬 더 심원한 것이기 때문이다.

모세의 대안 의식은 정치 사회적 질서와 종교 양편에 매우 근원적 의미를 지닌다. 첫째, 하나님의 자유라는 관념은 여타 종교 운동들이 영구한 가치가 있다고 내세운 것보다 훨씬 더 중요한 것이다. 칼 바르트가 지적했듯이, 계시와 이성을 둘러싼 논쟁은 타종교나 거짓 종교에만 관련된 것이 아니라 "기독교 계시의 종교" 자체와도 관련된 것이다. 둘째, 인간의 정의와 긍휼이라는 관념은 공동체를 형성하는 일에서 핵심 요소로 인정되는 경우가 거의 없다. 사실상 대부분의 공동체는 이 관념을 인간의 현실에 대한 최우선의 문제로 다루지 않고 맨 마지막으로 미루어 버린다. 하긴 모세의 목회에서 제시된 대안들은 신학적인 전제나 사회 속의 구체적인 실행이라는 면에서 어떤 역사적 공동체가 감당하기에는 지나치게 급진적이라고 여겨질 법하다.

이 사실로 미루어 볼 때, 초대 교회는 얼마 지나지 않아 투쟁성이나 급진성을 상당 부분 완화할 수밖에 없었을 것이다. 존 게이저John Gager가 주장한 대로, 초대 교회가 어느 정도 문화를 수용하는 쪽으로 변하지 않았다면 기이한 분파로 몰려 소멸하고 말았을 것이다.[1] 결론적으로 말해 모세가 제시한 비전은, 적대적인 지배 문화에 맞서 살아남는 길은 신앙의 열정에 달렸다고 생각하는 결연한 공동체 안에서만 힘을 발휘한다. 즉 그런 식의 근원적 비전은 지배 공동체에서 변두리로 밀려나 있는 분파의 분위기에 딱 들어맞는다. 그러한 위기 상황이 이러한 근원성을 낳았다고 볼 수 있다. 뒤집어 말하면, 문화를 수용한 상황에서는 순응적이고 자기만족적인 태도가 자라나게 된다.

　　따라서 우리가 사회학 분야에서 발전한 언어와 지식과 권력이라는 사회적 개념들을 받아들여 사용한다 할지라도, 우리 고유의 사회학을 등한시한다거나 이 사회학이 우리의 신앙과 학식을 들어 쓰는 방식에 무관심해서는 안 된다.[2] 노예와 산파들로 이루어진 소수자 집단이 하나님의 자유를 받아들일 수 있었던 이유는, 자유롭지 못한 다른 신들은 이미 다 굴복해 버린 상황에서 그 방법 외에는 정적인 승리주의 종교에 대항할 수 있는 방법이 없었기 때문일 것이다. 노예로 이루어진 소수자 공동체가 정의와 긍휼의 정치를 주장할 수 있었던 까닭은, 그렇게 하는 것 외에는 억압적인 상황에 저항하는 데 버팀목이 되어 줄 사회적 비전을 얻을 수 없었기 때문으로 보인다. 조지 멘덴홀이 주장한 바와 같이, 온전히 초월적인 하나님은 사회 속에서 당신의 목적을 이루시기 위해 이 사회의 최고법원이나 체제에 맞서는 상소법원을 두기 원하신다.[3] 따라서 변두리 인생들이 당대의 억압적인 체제에 대항하면서 자신들을 받쳐 줄 합법적인 근거를 찾는다면, 그 근거는 진정으로 자유로운 하나님이다. 그리고 이 사실에서, 체제를 지배하고 거기서 이익을 얻는 사람들에게는 진정으로 자유로운 하나님이란 필요하지도 바람직하지도 않으며 심지어는 있을 수 없는 존재라는 결론이 나온다.

　　오늘날 대부분의 미국 교회가 처한 사회적 환경을 생각하면, 위와 같은 문제는 우리를 심히 주저하게 만든다. 모세 사건이 보여주는 근원성은 '하피루hapiru'가 처했던 사회적 환경과 아주 밀접한 관계가 있었다.[4] 이 사실에서 알게 되는 것은, 우리가 속한 사회적 환경과 그 속에서 이해관계에 얽혀 버린 종교를 돌아볼 때, 미국 교회가 하나님의 자유와 정의의 정치를 따르는 것이 그리 쉽지 않다는 점이다. 우리는 우리 사회의 최고 종교가 결코 공평하지 않다는 사실을 알 만큼은 안다. 여기서 나는 단지 모세의 예언적 종교 역시 공평하지 않다는 난감한 점만을 지적하고자 한다. 참으로 모세의 전통을 따르는 목회는, 그것이 섬기는 이해 당사자들을 고려하지 않고서는 이해할 수도 실천할 수도 없다.

위에서 살펴본 모든 사항은 이스라엘의 신앙과 역사에서 등장하는 깊은 문제의 서론에 해당한다. 모세가 일으킨 종교적·정치적 혁명은 기원전 1000년경까지 유용한 사회 현실로서 힘을 발휘할 수 있었다. 우리 역사에서 근래에 일어난 혁명들, 예를 들어 미국·프랑스·러시아·중국·베트남·쿠바·니카라과에서 일어난 혁명들이 얼마나 지속되기가 어려웠는지를 생각하면, 모세의 혁명이 지속된 기간은 결코 평범하지 않다. 솔로몬의 시대인 기원전 962년경에 이르러(다윗이 명민하고 모호한 지도력으로 이끌어 온 지 40년 후), 이스라엘의 삶과 신앙을 떠받치는 기초가 크게 변했다. 이 변화가 다윗에 의해 시작되었고 촉진되어 온 것이 사실이나 솔로몬에게서 변화의 증거가 훨씬 분명하고 확연하게 발견된다.[5] 솔로몬의 사업 전체가 왕과 왕조를 견고하게 세우는 데만 관심을 둔 이기적인 업적이었다는 사실이 분명하게 드러났다. 솔로몬이 한 일은 알베르토 소긴^Alberto Soggin이 '국가가 후원하는 혼합주의'라고 이름 붙인 프로그램과 같은 것으로서, 그것은 곧 모세의 비전이 지녔던 근원성을 점차적으로 포기했다는 것을 의미한다. 솔로몬의 프로그램에는 다음과 같은 일들이 포함된다.

1. 하렘harem(왕궁 내에 둔 여인들만을 위한 생활공간—옮긴이)의 설치. 이것은 정략적 결혼을 수월하게 하는 방도로 이용되었으며, 이에 더해 자식을 많이 두고자 했던 관심을 보여준다.왕상 11:1-3 (체제 유지를 목적으로 한다는 점에서 볼 때 하렘은 모세 시대 산파들의 운명과 완전한 대조를 이룬다[출 1:15-22].)

2. 조세 구역의 정비. 이 일을 통해 씨족과 부족의 위치를 조정함으로써 국가의 통치가 훨씬 더 효율적으로 이루어지게 되었다.왕상 4:7-19 (사실 부족 의식을 의도적으로 제거하는 일이 솔로몬의 국가정책에서 본질적 요소였다.) 이것은 또 경제의 중심을 지역과 가정으로부터 국가의 정치적 경제로 옮겨 놓았다.

3. 체계적인 관료제도. 대제국들을 모방한 이 제도는 기술적 이성을 제도화하는 역할을 했다.왕상 4:1-6; 9:23 (그런데 기술적 이성 자체가 원래 보수적이며 또 정의와 긍휼의 문제에는 관심이 없다.)

4. 상비군의 설치. 이로 인해 군대는 더 이상 여론과 진정한 국익에 의해 움직이지 않게 되었다.왕상 4:4; 9:22 그러니 하나님의 영이 이끈다는 옛 관념이 무시된 것은 더 말할 나위가 없다.

5. 지혜에 매료됨. 이로 인해 거대 통치 체제들을 모방하는 일과 더불어 현실을 합리화하고자 노력하게 된다. 즉 현실을 통제가 가능한 범위 안에 묶어 두고자 했다.6 왕상 4:29-34; 10:1-5, 23-25; 잠언 1:1; 10:1

6. 거대한 건설 공사(왕궁, 성전, 도시)와 채석·채광·벌목·조선 작업을 지원하기 위해 시골에서 노동력을 징발했다.왕상 5:13-19; 6:1-7:51; 9:15-19, 26

솔로몬 시대에 이 모든 일은 예루살렘 성전이라는 효과적인 보호막 아래서 이루어졌으며, 예루살렘 성전은 이스라엘에서 이루어진 가나안화Canaanization의 정수다.7 조지 멘덴홀이 솔로몬의 업적을 가리켜

"이스라엘의 이교화paganization"라고 칭한 것, 곧 모세 이전의 제국 시대에 있었던 종교적·정치적 전제 조건으로 되돌아간 일이라고 정의한 것은 옳다. 다시 말해, 솔로몬이 이루고자 애쓴 일은 혁명의 포기였을 뿐 아니라 의도적으로 예언자적 현실 이전의 상황으로 돌아가는 것이었다.[8] (여기서 잠깐 학자들의 인식이 어떻게 다른지 언급하는 것이 좋겠다. 멘덴홀이 "이교화"라고 표현한 이 과정에 대해 나를 포함해 게르하르트 폰 라트Gerhard von Rad 같은 학자들은 다른 상황에서 "계몽enlightenment"이라고 이름 붙였다.[9] 이 점을 염두에 두는 것이 중요한 이유는, 주어진 자료에 대한 해석은 여러 가지가 가능하다는 점을 잊지 않기 위해서다. 이 자료에 대한 나의 해석은 예언자적 전승의 관점에서 이루어진 것이며, 그러므로 다른 환경에서 전혀 다른 관점에 따라 이루어진 해석과는 크게 다르다.)[10]

솔로몬은 참으로 심각할 정도로 전제 조건들을 바꾸어 놓았다. 천재적인 다윗은 두 방향으로 그 변경을 시도했던 것으로 보이며, 슈테판 하임Stefan Heym이 지적했듯이, 다윗에게는 위대한 면이 있었고 솔로몬으로서는 이 점을 겨우 흉내나 낼 뿐 그 결과도 변변치 못했다.[11] 어쨌든, 솔로몬이 품었던 사회적 비전은 모세의 비전과는 모순되는 것이 분명했다. 솔로몬 시대에는 이스라엘에서 대안 의식이라든가 대안 공동체가 들어설 가능성이 완전히 차단되었다. 솔로몬 왕은 기질적으로 그러한 관념을 용납할 수가 없었다. 비판에 필수적인 초월적 요소가 사라져 버림으로써 더 이상 비판은 이루어질 수 없었다. 그리고 활력을 불어넣는 약속들은 이제 모두 왕의 몫으로 징발당했다고 보는 것이 마땅하다. 솔로몬은 모든 일이 이미 성취된 상황, 모든 것이 이미 차고 넘치기에 더 이상 미래를 꿈꾸는 일이 필요하지 않은 상황을 조성할 수 있었다. 비판의 대상인 현재와 활력을 주는 미래 사이의 긴장은 해소되었다. 이제 남은 것은 비판도 없고 활력도 불어넣지 못하는 현재뿐이다. 따라서 모세가 지녔던 현실의 비전은 거의 사라져 버렸다.

이러한 맥락에서, 나는 솔로몬의 업적 중에서 우리가 다루는 일반적인 논제와 관련해 중요한 세 가지 차원을 살펴보고자 한다. 이 세 가지 요소는 예언자들이 일반적으로 맞서 싸웠던 지배 문화가 어떤 것이었는지 요약적으로 보여준다.

풍요

솔로몬은 참으로 놀라운 복지와 풍요를 이루었다.

> 유다와 이스라엘에는 인구가 늘어나서, 마치 바닷가의 모래알처럼 사람이 많아졌지만, 먹고 마시는 것에 모자람이 없었으므로, 백성이 잘 지냈다. 솔로몬은 유프라테스 강에서부터 블레셋 영토에 이르기까지, 또 이집트의 국경에 이르기까지, 모든 왕국을 다스리고, 그 왕국들은 솔로몬이 살아 있는 동안, 조공을 바치면서 솔로몬을 섬겼다. 솔로몬이 쓰는 하루 먹을거리는 잘 빻은 밀가루 서른 섬과 거친 밀가루 예순 섬과 살진 소 열 마리와 목장 소 스무 마리와 양 백 마리이고, 그 밖에 수사슴과 노루와 암사슴과 살진 새들이었다. 왕상 4:20-23

확실히 이스라엘에게 새로운 현실이 열렸다. 전에는 먹고사는 문제로 걱정하지 않아도 될 만큼 소비재가 풍부한 적이 없었다. 모세의 대항 문화가 등장했던 세상은 굶주림의 세상이었다. 서둘러 먹은 누룩을 넣지 않은 빵 출 12:8-11 이라든가, 광야에서 하늘로부터 내린 만나라는 기이한 선물^{출 16장}이 그 사실을 말해 준다. 그리고 왕이라면 누구나 알고 있었듯이, 이러한 대항 의식을 맞받아 칠 수 있는 완벽한 수단이 바로 배부름이었다. 배가 잔뜩 부른 상황에서 자유와 정의의 혁명을 계속 이끌어 가기란 어렵다. (우리 사회의 경제를 보면, 사람들이 잔뜩 배불러 있을 때는 인권 문제가 쉽사리 잊혀지는 것을 알 수 있다. 또 옛 소련에서 자유의 격렬한 쟁점들이 소비재를 다루는 의제로 발전한 일이 우리의 눈에는 참 기이한 일로 여겨진다.) 바로 이런 일이 솔로몬이 통치하는 이스라엘에서 진행되고 있었다. 위의 성서 본문이 언급한 높은 생활수준은 그 시대를 연구하는 고고학에 의해서 분명한 사실로 확인된다. 공예품·성벽·건축의 유물들은 당시의 사회가 질서 잡히고 안정된 형편이었음을 입증해 준다.

그럼에도 불구하고 이렇게 입증된 풍요와 번영이 민주적으로 분배되지는 않았다고 보는 것이 타당하다. 위에서 인용한 열왕기상 4장에 나오는 먹을거리들은 왕과 그 주변 사람들에게나 가능한 식생활을 보여주는 것이 분명하다. 이 사람들은 백성의 어려움에 대해서는 대체로 무관심했다. 그리고 오늘이나 그때나 그렇게 잘 먹는 일은 다른 사람의 식탁에 오를 음식을 탈취한다는 것을 의미한다. 열왕기상 4장에 나오는 이 사실이 말해 주는 것은 왕과 그 주변 계층에게는 배부름이 실현가능한 목표가 되었다는 점이다. 형제자매를 소중하게 여기는 언약을 대신하여 그들을 이용해도 되는 사물로 여기는 소비 행태가 들어섰다. 이렇게 볼 때, 소비사회 속에서 대안 의식이 살아남기란 참으로 어렵다.

억압적인 사회 정책

솔로몬이 성공할 수 있었던 이유는 일부분 억압적인 사회 정책 때문이었다. 정말이지 이 정책은 솔로몬 체제의 기초였으며, 또 위에서 언급한 풍요의 근원이었다. 이 풍요는 민주적으로 분배되지 않고 계급에 따라 차별적으로 분배되었다. "집을 짓고도 거기서 살지 못하고 포도를 경작하고도 포도주를 마시지 못하는 사람들"이 있었다는 사실을 볼 때, 다른 사람들의 수고 덕분에 유복하게 살았던 사람들이 있었던 것이 분명하다. 사회 정책의 근간은 강제 노역의 실행이었으며, 이 정책에 의해 국민들은 적지 않게 국가나 정치 경제를 위해 동원되었다. 열왕기상 5:13-18에 나오는 대로 모든 백성이 이 강제 노동에 동원되었는지, 아니면 열왕기상 9:22에 언급된 대로 이스라엘 백성은 제국의 일반적인 징용에서 면제되었는지를 확인하는 일은 그렇게 중요하지 않고 도움이 되는 일도 아니다. 어느 쪽이 사실이든 왕실과 그들의 사치스러운 생활을 위해 백성을 동원하고 노동을 착취한 것이 이 체제가 취한 정책이었음은 분명하다.

우리 시대의 최근 역사를 보면 알 수 있듯이, 이러한 착취적인 탐욕은 멈출 줄 모르는 타성에 빠지게 되고, 그 결과 재화나 권력이나 안전 등을 제아무리 많이 손에 쥐더라도 결코 만족하지 못한다. 열왕기상 11:28 이하에서 언급된 반역이라든가 열왕기상 12장에 실려 있는 정부의 본질 및 백성과 지도자의 역할에 관한 논쟁은, 모두 새로이 등장한 국가관에 맞섰던 투쟁을 보여준다. 이 새로운 의식은 체제를 떠받치는 기초이며 동시에 체제에 의해 창조된 것이기도 한데, 그 안에서 정의와 긍휼의 정치는 완전히 사라져 버렸다. 국가의 질서가 최우선의 의제로 떠올랐으며, 그 결과 모세의 핵심 이념이었던 정의와 자유의 문제는 철저하게 뒷전으로 밀려나게 되었다. 정의와 자유는 본래 약속의 성격을 지니는데, 이 체제로서는 그러한 약속을 허용할 수 없었다. 그 까닭은 약속이라는 것이 억압적인 현 질서를 문제 삼고 자족적인 현 상태의 기초를 뒤흔들기 때문이다.

정적인 종교

솔로몬이 이룬 업적 중에서 가장 두드러진 것은 풍요의 경제와 억압의 정치다. 그러나 이 풍요와 억압도 신학적인 재가를 받지 못했다면, 그 자체의 힘으로는 그렇게 번성하거나 오래 지속되지 못했을 것이다. 따라서 내가 세 번째로 제시하는 근본적인 요소는 통제되고 정적인 종교의 확립이다. 그러한 종교 안에서 하나님과 그의 성전은 왕의 도시 계획의 일부로 편입되고, 하나님의 주권은 왕의 목적에 완전히 종속되어 버린다. 이 시대에 예루살렘에서는 하나님의 속성이 근원적으로 수정된다. 이제 하나님은 철저히 왕에 의해 좌우되고 왕은 그의 후견인이 되어, 하나님의 자유는 완전히 박탈당한다. 예루살렘으로 거처가 한정된 하나님이 무엇인가 자주적이거나 뻐딱한 말을 한다는 것은 생각할 수 없다. 여기서 두 가지 점을 살펴볼 필요가 있다. 첫째, 모세 전승과 왕조 전승 사이에 빚어진 갈등을 강조하는 학자들의 의견에 나도 동의한다. 나는 모세 전승이 왕조 전승으로부터 나왔다고는 생각하지 않는다. 오히려 두 전승은 전혀 다른 기원에서 유래했으며 실재에 대한 완전히 다른 비전을 발전시켰다고 본다. 둘째, 솔로몬이 종교에서 이룬 끔찍한 업적은 역사적 원인이 아니라 사회적 원인에서 비롯되었다는 것이 나의 판단이다. 다시 말해, 솔로몬이 산당을 갖춘 것은 가나안 족속이나 여부스 족속에게서 물려받았기 때문이 아니라 자기의 사회 이데올로기에 도움이 되었기에 받아들이고 발전시켰던 것이다. 솔로몬이 자기가 한 대로 오랜 가나안 산당을 물려받지 않았더라도, 그는 자신의 목적에 따라 많은 것을 수입했듯이 산당도 얼마든지 들여왔을 것이다.

책임을 다하는 성서적 신앙에서는 언제나 하나님의 자유와 하나님의 접근성accessibility 사이에 커다란 긴장 상태가 조성된다.[12] 이러한 긴장은 모세에게서 두드러지는데, 그는 하나님의 접근성을 포기하고 하나님의 자유를 강조하는 쪽으로 나아갔다. 솔로몬에게 이르러 이 긴장은 접근성에 대한 관심으로 인해 완전히 깨졌다. 하나님은 자유로운 분이라든가 하나님은 이 체제와는 상관없이 행하시고 심지어 이 체제에 반대하신다는 관념은 사라졌다. 이제 하나님은 왕과 왕의 허가를 받은 사람들이 제약 없이 마음대로 다가갈 수 있는 존재가 되었다. 이런 식으로 긴장 상태를 해소한 새 방식은 하나님의 확실한 임재를 노래하는, 아래의 옛 시에서 강하게 주장된다.

> "주께서는 캄캄한 구름 속에 계시겠다고 말씀하셨습니다. 이제 주께서 계시기를 바라서, 이 웅장한 집을 지었습니다. 이 집은 주께서 영원히 계실 곳입니다."왕상 8:12-13

하나님은 이제 "대기 상태"로 있으며, 그에게 접근하는 일은 왕실이 통제한다. 이러한 개편으로 말미암아, 서로 얽혀 있는 두 가지 요소가 힘을 얻게 되었다. 우선, 이 개편 때문에 초월적인 저항과 항의가 불가능하게 되었고, 그 결과 왕에 대한 어떤 관념이라도 막힘없이 인정할 수 있게 되었다. 다른 한편, 이제 왕이 독점권을 차지했으며, 그 결과 왕 주위의 사람들은 그 누구도 왕의 편에 서지 않고서는 결코 이 하나님께 나갈 수 없게 되었다. 여기에는 왕에 대항하여 소요를 일으키는 울부짖음은 들어설 자리가 없다.

하나님의 자유와 하나님의 접근성 사이의 긴장은 종교인이라면 누구나, 특히 목사들이 진지하게 생각해 보아야 할 미묘한 문제다. 종교적 기능인을 두는 목적은 다름 아니라 하나님에게 접근을 보장받기 위해서다. 이것은 사회학적 기대치로서 다음과 같이 표현된다. "목사님, 기도해 주세요!" 이러한 직책을 맡은 사람에게 동시에 하나님의 접근성과 대립하는 하나님의 자유를 옹호할 책임이 주어진다는 게 참으로 얄궂다. 솔로몬의 경우에 이 미묘한 문제는 비변증법적 방식으로 해결된다. 위에 인용한 시는 보통 성전 봉헌식과 관련된 시로 생각되는데, 이 시에서 하나님은 이제 예루살렘의 영구한 거주자로 묘사된다. 이러한 처지에 있는 하나님이 뭔가 신경 거스르는 일을 할 수 있으리라고는 기대할 수 없다.

위에서 살펴본 세 요소는 밀접하게 서로 연결되어 있어서, 어느 것도 나머지 두 요소 없이는 일어날 수도 유지될 수도 없다는 것이 내 판단이다. 다음 도표를 보라.

풍요의 경제 ←—————————→ 억압의 정치
왕상 4:20-23   왕상 5:13-18;
                                    9:15-22

내재적 종교
왕상 8:12-13

억압적 정치와 풍요로운 경제는 서로 의존하고 있음이 분명하다. 하지만 이 두 요소를 떠받치는 토대가 하나님을 포로로 잡은 종교^{religion} ^{of the captive God}이며, 이 종교 안에서 모든 반대는 사라지고 왕과 그의 이데 올로기는 하나님의 면전에서 안정을 누리게 된다. 하나님의 자유와 연 관된 이런 긴장이 해소되어 버릴 때, 종교는 사회의 통합을 위해 봉사 하는 하나의 수단으로 전락하며, 비록 다른 수단에 비해 중요하다 할 지라도 그중 하나가 될 뿐이다. 이런 현상은 새로운 일도 아니며, 또 솔 로몬이 종교를 꿰뚫어 보는 능력이 뛰어났다고 떠들 일도 아니다. 솔 로몬보다 앞서 억압적인 파라오들도 역시 종교의 중요성을 결코 의심 하지 않았다. 하긴 이들의 종교는 마찰을 일으키지 않는 조화의 종교 였다. 이 종교가 내세운 신은 체제와 지배 의식에 철저하게 종속된 신 이었고, 따라서 어떤 비판도 들어설 자리가 없었으며, 또 비판이 없으 니 새로운 일도 일어날 수 없었다. 새로움은 당연히 위험이요 위협으 로 여겨진다.

이러한 신은 철저히 왕에게 의탁하고 있으며, 왕에게 맞서서 변 두리 인생들을 옹호해 주는 상소법원이 되어 줄 리가 없다. 바로 여기 서 마르크스의 본질적 비판이 딱 들어맞는다. 종교는 기존의 경제와 정치를 정당화하고 원활히 돌아가도록 밀어 준다. 그런데 예언자적 신 앙에 의하면, 비판을 제기하는 일이 가능하려면 하나님의 자유를 박탈 한 일을 비판하는 데서 시작해야 한다. 하나님의 자유를 박탈함으로써 왕권 체제는 거침없이 자신의 이익을 위해 일할 수 있게 되었다.

솔로몬은 모세의 대항 문화에 완벽하게 맞설 수 있었다.

1. 그는 풍요의 경제로 평등의 경제에 맞섰다. 두 경제 사이의 차이 는 분명하고 뚜렷하다. 모세의 경험은 다음과 같은 비전을 제시한다.

"많이 거둔 사람도 남지 않고, 적게 거둔 사람도 모자라지 않았다. 그들은 제각기 먹을 만큼씩 거두어들인 것이다."출 16:18 여기서는 잉여 물자와 소비재의 축적이라는 생각을 전혀 찾아볼 수 없다. 이런 의식은 한 사람이 예루살렘 왕궁에 차려진 화려한 식탁에 앉게 되는 때 완전히 사라져 버린다.

2. 솔로몬은 억압의 정치를 내세워 정의의 정치에 맞섰다. 모세의 경험은 다음과 같은 비전을 보여준다.

> "너의 동족 가운데, 아주 가난해서, 도저히 자기 힘만으로는 살아갈 수 없는 사람이 너의 곁에 살면, 너는 그를 돌보아 주어야 한다. 너는 그를, 나그네나 임시 거주자처럼, 너와 함께 살도록 하여야 한다. 그에게서는 이자를 받아도 안 되고, 어떤 이익을 남기려고 해서도 안 된다. 네가 하나님 두려운 줄을 안다면, 너의 동족을 너의 곁에 데리고 함께 살아야 한다.……그들은 내가 이집트 땅에서 이끌어 낸 나의 품꾼이므로, 너희가 그들을 종으로 팔 수 없다."레 25:35-36, 42

이러한 비전은 솔로몬이 자기의 지배를 강화하기 위해 강제 노동에 손을 뻗칠 때 완전히 사라져 버린다.

3. 솔로몬은 **하나님의 접근성의 종교**를 가지고 **하나님의 자유의 종교**에 맞섰다. 모세의 경험은 다음과 같은 하나님의 자유에 대한 비전을 보여준다. 모세는 하나님께서 임재하시길 구하며 "주께서 우리와 함께 계시므로, 저 자신과 주의 백성이 땅 위에 있는 모든 백성과 구별되는 것이 아닙니까?"라고 말했다.출 33:16 그러나 야웨는 당신의 자유를 확고하게 내세우며 이렇게 대답하셨다. "나는……은혜를 베풀고 싶

은 사람에게 은혜를 베풀고, 불쌍히 여기고 싶은 사람을 불쌍히 여긴다.……그러나 내가 너에게 나의 얼굴은 보이지 않겠다. 나를 본 사람은 아무도 살 수 없기 때문이다."출33:19-20

솔로몬은 사람들이 불가능하다고 여겼던 일을 조작해 냈다. 그는 모세가 이룬 혁신을 휘어잡아 헛되고 무익한 것으로 만들어 버렸다. 기원전 10세기 예루살렘의 상황은 혁명과 사회적 실험 같은 일은 아예 일어난 적도 없는 듯한 분위기였다. 길게 이어지는 제국의 역사는, 마치 해방의 하나님에 관한 계시 따위로 방해받은 적이 없다는 듯이 계속해서 뻗어나갔다. 솔로몬이 이루어 놓은 현실은, 모세가 맞서 싸웠던 이집트의 현실과 놀라울 정도로 일치했다.

솔로몬 체제가 비판을 잠재울 수 있었다는 사실은 두말할 나위가 없다. 비판을 억누르는 방법에는 두 가지가 있다. 하나는 엄격한 금지조치를 내리고 그에 따르는 강력한 처벌을 동원하는 방법이다. 열왕기상 11:40에 나오는 여로보암의 대응은 이런 식으로 비판을 다룬 방식을 보여준다. 이 방식은 긴 통치 시대의 문을 열었던 피의 숙청에서도 발견된다.왕상2장 그런데 열왕기상 11장에서 예언자 아히야가 세기한 긴 비판에 대해서 솔로몬이 아무 반응도 보이지 않은 점은 이상하다. 간단히 말해서, 아히야 예언자의 비판을 묵살한 것이다. 이것이 바로 비판을 다루는 두 번째 방법이다. 즉 비판에 대해서 적절한 면역성을 키우고 귀를 완전히 막아 버리는 것이다. 여기서 화자narrator는 이렇게 차가운 침묵으로 대응하는 방식을 의도적으로 비꼬아 묘사하고 있는 것으로 보인다. 열왕기상 9:1-9에 나오는 하나님의 강력한 경고가 있은 후에 솔로몬이 취한 반응도 분명 이런 식이었을 것이다. 그 이야기에 곧바로 이어지는 반응은 다음과 같았다. "솔로몬은, 주의 성전과 왕궁, 이 두 건물을 다 짓는 데 스무 해가 걸렸다.……솔로몬 왕은 갈릴리 땅에 있는 성읍 스무 개를 히람에게 주었다."왕상 9:10-11 왕권 의식은 철저히 폐쇄되어 버렸다. 비판은 먹혀들 여지가 전혀 없었고 진지하게 고려할 대상도 못되었다. 만일 솔로몬에게 제 마음대로 할 수 있는 텔레비전이 있었다면 그는 아마도 가장 호된 비판가들을 매수해서 그들을 대담 프로그램의 명사로 내세웠을 것이다.

이 체제에서 활력이 고갈되었다는 구체적인 증거는 어디서도 발견되지 않는다. 이야기는, 국가의 발전을 위해 놀라울 정도의 활력이 다방면으로, 그중에서도 특히 경제와 건축 분야에 투입되었음을 말해준다. 그러나 우리는 적어도 솔로몬 공동체의 "행복", 곧 배부름에서 오는 행복왕상 4:20; 10:8에 대해서는 의심해 볼 수 있다. 최소한 배부름으로 얻는 행복이 자유의 기쁨과 같지 않다고 보는 것이 옳을 것이다. 일체의 초월적인 목소리에 귀 막고 이웃에 대해 무관심하다 보면 결국에는 격정까지 사라지고 만다. 격정이 사라지는 곳에서는 인간다움을 가능하게 하는 진정한 활력도 완전히 자취를 감추게 될 것이다.[13]

근래에 와서 비평적 연구가 밝혀낸 전도서의 연대가 확실하기는 하나, 전도서의 가르침을 솔로몬의 것이라고 본 전승도 직관상 옳았다고 가정할 수 있다.[14] 이 문헌에 담긴 염세, 포만, 권태, 허무함 등의 분위기는 솔로몬 시대의 상황을 반영한다고 생각한다. 전도서에 들어 있는 소외 상황만 놓고 보면, 분명 솔로몬 시대와 동일한 시대 상황을 언급하는 것이라고 볼 수도 있다. 솔로몬은 모세의 해방 공동체가 일으킨 세상에 대해 반격을 시작했고 그 일을 매우 효과적으로 해냈다. 그는 자유의 비전을 팔아 안정이라는 현실을 사들였다. 그는 모든 사람을 종의 처지로 끌어내리기 위해 이웃을 버렸다. 그는 언약 정신을 대신해 소비 정신을 내세웠으며, 모든 약속을 거래할 수 있는 상품으로 만들어 버렸다. 이런 식으로 모든 것을 뒤집어 놓음으로써 진정한 활력 따위는 필요 없게 만들어 버렸다.

이렇게 말하는 것이 어찌 보면 그 나름대로 긍정적인 면을 지니고 있는 문화 현실을 너무 혹독하게 판단하는 것인지도 모르겠다. 그러나 여기서 우리는 왕권 의식을 따로 떼어서 객관적으로 연구하고 있는 것이 아니다. 우리는 지금 예언자적 대안, 곧 비판과 활력을 잃어버린 사회 세계에 맞서는 대안이 지니는 의미를 살피고 있다. 이와 동시에, 우리는 적어도 그 시대에 이루어진 신학적 공헌에도 관심을 기울여야 한다. 그래서 당시의 실상을 바르게 파악하고 예언자적 관점을 과장하지 않도록 해야 할 것이다.

우리는 이 시기에 이루어진 주요한 신학적 공헌 두 가지를 살펴보려고 한다. 이 두 가지는 성서적 신앙과 기독교 전통 모두에게 중요하다. 첫째, 예루살렘 체제에 의해 창조 신앙이 완전하고 공식적인 모습을 갖추게 되었음이 분명하다.[15] 부정적인 면에서 보면, 창조 신앙은 왕의 선전 도구로 전락해, 뻔뻔스럽게도 왕-성전-예루살렘으로 이루어진 복합체가 사회 질서와 우주 질서의 보증인이 된다고, 또 개인과 공동체를 무질서anarchy의 위험으로부터 지켜 주는 실재의 중심이 된다고 주장한다. 긍정적인 면에서 볼 때 창조 신앙은, 생계 문제와 씨름하는 일을 뛰어넘어 조화와 균형, 통일 같은 큰 주제들을 좀 더 넓게 다룰 수 있는 공동체를 일으켜 세운다. 이렇게 볼 때, 성서를 편협하게 인간의 문제나 따지는 일에서 구해 준 것이 창조 신앙이다. 그렇지만 우리는 예언자의 관점에서 보아야 한다. 사실, 창조 신앙은 정의의 문제보다는 질서의 문제를 더 중요하게 여기는 경향이 있다. 창조 신앙은 균형을 지나치게 높이 평가하며, 가난한 사람이 제기하는 껄끄러운 문제는 덮어 버리려는 경향이 있다. 창조 신앙은 역사 속에 돌출하는 형제자매의 문제는 무시하고, 왕이 주관하고 있는 커다란 문제에만 관심을 두려고 한다. 따라서 예언자적 대안의 눈으로 보면, 창조 신앙을 받아들이는 데는 분명한 대가를 치러야 하며, 이 대가는 왕이 이끄는 질서에서 밀려난 변두리 인생들의 몫이 된다.

물론 이렇게 말한다고 해서 기원전 10세기 이스라엘에서 최초로 창조 신앙이 등장했다고 생각하는 것은 아니다. 그때보다 훨씬 오래되었음을 보여주는 분명한 증거가 있기 때문이다. 그러나 분명한 사실은, 10세기 이스라엘에 이르러 창조 신앙은 처음으로 체계적인 형태로 제시되었다는 것이다. 모세의 공동체가 제국의 의식과 예리한 단절을 추구하고 성취했던 데 반해, 이 당시의 신학적인 작업은 바로 그러한 제국의 인식과 관심사로 돌아가는 일에 매달렸다.

둘째, 이 시대에 **메시아 사상**messianism이 출현한다. 메시아 사상은 다윗 계열에서 나오는 왕을 역사상 중요한 사건으로 제시할 뿐만 아니라 하나님의 궁극적인 목적에 필수적인 인물로 본다. 긍정적으로 볼 때, 이 다윗 계열의 왕은 변두리 인생들의 옹호자로 여겨지며, 잠재적으로는 모세의 비전을 대행하는 인물이 된다.[16] 부정적이고 좀 더 현실적인 면에서 보면, 이 왕에게 갈수록 더 큰 권력과 중요성이 집중되고 하나님의 목적과 관련해서도 확고한 역할이 맡겨지면서, 그의 핵심비전은 변두리 인생들의 옹호자라는 역할이 아니라 왕 자신의 복지와 번영으로 바뀐다. 왕권의 의미는 어느 쪽 방향으로도 발전할 수 있었으나 실제에서는 힘없는 사람들을 옹호하는 직책이 아니라 힘 있는 자들이 저지르는 착취를 심화하는 인물이 되어 버렸다. 이러한 까닭에 예언자적 의식은, 자신을 불후의 중요성을 띤 인물로, 심지어는 존재론적으로 중요한 존재로 내세우는 모든 역사적 인물에 대해 경계심을 늦추지 않는 것이다.

창조 신앙과 메시아 사상은 이스라엘의 삶과 신앙에 긍정적이고 중요한 공헌을 할 수 있는 잠재력을 지닌다. 이 둘은 모두 모세의 비전과 약속을 더욱 발전시킬 수도 있었다. 창조 신앙은 우주적이고 사회적인 차원에서 의로운 질서라는 비전을 체계화하는 쪽으로 발전할 수 있었다. 메시아 사상은 힘없는 자들을 위한 확실하고 강력한 옹호자를 약속할 수 있었을 것이다. 그러나 실제에서 이 둘은 본질적으로 반동적인 경향을 드러냈으며, 현 체제를 강화하고 껄끄러운 언약의 문제들을 억누르는 역할을 담당했다. 이렇게 해서 기원전 10세기의 군주국가인 이스라엘은 정치와 경제에서뿐만 아니라 신학적으로도, 하나님의 자유를 내세우고 정의와 자유의 정치를 회복하려는 혁명에 맞서 싸웠다.

내가 문제를 지나치게 도식화한 것으로 볼 수도 있다. 그러나 이러한 도식화는 성서 본문 자체에 분명하게 나타나 있다는 것이 내 생각이다. 새로 등장한 왕정 현실은 어느 쪽 방향으로도 발전할 가능성이 있었으며, 또 전승 속에도 올바른 왕정에 대한 희망이 간직되어 있는데, 이런 희망은 한참 후인 요시야 왕 시대(대략 기원전 640-609년)까지 이어진다. 그러나 실제로 왕정은 그런 방향으로 발전하지 않았으며, 바로 이 점이 성서적 신앙에 커다란 문제를 일으킨다. 왕정 현실은 모세의 비전을 우습게 여겨 짓밟았다. 질서에 대한 열망으로 인해 자유의 선물을 폐기했다. 정의라는 인간의 기본 주제는 체제 안정을 위한 부속물이 되어 버렸다. 자유와 정의의 신은 영원한 현재 속으로 흡

수되었다. 그리고 격정을 대신하여 배부름이 등장한다.

격정을 발휘할 수 있게 만드는 일이 예언자에게 맡겨진 기본 과제이며, 또 왕권 의식이 근절하려고 했던 것도 격정이라는 것이 내 생각이다. 여기서 격정을 다룬 문헌을 살펴볼 필요는 없다. 단지 쵤레, 몰트만, 비젤, 그중에서 특히 헤셸을 언급하는 것만으로 충분하다.[17] 돌보고 괴로워하고 죽고 공감하는 일을 기꺼워하는 태도요 그럴 수 있는 능력을 뜻하는 격정이 제국 현실에게는 적이 된다. 제국 경제의 목적은 백성을 배부르게 만들어 그들이 눈뜨지 못하게 만드는 데 있다. 제국 정치는 거부당한 사람들의 울부짖음을 차단하는 데 목적이 있다. 제국 종교는 아편과 같은 것이 되어, 하나님께서 생생하게 아시는 그 참상을 아무도 알아채지 못하게 만든다. 폐쇄된 세계, 곧 혁명이나 변화, 역사, 약속, 희망이 없는 땅에 갇혀 있는 왕인 파라오는 숱한 세월이 흘러도 결코 변하지 않는 세상을 다스리는 왕을 대표하는 모델이 된다. 모든 왕이, 심지어는 모든 면에서 탁월했던 솔로몬까지도 이렇게 고착되고 폐쇄되어 버린 세상을 부러워한다.

왕권 의식을 보여주는 이 모델은 어려운 해석을 거치지 않고서도 우리 시대의 문화적 상황의 특징을 밝혀 주는 수단으로 이용할 수 있다. 성서 본문을 주의 깊게 살펴보는 것만으로도 오늘 우리가 처한 상황을 이해할 수 있기에, 나는 이 문제가 현실과 어떤 "연관성"을 지니는지의 문제에 지나치게 매달리지 않겠다. 따라서 나는 오늘 우리의 상황을 더 효과적으로 이해하는 데 충분히 도움이 되리라는 기대를 품고 아래와 같은 패러다임을 제시한다. 상상력을 거의 발휘하지 않고서도 우리는 이와 동일한 왕정 전통 속에 살고 있다는 사실을 알 수 있다.

- 우리는 풍요의 경제 속에 살고 있다. 그 속에서 우리는 매우 유복하여 고통이라는 것을 알지 못하며 또 고통당하는 사람들 곁에서도 내 식대로 먹을 수 있다.
- 우리는 억압의 정치 속에 살고 있다. 그 속에서는 변두리 사람들의 울부짖음은 전혀 들리지 않으며 또 들린다 해도 반역자나 미치광이의 헛된 소리라고 무시된다.
- 우리는 내재성과 접근성의 종교 속에 살고 있다. 그 속에서 하나님은 우리와 아주 친해서 하나님의 비판이나 부재, 추방 따위는 전혀 신경 쓸 일이 아니다. 문제는 심리학에 맡겨 처리한다.

아마 독자들도 나와 같을 것이고, 이러한 현실에 완전히 몰입되어서 다른 방식에 대해서는 전혀 생각할 수도 없을 것이다. 그 시기의 지배 역사는 오늘 우리 시대를 지배하는 역사와 마찬가지로 서류가방과 리무진 승용차, 기자회견, 수출입 할당량, 신무기 체제로 이루어진다. 그러한 역사 속에서는 **춤추는** 일이 별로 일어나지 않으며 어떠한 **신음소리도** 허락되지 않는다.

우리가 좀처럼 깨닫지 못하는 사실이 있다. 성서 속에는 소수자의 목소리, 곧 왕이 기록한 역사는 하나님과 형제자매를 공평하게 다루지 않기 때문에 정확한 것이 못된다고 보았던 일부 열정적인 사람들의 비전도 들어 있다는 점이다.

파라오와 솔로몬의 제국적인 세계에서는 예언자적 대안이 어설프고 웃기는 짓거리로 대접받고 무력에 의해 제압당하거나 배부름 속에서 묵살되어 버린다. 그러나 우리는 이 어설프고 웃기는 짓거리가 하나님, 곧 결코 파라오나 솔로몬의 투영일 수 없는 하나님 자신의 성품에 뿌리를 두고 있다는 사실을 믿으며, 그 때문에 그 일에 매료된 사람들이다. 이 하나님은 자기 이름을 가지신 분이며, 이 이름은 하나님 외에 그 누구도 입에 담을 수 없다. 하나님은 자기 고유의 품격을 지니신 분이요 모든 것을 지배하시는 분이기에 결코 다른 어떤 것의 투영일 수 없다. 그분은 제국에서는 신임을 받지 못하고 법정에서는 무시 당하고 성전에서는 배척당하는 하나님이시다. 그리고 하나님께서 소외된 인생들의 울부짖음에 귀를 기울이는 그곳에서 그분의 역사가 시작된다. 하나님의 섭정을 자처하는 왕들과는 달리 하나님은 격정과 파토스Pathos를 통해 자신의 품격을 드러내시며, 돌보는 권세요 울 수 있는 능력이자 애통하며 기뻐할 수 있는 활력으로 다가오신다. 모세의 뒤를 잇는 예언자들은, 하나님께서 돌보고 눈물 흘리고 애통하고 기뻐하시는 일을 왕의 완력이나 굳은 마음으로 막을 수 없다는 사실을 안다. 그분은 참으로 하나님이시기 때문이다. 왕들도 이 사실을 알아야 한다.

따라서 나는 예언자적 상상력의 패러다임을 다음과 같이 정리한다. 왕권 의식은 실현 가능한 배부름에 몰두했다.[18] 예언자적 대안 의식은 언약과 관련한 파토스와 격정에 전념했다. 왕권 의식은 실현 가능한 배부름이라는 프로그램을 수단으로 인간다움에 대한 우리의 관념들을 재규정했고, 나아가 그것을 우리 모두에게 적용했다. 왕권 의식은 오직 자기만족밖에 모르는 자기중심적인 의식을 만들어 냈다. 우리에게 기억하기를 요구하는 전통, 우리가 응답하기를 바라는 권위, 우리가 돌보기를 요청하는 공동체는 이 왕권 의식에 의해 정당성을 박탈당했다. 왕권 의식은 현재를 절대적인 위치로 높여 놓았으며, 따라서 약속된 미래, 연기되었을 뿐 반드시 오고야 말 그 미래는 생각조차 할 수 없는 것이 되어 버렸다.

실현 가능한 배부름이라는 왕의 프로그램은,

- 경탄할 만한 신비는 존재하지 않으며 단지 풀어야 할 문제만 있다고 생각하는 경영적 사고방식에 의해 움직인다. 솔로몬의 증거가 분명하게 보여주듯이, 이 시기는 위대한 지도자와 영웅적 투쟁과 담대한 독창성을 찾아보기 힘든 때였다. 이때는 원가를 따지는 경영적 사고방식에 의해 주도되는 시대였다.
- "낙관주의적 국가 종교"에 의해 정당화된다.[19] 이 종교는 하나님이 할 일이란 우리의 생활수준을 보호해 주면서 궁정 안에 주어진 자기의 자리를 지키는 것이 전부라고 생각한다.
- 이웃을 우리 역사 속에서 생명을 나누어 주는 존재로 보는 생각을 버릴 것을 요구한다. 이 프로그램은 우리가 역사 밖에서 자력으로 살아갈 수 있는 사람들이라고 생각한다.

이러한 강압적인 현실에 맞서서 일어설 수 있는 수단이, 모세의 혁신에서 비롯된 예언자적 말뿐이라는 사실을 생각하면 참으로 마음이 벅차오른다.

3장

예언자적 비판과 파토스의 포옹

앞 장에서 우리는 왕권 의식에 확실하게 맞설 수 있는 대안 의식을 형성하는 것을 예언자적 상상력의 패러다임으로 고려했다. 이번 장에서 우리는 그러한 대안 의식이란 어떤 것인가 하는 문제를 다룬다 (이 문제는 분명 오늘의 문제이다). 여기서 나는 단지 이스라엘의 예언자들이 이 문제를 푸는 데 사용했던 몇 가지 방식을 살펴보는 신중한 길을 따르겠다. 그러나 이러한 표면적인 고찰과 더불어, 오늘날 우리가 처한 상황에서라면 우리는 어떻게 해야 할 것인가 하는 물음도 짚고 넘어가겠다.

우리도 역시 왕권 의식을 물려받은 후손이다. 우리 모두는 비록 형태는 달라도 왕권 의식에 깊이 빠져 있다. 따라서 첫 번째 물음은, 우리가 처한 상황에서 진정한 역사적 새로움을 상상하고 분명하게 제시할 수 있을 만큼 우리가 자유를 누리를 수 있는 길이 무엇이냐는 것이다. 이스라엘의 예언자들이 계속해서 물어 왔던 이 물음은 자유가 현실적인지, 정치적인 면에서 실천 가능한지, 경제적인 면에서 실현 가능한지를 묻는 것이 아니다. 이런 식의 물음으로 출발하다가는 시작하기도 전에 모든 것을 왕권 의식에 넘겨주게 된다. 우리가 물어야 할 물음은 자유가 현실적인지, 실천 가능한지, 실현 가능한지 여부가 아니라, 그것이 상상할 수 있는 일인가 하는 것이다. 우리의 의식과 상상력이 왕권 의식에 의해 철저하게 공략당하고 흡수되어 버려서 대안적인 사고를 품을 용기나 능력까지 빼앗겨 버린 것은 아닌지 물어볼 필요가 있다.

기본적인 패러다임으로부터 예언자들의 구체적 모습으로 넘어가기에 앞서 잠시 멈추고, 예언자는 어떤 사람이며 예언자는 어떤 일을 하는지 살펴보자. 내가 보기에, 예언자로 살아가려고 하는 우리가 지닌 자아상이라는 것이 대개 지나치게 심각하고 현실적이고 심지어는 냉혹하기까지 하다. 그러나 데이비드 노엘 프리드먼이 밝힌 바에 의하면, 이스라엘의 예언자에게서 나타나는 특징적인 방식은 시poetry와 서정시lyric이다. 예언자는 미래에 관련된 환상을 다룬다. 예언자는 그 비전이 성취될 수 있는지는 묻지 않는다. 성취의 문제는 그 비전이 상상으로 나타나기 전까지는 전혀 무의미하기 때문이다. 성취에 앞서 상상력이 와야 한다. 우리의 문화는 거의 모든 것을 성취할 만큼 힘이 있지만, 아무것도 상상하지 못할 정도로 무력하기도 하다. 어떤 것이든 남김없이 성취할 수 있게 해 주는 바로 그 왕권 의식이 상상력을 억눌러 버린다. 상상력은 위험하다는 것이 그 이유다. 따라서 모든 전체주의 체제는 예술가를 두려워한다.[1] 예언자의 소명은 상상력의 목회가 원활하게 이루어지게 해 주는 일이요, 또 왕이 우리가 생각할 수 있는 유일한 미래라고 주장하는 그 단일한 미래를 대신할 미래를 그려 내고 제시하는 일이다.

정말이지, 지배 현실에 도전하여 싸울 수 있는 수단으로써 마지막 남은 것이 시적 상상력이다. 지배 현실은 필연적으로 산문^{prose}적 특성을 지닌다. 그러나 이러한 시적이고 서정적인 사고를 창조하는 데는 압운^{rhymes}을 다루는 기술 이상의 더 많은 능력이 요구된다. 내가 관심을 갖는 것은 시의 형식적 요소가 아니라, 우리를 에워싼 통제된 산문은 주지도 못하고 인정하려고도 않는 대안적 전망과 관련된 중요한 문제들이다. 이 일에서 무엇보다도 필요한 일은, 왕권 의식이 조장하는 무관심이 우리 공동체와 개인 속으로 파고들지 못하게 하는 일이다. 또 하나님은 얼마든지 자신의 약속을 지키실 수 있음을 믿고 하나님이 주신 약속을 끝까지 포기하지 않는 것도 필요하다.

나는 지금, 법인체 국가^{corporate state}(거대하고 비인간적인 법인 형태의 국가—옮긴이)에 대해 비난의 수단으로 시를 쏟아 내는 현장 목회자들에 관해 말하고 있는 것이 아니다. 내가 말하려는 것은 모든 가정과 결혼생활, 공동체 속에서 동일한 현상이 벌어지고 있다는 점이다. 아무것도 부족한 것이 없는 현실 속에서 우리는 상상된 대안적 미래에 대해 자유롭게 생각할 만한 여유라든가 활력이나 용기도 없이 살아간다. 우리가 "예언자적"이라는 말을 언급할 때 언제나 거창하게 공적 과제만을 생각할 필요는 없다. 왕이 강요하는 통제되고 산문적인 미래에 사람들이 굴복하려고 하는 곳이라면 어디든지 예언자들이 수고하고 싸울 필요가 있다. 따라서 우리가 상상력이라는 대안적이고 건설적인 과제를 수행해야 한다면, 또 "종교적"인 것으로 만족하는 대부분의 피상적인 집단을 뛰어넘어야 한다면, 우리는 어디에서 시작해야 하는지 물을 수 있다. 나의 제안은 다음과 같다. 왕권 의식은 사람들을 무감각 상태로, 특히 죽음에 대한 무감각으로 몰아간다. 사람들로 하여금 자신에게 닥친 죽음의 고통을 경험하도록 이끌어 주는 것이 바로 예언자적 목회와 상상력의 과제다.

솔로몬의 업적에 대해 살펴볼 때, 나는 계속해서 왕권 의식의 결말을 "무감각"—직접 이 단어로 표현하지는 않았으나—이라고 말했다. 솔로몬의 체제는 격정의 상실을 초래했다. 격정을 잃어버렸다는 것은 돌보거나 아파하는 능력이 없음을 뜻한다. 아버지 다윗에서 아들 솔로몬으로 넘어오면서 생겨난 결정적인 차이가 무엇인지 알기 위해서는, 다윗이 겪었던 비통과 고뇌와 기쁨^{삼하 1:19-27; 3:33-34; 12:15-23; 18:33; 19:4; 23:13-17}을 솔로몬의 일차원적 이야기와 비교해 보기만 하면 된다. 여기서 논하는 무감각은 무감정^{apathy}, 곧 파토스가 없음을 가리킨다. 이에 반해 전도서에 나오는 성찰적인 진술에서는 동일한 경험이 허무함으로 표현된다.

> 모든 강물이 바다로 흘러가도,
> 바다는 넘치지 않는다.
> 강물은 나온 곳으로 되돌아가,
> 거기에서 다시 흘러내린다.
> 만물이 다 지쳐 있음을
> 사람이 말로 다 나타낼 수 없다.
> 눈은 보아도 만족하지 않으며
> 귀는 들어도 차지 않는다.
> 이미 있던 것이 훗날에 다시 있을 것이며,
> 이미 일어났던 일이 훗날에 다시 일어날 것이다.
> 이 세상에 새것이란 없다.^{전 1:7-9 2}

레잉R. D. Laing의 말로 하면, 사람들은 더 이상 자기 나름의 경험을 할 수 없게 되었으며, 그 결과 그저 단정한 행실을 지키기만 하면 됐다.[3] 체제가 가치 있게 여기는 일은 백성이 경험하는 것이 아니라 그들의 행실이다. 이것은 통제가 가능하기 때문이다.

좀 더 정확히 말해, 왕권 의식은 죽음에 무감각한 상태에 빠져 버렸다. 왕의 처지에서 자기가 소중히 여기는 역사적 질서의 종말을 상상하거나 경험한다는 것은 있을 수 없는 일이다. 이 질서는 왕 자신의 인격과 하나이기 때문이다. 정말이지 이 질서가 곧 왕의 인격이며, 그 수준은 왕의 인격만큼이다. 그러므로 왕이 이룩한 역사적 질서는 영원성까지는 아닐지라도 지속성이라는 특성을 인정받아야 한다. 왕들은 자신이 주관하는 모든 역사적 사건에다 "영원히"라는 관념을 부여하기 원한다. 따라서 우리 시대의 공적 제도들이 파괴되어야 한다고 주장하거나, 우리는 기만당하거나 스스로 속아서 소외 상태에 빠졌다고 외치는 일은 우리 사회에서 생각할 수 없는 일이다. 이렇게 해서 우리는 우리의 결혼생활과 진지한 인간관계 속에서, 또 우리의 몸과 나이, 건강, 정신력, 의무 같은 일에서도 왕 놀음을 하게 되었다.

우리 사회의 공적 영역에는 실패와 마주설 수 있는 자리가 더 이상 존재하지 않는다. 워터게이트 사건을 조사하는 동안 리처드 닉슨—우리와 다르기보다는 비슷한 점이 더 많은 사람이다—이 보여주었던 몸서리치던 고뇌라든가, 탄핵을 당한 빌 클린턴이 탄핵 기간 내내 고통스러워하던 모습을 생각해 보라. 궁극적으로 우리는 우리 자신의 죽음을 마주볼 수 있는 힘을 잃어버렸다. 종말에 맞서서 그것을 받아들이는 데는 너무 커다란 희생이 따르며, 그런 까닭에 왕의 공동체에서는 종말을 철저히 부인하는 일이 필연적이게 되었다. 종말을 인정한다는 것은 곧 모든 일이 우리 수중에 있는 것이 아니며, 우리가 일들을 언제까지나 현재처럼 통제할 수도 없으며, 또 결국에는 모든 일이 완전히 멈춰 버리게 되리라는 사실을 시인하는 것이다. 우리가 소중히 여기는 모든 일에 "영원히"라는 딱지를 붙이는 것이 왕이 할 일이다. 종교인들도 "영원히"라는 말을 어떤 일에 붙여서는 그 일이 신학적으로 정당하게 보이게끔 만드는 데 사용하고 있는데, 이는 참 난감한 일이다. 이 "영원히"라는 말은 파라오가 애용했던 말이고, 그런 점에서 야웨와 모세가 해방의 일을 수행하면서 맞서 싸웠던 바로 그 말이다.

세인트루이스의 어느 라디오 방송국에서 청소부로 일하던 한 여성에게 일어난 일이다. 어느 날, 결혼문제 상담 프로그램을 진행중이던 방송실을 그 여성이 지나치게 되었다. 그는 즉석에서 요청을 받고 자기가 사는 방식대로 한 마디 평범한 조언을 하게 되었다. 공식적으로 내보내는 권면보다 그의 말이 더 건전하고 현명한 것이 되어 버렸다. 그 결과 그녀는 정규 프로그램의 한 부분을 담당하게 되었다. 이렇게 블루^{Blue} 양은 인기인이 되었으며 그녀가 시작하고 끝내는 말은 "괜찮아, 잘될 거야"였다. 그녀가 맡은 일은 방송 진행자의 분위기에 맞춰 틈틈이 이 말을 되풀이하는 것이었다. 목적은 그저 웃음거리를 제공하거나 스스로 웃음거리가 됨으로써 밝은 분위기를 만드는 것이었으나, 다른 한편으로 기만의 종교를 펴는 결과를 가져왔다. 그가 속한 소수자 집단 속에서라면 "괜찮아, 잘될 거야"라는 말은 사람들이 어려움을 극복할 수 있게 해 주는 위로의 말일 수 있다. 그러나 똑같은 말이 방송 매체에서 사용되면서 현 체제를 옹호하는 것이 되어 버리고, 나아가 부정하고 무감각에 빠지는 일을 더욱 효과적으로 수행하게 만든다. 이것은 마치 왕이 일체의 심각한 물음을 막아 버릴 목적으로 "영원히"

라는 말을 사용하는 것과 같다.

이런 식으로 왜곡된 블루 양의 구호는 예레미야가 무력하고 자기기만에 빠진 성전을 향해 퍼부은 다음과 같은 조롱조의 비난과 다르지 않다. "이것이 주의 성전이다, 주의 성전이다, 주의 성전이다."렘 7:4 그것은 또 저 유명한 술집 주인이자 암으로 죽은 사람인 투츠 쇼어Toots Shor의 경우와도 다를 게 없다. 그는 말년에 죽음을 앞두고 "나는 내가 무슨 병에 걸렸는지 알고 싶지 않다"고 말했다. 이 말은 왕권 의식의 태도를 간명하게 요약해 준다. 즉 알고 싶지 않다는 것이다. 만일 우리가 모른다면 그 일은 일어나지 않은 것인지도 모르고, 또 당분간은 그런 척하며 살아갈 수 있을 것이다. 내가 스스로 자신을 부인한다면 마찬가지로 이웃에 대해서도 얼마든지 부인할 수 있으며, 나아가 이웃이 무엇을 가지고 있는지 무엇을 가지고 있지 않은지 알 필요도 없게 된다. 나는 나 자신과 함께 이웃을 역사적 실존과 무관한 존재로 상상할 수 있으며, "영원히"라는 말은 긍정이 아니라 부정으로 바뀐다.

로버트 리프턴Robert Lifton은 우리 문화 속에 있는 죽음에 대한 태도를 연구했다.[4] 그는 히로시마와 나가사키 사건과 이에 대한 반응을 연구의 출발점으로 삼았다. 이 사건을 뛰어넘어, 죽음이 매우 일상적으로 분명하게 집단적으로 모든 곳에서 발생하는데도 아무도 신경 쓰지 않는 세상 속에서 사람들이 삶에 대해 보이는 일반적인 반응을 연구했다. 리프턴이 내린 결론에 의하면, 우리는 죽음의 현실과 가능성에 올바로 관계 맺는 방법을 알지 못하며 그 결과 무감각하게 죽음을 부정해 버린다.

게다가 리프턴은, 이러한 놀라운 습성의 배후에는 상징 공백symbol gap이 자리 잡고 있으며, 우리는 현실의 공포를 막아 줄 만큼 깊거나 강한 상징들을 전혀 갖고 있지 못하다고 말한다. 상징들이 부적절하거나 일들이 공적 형태로 표현되지 못할 때, 경험이 제대로 이루어지지 않는 현상이 나타난다. 죽음의 현실과 관련된 상징 공백이라는 관념은 이 책의 주제와 딱 들어맞는다. 애초부터 왕권 의식은 상징을 부정했으며, 따라서 왕권 의식 속에서는 온전한 경험으로 이끄는 상징을 찾아볼 수 없다. 상징은 경험을 풀어 놓아 자유롭게 이루어지게 해 주며, 그렇게 해서 왕들이 겁내고 통제할 수도 없는 실재의 차원을 분명하게 밝혀낸다. 왕들은 자기의 통제 능력 밖에 있는 것을 폭로하는 모든 상징을 철저하게 무력화하려는 본능이 있다. 따라서 상징을 억눌러 파괴해 온 왕의 권력은 다음 차례로 상징화된 경험을 부정하는 일에 매달릴 수밖에 없다.

　종교인들이 안이하고 경솔하게 이런 부정의 공모자가 되고 조장자가 될 때가 흔하다는 사실을 알아 둘 필요가 있다. 문제가 있는 곳에 뛰어들어 짐을 덜어 주고 위로해 주고 슬픔을 덮어 주고 싶은 것이 인지상정이나, 그런 이유에서 우리는 모두 쾌활한 기질을 지닌 사람이 된다.

> 그들은 서로 손발이 맞아서,
> 서로 힘을 내라고 격려한다.
> 대장장이는 도금장이를 격려하고,
> 마치로 고르게 하는 자는 모루를 치는 자를 격려하여
> 이르기를 "잘했다. 잘했다" 하며,
> 못을 박아서……기우뚱거리지 않게 한다. 사 41:6-7

병실에서는 분위기를 화사하게 만들기 원하고, 결혼이 파탄에 이르면 일이 다 잘될 거라고 상상한다. 우리는 어디서나 불멸이라는 음탕한 약속을 남발한다. 그것은 결코 약속이 아니라, 역사가 이루어 내고 우리가 실제로 경험하고 있는 것을 부정하는 행위일 뿐이다. 왕에 의해 길들여진 기독교 전통 속에서 우리는 십자가 없는 기쁜 소식을 말하고 현재의 고통을 도외시한 미래의 행복을 주장해서 이러한 부정을 정당화하려는 유혹을 받는다. 이러한 종교는 왕을 섬기는 데 딱 어울린다. 그에게 자기가 여전히 왕이라는 믿음을 심어 주기 때문이다. 왕은 자기가 통제할 수 있고 자기의 작은 모래성은 "영원히" 지속될 것이라고 생각한다(이렇게 표현한 데 대해 독자의 양해를 구한다).

예언자적 상상력의 과제는 이러한 무감각을 깨뜨리고 자기기만을 꿰뚫고 들어가는 것이요, 그렇게 해서 종말의 하나님을 주님으로 고백할 수 있게 만드는 것이다. 내가 제시하는 과제는 철저히 무감각한 상황에 처한 예언자들에게 아주 기본적이고 적당한 과제라는 것을 알아주기 바란다. 이 과제는 세 부분으로 이루어진다.

1. 무감각하게 만들고 부인하도록 강요하는, 두렵고 거대한 경험에 맞서 싸우는 데 적합한 **상징을 제공한다**. 예언자들은 은폐물과 장벽을 깨뜨릴 수 있는 방법을 제시한다. 이 말은 상징이 너무 빈약하기에 새로운 상징을 고안해야 한다는 뜻이 아니다. 그와는 달리, 예언자는 우리의 과거 역사로 돌아가서, 언제나 구원에 이르는 순전한 통로로 사용되었던 상징을 되살려 내야 한다는 것을 의미한다. 예를 들어, "실로로 돌아가서 내가 행한 일을 살펴본다"거나 간단히 말해, 다른 관점에서 파라오를 보는 일 등이 그에 해당한다.[5] 무엇보다도 출애굽 상징은 이 땅의 모든 파라오에게, 영원할 것만 같았던 것에 임한 파국적인

종말이 바로 출애굽이라는 사실을 깨우쳐 준다.

2. 예언자의 과제는 지금까지 오랫동안 부인되고 철저하게 억눌려 와서 있는지조차 몰랐던 바로 그 **두려움과 공포를 공개적으로 표현하는 것**이다. 두려움과 공포를 공개적으로 표현하는 일은 분석적인 말과 강압의 언어가 아니라 은유의 언어로 이루어져야 하며, 그럴 때 그 표현은 다양한 사람들을 많은 점에서 감동시킬 수 있다. 그러므로 예언자는 마음을 움직이는 말을 할 수 있어야 하고, 그렇게 해서 개인들이 간절히 다른 사람과 함께 나누고 감당하기를 원했는데도 그렇게 하지 못했던 두려움과 고통을 공동체 속으로 끌어들일 수가 있다. 예언자들이 퍼붓는 풍자적인 말은 대체로 억압을 끝내기는커녕 오히려 더 심하게 만든다. 예언자의 말에 필요한 것은 거친 반박이라든가 감상적 설복이 아니라, 하나님의 격정이라는 관점에서 볼 때 그 일이 어떤 식으로 드러나는지를 솔직하게 밝혀 주는 능력이다.

3. 예언자의 과제는 우리를 억누르고 내면으로도 좀먹고 있는 **실질적인 죽음의 운명을 은유적이면서도 구체적으로 말하는 것**이다. 또 격분해서 말하거나 어설픈 동정심으로 말하는 게 아니라 고뇌와 격정에서 우러나는 솔직한 마음으로 말하는 것이다.[6] 우리 가운데 있는 죽음의 운명은 긴 세월 동안 잘 살고 나서 맞는 죽음이 아니라, 창세기 2-3장에 나오는 왕의 동산으로 스며들어 온 죽음이다. 그런데 이 두 장은 모든 지식과 생명을 왕권의 통제하에 두기 원했던 솔로몬의 사고에서 나온 이야기인 것이 분명하다.[7] 이 죽음은 소외를 낳고, 모든 소유를 앗아 가고, 나아가 결코 채울 수 없는 새로운 배부름의 욕구를 낳는다. 그 결과 우리는 서로를 소비자 상품으로 만들어 버리는 극단적 소비주의에 빠지게 된다.

예언자는 꾸짖거나 비난하지 않는다. 예언자가 하는 일은 종말의 공포를 공개적으로 드러내고, 스스로 설 수 있는 우리의 능력이 무너졌음을 밝혀내고, 상대방을 희생시켜 나를 보호하려는 경계선과 사회 서열을 분명히 드러내며, 굶주린 형제자매의 식탁을 갈취하여 내 배를 불리는 끔찍한 관행을 폭로하는 일이다. 예언자의 사명은 왕에게 그가 마땅히 경험해야 할 일을 경험하라고 요구하는 것이다. 다시 말해 왕으로서 반드시 경험해야 하는데도 경험하기를 가장 두려워하는 것, 곧 왕의 환상에 종말이 임박했다는 사실을 경험하라고 요구하는 일이다. 왕이 지닌 환상의 끝자락에서 환상이 아닌 참된 왕을 어렴풋하게나마 느낄 수 있으나, 그 환상이 무기력하고 자멸적인 기만일 뿐이라는 사실이 드러나기 전까지는 참된 왕을 볼 수가 없다. 소위 왕이라는 자가 죽는 바로 그때에, 예언자와 예언자의 공동체는 높이 들린 보좌에 계신 참된 왕을 보게 된다.^{사 6:1}

내가 보기에, 왕의 무감각과 부정을 깨뜨리는 예언자에게 적합한 어법^{idiom}은 **애통의 언어**다. 이 애통의 언어는 공동체로 하여금, 자기들로서는 인정하고 싶지 않은 장례식, 곧 그들 자신의 장례식을 애도하게 만드는 수사법이다.

탄식의 언어를 사용하고 죽음의 장면을 상징으로 창작해서는, 왕이 보아야 하는데도 보시 않으려는 현실을 명확하게 드러내는 예언자들의 능력은 생각하면 할수록 깊은 감동을 준다. 또한 나는 애통과 애도, 곧 파토스에 젖어 울부짖는 일이 비판의 궁극적 형식이 된다고 생각한다. 그러한 울부짖음은 왕의 체제가 완전한 종말에 이르렀음을 확고하게 드러내기 때문이다.[8]

예레미야

지금까지 살펴본 내용에 비추어, 나는 예언자적 상상력과 목회를 가장 명료하게 보여주는 모델로 예레미야를 제시한다. 무감각하고 부정적인 사람들은 흔히 자기와 자기 이웃이 어떤 형편에 놓여 있는지 알려고 하지 않는데, 예레미야는 이런 무감각과 부정적인 태도에 맞서 싸우는 사람들을 위한 패러다임이 된다. 예레미야는 흔히 최후의 날의 대변자라거나 한을 품고 앉아서 울어 대는 가련한 사람이라는 식으로 오해를 받는다. 그러나 그가 개인적으로나 공적으로 쏟아 낸 애통에는 다른 이유가 있었고 또 그 목적도 달랐다. 예레미야는 부정하는 왕에 맞서서 모세의 대안 의식을 구현했다.[9] 그는 왕이 알려고 하지 않는 것을 알았으며 그런 까닭에 유다의 애통을 슬퍼했다. 예레미야가 한 일은 들끓는 분노로 유다에 비난을 퍼부은 것이 아니라, 그들이 인정하든 않든 실제로 공동체 안에서 이루어지고 있는 일을 폭로한 것이었다. 그는 이 공동체가 실현 가능한 배부름이라는 속임수를 계속하기 위해 부정할 수밖에 없었던 것이 무엇인지 폭로했다. 그는 배부름이라는 것이 자신을 집어삼켜 파멸에 빠뜨리는 행위일 뿐이라고 주장했다. 예레미야는 종말이 다가오고 있다는 사실을 다른 사람들보다 훨씬 앞서서 알았고 하나님께서 냉담한 풍요와 냉소적 억압과 뻔뻔스런 종교에 식상하셨다는 사실을 알았다. 그는 하나님의 자유가 철저하게 침해당했으며(창세기 2-3장에서 보듯이) 그 결과 죽음이 문 앞에 이르러 결코 피할 수 없게 되었다는 사실을 알았다. 예언자들은 많은 것을 요구하거나 많은 일을 기대하지 않는다. 예레미야가 눈물을 흘리며 요구한 것은 단지 왕의 공동체가 자기의 현실을 바르게 경험하고, 그래서 종말 앞으로 다가서는 일뿐이었다. 이러한 현실을 경험한다는 것이 사실은 왕이기를 포기하는 일이라는 것을 예언자만 아니라 왕 자신도 알았다.

예레미야의 애통은 두 가지 수준에서 이루어진다. 첫째, 그의 애통은 자기 백성에게 닥친 종말을 슬퍼한 것이었다. 그런데 그의 슬픔이 참될 수 있었던 까닭은, 그가 하나님께서 이 백성을 염려하신다는 사실을 알았고 또 그도 자기 백성을 염려했기 때문이다. 그러나 훨씬 강력한 둘째 수준의 애통은, 예레미야에게는 그토록 분명한 사실을 어느 한 사람도 듣거나 보려고 하지 않았다는 데서 온다. 이처럼 그의 슬픔이 뼈저리고 고통스럽게 계속된 까닭은, 그 어디에도 평화가 없는 것이 분명한데도 끊임없이 "평화, 평화로다"라고 떠들어 대는 왕권 의식과 마주서야 했기 때문이다. 내가 이렇게 말하는 것이 결코 과장이나 허풍은 아니라고 생각한다. 내가 볼 때, 오늘날 거의 모든 목회 현장에서 우리는 이러한 기만적인 모습과 맞닥뜨리고 있으며, 또 우리의 지배, 곧 결혼생활에서 휘두르는 독재든 나의 특기인 분노나 증오를 다스리는 일에서든, 그 지배가 무력화된 데서 생겨나는 끔찍한 두려움을 목격한다. 우리를 죽음에서 지켜 주는 것이 있는데도 우리는 아예 거들떠보지도 않는다!

예레미야에게서 애통의 목회는 자기연민의 성격을 띤 것이 아니다. 자기 백성 가운데서 어떤 일이 일어나는지 보았던 사람으로서, 그가 취할 수 있었던 유일한 반응이 애통의 목회였다. 예레미야가 보았던 것은 누구라도 마음만 있으면 볼 수 있는 것이었다. 그러나 사람들은 쳐다보지 않고 간단히 부정해 버려서 볼 수 없었다. 왕의 백성은 오랜 세월 동안 폐쇄된 거짓 세상 속에서 살아왔기에, 그들의 인식 구조는 뒤틀렸고 최고의 것을 보면서도 꼭 봐야할 것을 깨닫지 못하게 되었다. 다음과 같은 이사야의 예감이 맞았다.

> 너는 이 백성의 마음을 둔하게 하여라.
> 그 귀가 막히고,
> 그 눈이 감기게 하여라.
> 그리하여 그들이 볼 수 없고,
> 들을 수 없고
> 또 마음으로 깨달을 수 없게 하여라.
> 그들이 보고 듣고 깨달았다가는
> 내게로 돌이켜서 고침을 받게 될까 걱정이다.사 6:10

이사야는 걱정할 필요가 없었다. 이 백성은 돌이켜서 고침을 받을 생각이 아예 없었다. 그래서 예레미야는 벌어지고 있는 일에 대해 슬퍼하고 총체적인 부인에 대해서는 더욱 크게 분개하면서 그의 시를 쏟아 놓는다.

우리가 예레미야의 시가 중 어디를 펼쳐 보아도 거기서 이런 식의 애통으로 이루어진 목회를 만나게 된다는 것이 내 생각이다. 예레미야의 말을 헤아릴 때 잊지 말아야 할 중요한 점은 그가 파멸이 임박한 때를 살았다는 사실이다. 바빌론 포로기(기원전 598년에 시작)와 예루살렘이 무너진 때(기원전 587년)였다. 아브라함 헤셸이 지적했듯이, 예레미야의 격정은 그 시대가 어떤 때인지를 아시는 하나님의 격정이다.렘 8:7 10 이 시대가 종말의 때임을 하나님께서 아시고 또 하나님과 함께하는 그의 예언자도 안다. 왕은 이 시대가 어느 때인지를 모른다. 결코 알 수가 없다. 왕은 시간을 묻어 버리고 어떤 것으로도 방해받지 않는 영원한 현재에 살고자 하기 때문이다. 하나님은 자기 백성에게 시간을 정해 주시고 그들이 하나님의 시간을 진지하게 지킬 것을 요구하신다.[1] 교회는 첨탑 위의 시계를 기준 삼아 말씀을 통해 지금이 어느 때인지를 선언하며, 우리가 하나님의 시간 안에서 살아야 함을 선포한다. 그러나 왕은 시간을 마치 라스베이거스의 카지노 같은 것으로 만들려고 한다. 그곳에는 시계나 시간이 없으며, 시작과 끝도 없고, 말하고 대답할 시간도 없다. 있는 것이라고는 변함없이 지속되는 현재뿐이다.

왕권 의식이 그토록 부인하려고 했던 애통을 폭로함으로써 왕권 의식의 무감각을 파고들었던 예레미야의 방식에 대해 살펴보자. 그는 유다의 죽음, 곧 왕들이 영원히 이어질 것이라고 생각했던 유다의 죽음을 슬퍼한다.

> 아이고, 배야.
> 창자가 뒤틀려서 견딜 수 없습니다.
> 아이고, 가슴이야.
> 심장이 몹시 뛰어서, 잠자코 있을 수가 없습니다.
> 나팔소리가 들려오고,
> 전쟁의 함성이 들려옵니다.
> 재난에 재난이 꼬리를 물고 일어납니다.
> 온 나라가 황무지가 됩니다.
> 홀연히 나의 천막집도 무너지고,
> 순식간에 나의 장막집도 찢깁니다. 렘 4:19-20

예레미야의 애통이 눈에 보이는 공적 사건으로, 실제로 벌어진 침략과 그의 백성의 살육으로 묘사된다. 그는 눈앞에 임박한 재앙이 마치 자기 집 안에까지 밀고 들어오기나 한 듯이 놀라울 정도로 생생하게 묘사한다. 그렇지만 이 공적 사건과 나란히 그의 가슴이 두려움으로 요동치고 창자가 공포로 뒤틀리는 내적 고통이 언급된다.

이어지는 시에서 예레미야는 피조물의 종말이라는 우주적 이미지를 내놓는다.

> 땅을 바라보니, 온 땅이 혼돈하고 공허합니다.
> 하늘에도 빛이 전혀 보이지 않습니다.
> 산들을 바라보니, 모든 산이 진동하고,
> 모든 언덕이 요동합니다.
> 아무리 둘러보아도 사람 하나 없으며,
> 하늘을 나는 새도 모두 날아가고 없습니다.
> 둘러보니, 기름진 동산마다 황무지가 되고,
> 이 땅의 모든 성읍이
> 주 앞에서, 주의 진노 앞에서, 허물어졌습니다. 렘 4:23-26

그러나 이 시는 피조물의 종말을 말하는 데서 끝나지 않고 한 걸음 더 나아간다. 내가 앞에서, 왕이 창조의 보증인이 된다고 말했던 것을 생각해 보라. 왕은 피조물의 질서를 정하고 만물을 보존하는 책임을 진 존재이며 따라서 혼돈chaos에 빠지는 일은 왕권이 실패하고 끝났다는 사실을 암묵적으로 선언하는 것이다. 왕이 존재하지 않으면 창조도 없다. 왕권의 정당성을 떠받쳐 주던 바로 그 기초가 사라져 버렸다.

그 결과 왕의 백성 앞에 놓인 미래는 그들과는 전혀 상관없는 미래가 되었다.

예레미야서 8-10장에 나오는 시에서 예레미야는 풍부한 은유를 동원하여 무감각을 깨뜨리고자 시도한다. 우선, 상황을 완전히 잘못 파악했음을 보여주는 이미지가 나온다. 통곡할 때가 있고 기뻐 춤출 때가 있으며, 울 때가 있고 웃을 때가 있는 법인데(전 3:4), 유다는 지금 이 어느 때인지 모른다.

> 하늘을 나는 학도
> 제철을 알고,
> 비둘기와 제비와 두루미도
> 저마다 돌아올 때를 지키는데,
> 내 백성은
> 주의 법규를 알지 못한다. 렘 8:7; 4:22 참조

지금은 울 때다. 지금은 죽음의 때인데도 백성은 그런 때는 결코 오지 않을 것이라고 생각한다. 이 예언자는 적군의 말들이 몰려오는 전쟁에 대해 말한 뒤에 이렇게 탄식한다.

> 길르앗에는 유향이 떨어졌느냐?
> 그곳에는 의사가 하나도 없느냐?
> 어찌하여 나의 백성, 나의 딸의 병이
> 낫지 않는 것일까?
> 살해된 나의 백성, 나의 딸을 생각하면서,

내가 낮이나 밤이나 울 수 있도록,

누가 나의 머리를 물로 채워 주고,

나의 두 눈을 눈물 샘이 되게 하여 주면 좋으련만!

누군가가 저 사막에다가

내가 쉴 나그네의 휴식처를 마련하여,

내가 이 백성을 버리고 백성에게서 멀리 떠나,

그리로 가서 머물 수 있게 하여 주면 좋으련만!렘 8:22-9:2

　　서두에서 예언자는 유향에 관하여 묻는다. 그는 미국의 흑인영
가('길르앗에 향유가 있다네')처럼 긍정의 답을 주지 않고 물음을 그냥
답 없이 내버려 둔다. 두 번째 물음에서는 더 깊은 파토스가 느껴진다.
"의사가 하나도 없느냐?"[12] 대답을 줄 수 없는 그는 더 깊은 고통을 쏟
아 놓을 수밖에 없다. 그가 대답할 수 없는 까닭은, 대답하는 것은 왕정
이스라엘의 방식이기 때문이다. 왕이 제시하는 답은 더 이상 온전하지
못하며, 따라서 지금은 대답할 때가 아니라 일체의 대답을 무력화하는
물음을 던질 때다. 왕에게서 나오는 답은 통제와 균형을 내세운다. 그
런데 이제 그것들이 무너져 버렸다.
　　그래서 이 예언자는 해답을 찾을 수 없다는 사실을 슬퍼한다. 아
무리 울어도 부족하다. 그의 눈물을 다 쏟아 부어도 부족하다. 죽은 이
들을 위해, "살해된 나의 백성, 나의 딸"을 위해 낮과 밤을 운다 해도
시간이 모자란다. 첫째, 아무 대답도 없다. 둘째, 눈물이 부족하다. 이
제 셋째로 도피하기를 원한다. "누군가가 저 사막에다가 내가 쉴 나그
네의 휴식처를 마련하여……그리로 가서 머물 수 있게 하여 주면 좋
으련만!……참으로 이 백성은 배신자의 무리다.……악에 악을 더하

려고 돌아다닐 뿐, 내가 그들의 하나님인 줄은 알지 못한다. 나 주의 말이다." 이 울음, 애통, 죽음의 고통은 야웨의 몫이다. 그들은 야웨를 알지 못한다. 그들은 종말을 이루시는 진정 자유로운 분을 어떻게 대해야 하는지 알지 못한다. 야웨는 그들의 범주에 전혀 들어맞지 않으며, 그들은 결코 그분을 마음대로 "조종"할 수 없다. 그래서 그들은 다른 사람들에게 하듯이 그분을 다뤄 보려고 애쓰지만 아무 효과도 거두지 못한다. 그분은 모든 것의 끝이 되시는 하나님이기 때문이다. 하나님은 우리가 피해 갈 수 있는 분이 아니다.

예레미야는 왕의 백성과 공감할 수 있다. 그들이 평화를 갈망하는 만큼 예레미야도 갈망한다. 그도 역시 일들이 평상시와 같이 계속되기를 원한다. 그러나 이제 죽음이 그 모든 것을 바꿔 놓았다. "우리가 고대한 것은 평화였다. 그런데 좋은 일이라고는 하나도 없다. 우리는 이 상처가 낫기만을 고대하였는데, 오히려 무서운 일만 당하고 있다."렘 8:15 예언자들 중에서 가장 언변이 뛰어난 이 예언자조차도 애통을 공적으로 표현할 말을 찾지 못해 이렇게 말한다. "나의 기쁨이 사라졌다. 나의 슬픔은 나을 길이 없고, 이 가슴은 멍들었다."렘 8:18 명료하게 생각하고 진실하게 결정할 수 있는 능력이 사라져 버렸다. 그가 하는 일은 사람들을 훈계하기 위해 벌이는 작은 연극 공연 같은 것이 아니다. 여기서는 죽은 유다에 대한 슬픔을 구체적으로 드러내기 위해 예레미야의 삶 전체가 동원된다. 야웨께서 보시기에 이 애통은 예레미야가 자기 백성과 함께 감당해야 할 일이다. 그러나 그들은 그러지 않으며, 예레미야가 백성 전체를 대신하여 애통을 짊어진다.

예레미야서 22장을 보면, 여러 왕들을 다루는 길고 웅변적인 진술에서 이 예언자는 훈계하고 책망하며 어르고 권면하는 일을 계속한다. 이 모든 일을 마친 후에 그는, 고니야라고 불리는 가련한 어린 왕, 여호야긴에 대해 말한다. 이 소년은 죄가 없는데도 왕조에 대해 책임을 져야 하고 가문의 벌을 자기 몸에 짊어져야 한다. 이 소년이 바로 유다, 곧 포로로 잡혀간 유다이며, 예레미야는 그에게 전 유다의 슬픔을 짊어지운다.

22장 28절에서 예레미야는 이 버림받은 결백한 소년을 위해 슬퍼하기 시작하며 더 이상 책망하지 않는다. "이 사람 고니야는 깨져서 버려진 항아리인가? 아무도 거들떠보려고 하지 않는 질그릇인가?" 이어서 그는 성서를 통틀어 가장 통렬한 탄식을 쏟아 놓는다. 온 땅이 이 비극을 슬퍼하는 데 동원된다. "땅이여, 땅이여, 땅이여."렘 22:29 그러고 나서 왕조가 종말을 맞는다. "너희는 이 사람을 두고 '그는 자녀도 없고, 한평생 낙을 누리지도 못할 사람'이라고 기록하여라. 다윗의 왕위에 앉아서 유다를 다스릴 자손이, 그에게서는 나지 않을 것이다."렘 22:30 예레미야의 가슴속에 있는 눈물을 무엇으로 다 표현할 수 있을까. 그는 흡족해하거나 기뻐하지 않는다. 그는 이 왕이 왕정 유다를 구할 수 있기를 바랐다. 그러나 때는 너무 늦었다.

이 예언자는 이스라엘의 죽음을 슬퍼하기에는 자기의 힘으로는 부족하다는 것을 알았고, 그래서 공적 애통을 요청한다. "나는 산들을 보고 울며 탄식합니다. 광야의 초원을 바라보고, 슬픈 노래를 읊겠습니다."렘 9:10 이 말 속에는, 일어나야 할 일은 반드시 공적으로 표현되어야 한다는 아모스의 생각이 녹아 있다.

광장마다 통곡소리가 들리고,
거리마다 "아이고, 아이고" 하며 우는 소리가 들릴 것이다.

사람들은 농부들을 불러다가 울게 하고,

울음꾼을 불러다가 곡을 하게 할 것이다.^{암 5:16}

아모스는 단순히 슬퍼하라고 요구하는 말로 끝내지 않고 이스라엘의 황폐하고 버림받은 모습을 보여주면서 그렇게 요구했다.

처녀 이스라엘이 쓰러져서,

다시 일어날 수 없구나.

제 땅에서 버려졌어도,

일으켜 줄 사람이 하나도 없구나!^{암 5:1-2}

예레미야는 이렇게 죽어가는 사람의 이미지를 받아들여 자기 나름대로 더 혹독하게 만든다. 그 여인은 이제 처녀가 아니라 거리의 여자요, 화사하게 치장은 했으나 갈 곳 없는 매춘부가 되었다.

네가 망하였는데도,

네가 화려한 옷을 입고,

금패물로 몸단장을 하고,

눈 화장을 짙게 하다니,

도대체 어찌된 셈이냐?

너의 화장이 모두 헛일이 될 것이다.

너의 연인들은 너를 경멸한다.……

나는 해산하는 여인의 진통 소리를 이미 들었다.

첫 아이를 낳는 여인처럼 신음하는 소리,

딸 시온이 몸부림치는 소리다.

딸 시온이 손을 휘저으며 신음하는 소리다.

"이제 나는 망하였구나.

그들이 나를 죽이려고 달려든다" 하는구나.렘 4:30-31

마치 고통스럽게 해산했으나 죽은 아기를 낳은 여인과 같다. 숨을 헐떡거리는 소리가 들리더니 이어 아무 소리도 들리지 않는다. 유다가 망한 것이다.

먼저 예언자는 자신의 슬픔을 쏟아 놓는다. 이어서 "공개적인 곳으로 나서서" 울음꾼들을 불러들인다. 그 다음으로 이스라엘의 어머니, 사랑받는 라헬이 비통해하는 모습을 놀라운 말로 그려 낸다.[13]

라마에서 슬픈 소리가 들린다.

비통하게 울부짖는 소리가 들린다.

라헬이 자식을 잃고 울고 있다.

자식들이 없어졌으니,

위로를 받기조차 거절하는구나.렘 31:15

예레미야나 그 시대 사람들은 이 슬픔을 제대로 담아낼 수 없다. 이 울부짖음은 고뇌 속에서 출산을 했으나 또한 고뇌 속에서 자식의 죽음을 맞아야 하는 여인에게나 어울린다. 위로해 주는 이도 없고, 그 무엇으로도 위로받을 수 없다. 전혀 없다! 이 엄청난 종말의 죽음에 맞서서 시작을 알리는 놀라운 기적이 탄생한다. 이제 새로운 시작이 전해졌다. 그들은 포로된 백성이 아니며, 벌 받은 백성도 아니다. 결코 아니다. 그리고 이 말은 변명이나 위로보다 훨씬 강하다. 이 시는 고대 이스라엘에서 가장 담대한 시에 속한다. 당시의 상황이 대담함을 요구했기 때문이다. 어머니 라헬이 자기 자식 때문에 애통하는 모습을 그려보라. 애통하는 일밖에 할 수 있는 일이 없다. 그 까닭은 이렇다.

> 네 상처는 고칠 수 없고,
> 네가 맞은 곳은 치유되지 않는다.
> 네 송사를 변호하여 줄 사람이 아무도 없고,
> 네 종기에는 치료약이 없으며,
> 너는 절대로 치유되지 않는다.^{렘 30:12-13}

남은 일은 죽음뿐이다. 이어서 상황 묘사는 극단으로 치닫는다.

> 에브라임은 나의 귀한 아들이다.
> 내가 가장 사랑하는 자식이다.
> 그를 책망할 때마다 더욱 생각나서
> 측은한 마음이 들어 불쌍히 여기지 않을 수 없었다.^{렘 31:20}

야웨가 애통해하시며 마음을 놓지 못하신다. 본문의 어조를 살펴보면, 예레미야의 말은 그 자신의 인품을 훨씬 뛰어넘고 있다. 이 슬픔은 예레미야 특유의 표현법만으로는 설명이 안 된다. 이 애통은 바로 하나님께서 당신의 죽은 자녀를 슬퍼하시는 것이기 때문이다.[14] 만일 죽음을 막을 방도가 있었다면 하나님께서 그에 대해 슬퍼하실 일도 없었을 것이다. 희망에 대한 고지도 보증도 전혀 없다. 있는 것이라고는 희망으로 가득한 열망뿐이나, 그것도 제대로 된 깨달음이나 확신으로 발전하지 못하고 멈춰 버린다. 예레미야는 그 당시 사람들이 좀처럼 가려고 하지 않는 자리, 그에 앞서 호세아만이 뛰어들었던 자리, 곧 하나님의 고통으로 돌진했다. 야웨는 이제 파괴하거나 벌을 내리는 적이 아니라 죽어가는 자식 곁에 무력하게 서 있을 수밖에 없는 어버이다. 골고다 언덕의 마리아나 압살롬 앞에 엎드린 다윗처럼, 죽은 이 곁에서 "내 아들아, 내 아들아"라고 외칠 뿐 아무것도 할 수 없어 비통해 한다.[15] 너무나도 깊이 죽음 속으로 빠져들어서 그 누구도—왕도 성전도 야웨조차도—죽음이 일어나는 것을 막을 수 없다. 결국에는 자비가 베풀어지겠지만 이 일도 죽음이 이르고 나서야 가능하다. 이제 남은 일은 하나님조차도 기껏해야 역사가 무자비한 경로로 진행되지 않기만을 간절히 바라는 일뿐이다.

이 시가 여기서 사용하는 애통의 언어는 탄식시에 전형적으로 등장하는 표현이다. 버림받았으나 위로해 줄 사람이 전혀 없고, 자비를 구하지만 바람만으로 끝나는 분위기다. 이스라엘은 슬퍼할 수밖에 없고, 애통을 넘어서는 말은 멀기만 하다.

예레미야는, 눈이 흐려 보고도 깨달을 줄 모르는 백성에게 말했다. 그들은 철저히 자기들의 환상 세계에 갇혀 있어서 분별할 줄도 모르고 어리석기만 하다. 그래서 무감각은 깨질 줄 모르고 그들은 끈질기게 환상 세계에서 살아간다. "백성이 상처를 입어 앓고 있을 때에, 그들은 '괜찮다! 괜찮다!' 하고 말하지만, 괜찮기는 어디가 괜찮으냐?" 렘 6:14; 8:11 그들은 언약에 대해 무지한 것을 왕의 지혜나 되는 듯 착각했고,렘 8:8 늘 그렇듯 왕권적이고 자기기만적인 방식을 따라 살아갔다. 또 예언자들은 멍에는 일시적인 것일 뿐 끝까지 무겁고 힘든 것은 아니라고 생각했다.^{렘 27-28장} 왕들은 말씀을 폐기하고 두루마리를 불태우면 야웨의 주권이 "맥을 추지 못하게" 될 거라고 생각했다.^{렘 36:23-24} 왕들은 다른 것은 몰라도 애통만은 받아들이지 않으려 했다. 애통은 궁극적 비판이요 파멸에 대한 결정적인 선언이기 때문이다.

우리는 예레미야의 언어가 구체적이고 특정한 일과 연관되기를 기대하는 마음으로 그의 말을 쥐어짜서는 안 된다. 이 예언자는 언어를 놓고 다투는 싸움에 관여하고 있으며, 다른 공동체를 일으킬 수 있는 별도의 인식론을 세우기 위해 애쓰고 있다. 이 예언자는 품행상의 문제를 다루는 것이 아니다. 심지어는 회개조차도 강요하지 않는다. 그는 다만 하나님의 아픔이 역사의 무감각을 꿰뚫을 수 있기를 바랄 뿐이다. 그가 하는 일은 협박하거나 겁을 주는 일이 아니라 고통에서 비롯되고 고통과 함께 자라 가는 열망을 다루는 것이다.

그러면 이 예언자가 하려는 일은 무엇인가? 왜 온통 눈물뿐일까? 분명 그는 효과적인 울음이 장례식의 성공을 보장해 준다고 생각하는 "신파조" 목회자는 아니다. 또 우리도 "만세반석 열리니"라는 가사만 흘러나오면 자동적으로 눈물을 쏟아 내는 직업적인 조문객일 수 없다. 그러나 고통과 아픔과 외로움을 겪어 본 사람이라면 과격한 행동과 분노로도 깨뜨릴 수 없는 장벽은 눈물이 능히 무너뜨릴 수 있다는 것을 안다. 모든 연대^{solidarity}의 형식이 무너져 버렸을 때 눈물은 고통을 나누는 연대의 방법이다. 만일 어떤 사람이 깊은 무감각을 드러낼 때 그에게 분노와 비난과 울분의 태도로 반응하면, 오히려 아픔을 더 크게 하고 무감각을 더 심하게 만들고 나아가 그의 경험과는 무관한 태도를 취하게 만드는 결과를 가져올 것이다.

이처럼 부인하고 기만하는 무감각을 깨뜨리는 일은 부정성^{negativity}

을 포용함으로써만, 다시 말해 우리가 선택한 미래를 두려워하고 부끄럽게 여긴다는 사실을 공개적으로 표현함으로써만 가능하다.[16] 고통을 부인하고 뉘우치기를 거부하는 것으로는 어떠한 변화도 이룰 수 없다. 예레미야 시대에, 고통을 부인하고 뉘우치기를 거부한 결과 유다에서는 하나님으로부터 온 것이든 하나님을 향한 것이든 새로운 움직임이 일어날 길이 막혀 버렸다. 언약은 힘을 잃어버렸고, 무감각 상태가 깨지기 전에는 어떠한 새 일의 가능성도 찾아볼 수 없게 되었다. 고칠 수 없는 질병, 깨진 언약, 힘을 잃은 활력으로부터 벗어나는 길은 비판을 끌어안고 받아들이는 방법밖에 없다는 사실을 예레미야는 알았다. 이러한 성서적 신앙 전승에 의하면, 고뇌는 역사적 실존으로 나아가는 문이 되며, 종말을 끌어안는 것이 시작을 가능하게 해 준다. 당연히 왕들은 고뇌의 문이 열려서는 안 된다고 생각한다. 그렇게 되면 거짓 왕들이 무너지기 때문이다. 언약의 바람이 몰아치면 속임수, 위선적 번영, 압제, 국가 종교는 무너질 수밖에 없다는 사실을 왕들은 본능적으로 안다. 고뇌만이 삶을 낳고 애통만이 기쁨을 가져오며 종말의 수용만이 새로운 시작을 열어 준다는 깨달음은 성서적 신앙이 가르치는 통찰이자 비밀이다.

예레미야는 이스라엘의 애통의 역사에서 중간쯤에 서 있다. 그보다 앞서 아모스는, 자기기만에 빠져 있어 슬퍼할 줄도 모르고 슬퍼하려고도 않는 이스라엘을 책망했다.[암 6:6] 예레미야 뒤에는 나사렛 예수가 온다. 그에게서 애통은 예루살렘을 향해 퍼붓는 궁극적 비판이 된다.[마 23:27; 눅 19:41] 예레미야는 그 중간에 서서 이스라엘이 반드시 나누어져야 할 하나님의 애통에 대해 말한다. 이것이 없이는 새로움은 오지 않는다.

예수는 예레미야를 이해했다. 전도서는 울 때가 있고 웃을 때가 있다고만 말했으나, 예수는 슬퍼하는 사람만이 위로받게 된다고 말했다.[마 5:4] 죽음의 현실을 끌어안는 사람만이 새로운 삶을 얻게 된다. 그의 말 속에는 슬퍼하지 않는 사람은 위로받지 못하며, 종말에 마주서지 않는 사람은 시작을 얻지 못한다는 뜻이 함축되어 있다. 대안 공동체는 이런 기만적인 상태에 빠져들어서는 안 된다. 대안 공동체가 죽어가는 사람들과 연대할 수 있는 까닭은, 그들이 죽음 속에서도 희망을 품은 사람들이기 때문이다. 모세를 따르는 예레미야는 무감각한 사람은 결코 알 수 없는 사실, 곧 애통하는 사람만이 자신의 경험을 체험할 수 있으며 앞으로 나아갈 수 있다는 사실을 알았다.

내가 이상하게 생각해 온 것이 있다. 사람들이 당연히 성서를 인용해야 할 자리에서 꼭 "예수께서 우셨다"고 말하곤 했다는 사실이다. 이렇게 하는 것은 흔히 좀 더 긴 구절을 인용해야 하는 일을 피하기 위한 방편으로 사용되었다. 그러나 이제는 그 구절에 담긴 깊은 의미를 이해한다. 예수는 무감각한 우리가 계속해서 새롭게 배워야 할 것이 무엇인지 아셨다. 그것은 (1)종말이 현실적이듯 울음은 진실해야 하며, (2)울음이 새로움을 가능하게 한다는 점이다. 예수의 울음은 하나님의 나라가 임하는 것을 가능하게 한다. 이러한 울음은 모든 남성다움의 종말을 뜻하며, 그런 점에서 근원적 비판이며 두려운 해체다. 왕들은 자기들의 왕권을 포기하지 않는 한 결코 이 울음을 울 수 없다. 그런데 그 왕권을 포기하라는 것이 바로 근원적 비판에서 요구하는 것이다.

4장

예언자적 활성화와 경탄의 출현

우리가 앞에서 모델로 삼아 살펴본 예레미야의 목회는 근원적 비판과 관계가 있다. 그리고 이 예언자가 보여준 가장 근원적 비판이 죽음에 대한 애통이다. 예레미야가 일으킨 대안 공동체는, 왕들이 삶이라고 부르는 모든 것이 얼마나 확고하게 죽음에 사로잡혀 있는지를 알았다. 예레미야의 목회에는 분명 다른 중요한 측면도 있다. 예를 들어 최근에 토머스 레이트Thomas Raitt가 설득력 있게 주장하기를, 예레미야는 희망의 예언자들 중에서 가장 대담하고 창조적인 사람이라고 말했다.[1] 이 견해에는 다양한 비판이 제기되기도 하지만, 레이트는 존 브라이트John Bright의 주장을 따라 희망시希의 상당 부분을 예레미야의 저작으로 돌린다.[2] 우리가 예레미야 전승의 풍부함을 잘못 다루지 않기 위해서는 이 점에 주의를 기울일 필요가 있다.

어쨌든 내게 있어 지배적인 가설은, 예언자적 대안 공동체는 비판과 동시에 활성화에 관여한다는 점이다. 우선, 이 공동체는 지배 의식(나는 이것을 "왕권 의식"이라고 불러 왔다)은 끝나고야 말 것이라는 점과 지배 의식은 우리에게 최종적 권한을 주장할 수 없다는 사실을 보여주어야 한다. 다른 한편, 공동체에게 활력을 불어넣어 생생한 신앙과 생명력을 유지하게 해 주는 대안 의식을 불러일으키는 것이 예언자적 대안 공동체의 과제다. 이 과제 중 첫 번째 것은 예레미야의 전승을 통해 다루었으므로 여기서는 예언의 두 번째 기능, 곧 활성화에 대해 살펴보겠다. 다음과 같은 가설을 제안한다. 왕권 의식은 백성으로 하여금 새로운 삶을 향해 나아가는 힘을 포기하도록 만든다. 예언자적 상상력과 목회의 과제는 백성을 이끌어, 하나님께서 함께하시는 우리의 역사속에 작동하고 있는 새로움에 대한 약속을 붙잡게 해 주는 것이다.

무감각한 백성은 죽음을 분별하지도 못하고 두려워하지도 않는다. 뒤집어 말해, 절망한 백성은 새로움을 기대하거나 받아들이지 않는다.

억눌린 희망

우선 지적할 사실은 왕권 의식이 희망을 가로막는다는 점이다. 번영에 참여할 길이 막혀 버린 사람들에게서는 절망감이 나타나는데, 어디를 둘러보아도 변화의 가능성이 거의 또는 전혀 보이지 않기 때문이다. 솔로몬이 성공한 이후, 대다수의 이스라엘 사람들이 갈수록 왕이 이루어 놓은 번영에서 소외되어 갔다는 사실을 이스라엘은 분명히 알았다. 이 점이 바로 아모스가 제기한 논쟁의 핵심 사항이다. 따라서 오늘 우리 시대와 마찬가지로, 그 당시에도 왕권 체제는 필연적으로 소외된 사람들을 절망으로 몰아넣었다.

이에 못지않게 알아야 할 중요한 사실은, 권력과 번영의 혜택을 누리는 사람들도 역시 절망의 희생자라는 점이다. 이 말을 좀 더 현대식으로 표현하면, 그들도 무력감을 느꼈다는 것이다. 왕권 의식은 역사를 지배하기 원하며, 따라서 미래는 계획적으로 생명력과 권위를 박탈당한다. 현재의 질서와 거기서 나온 현 체제는 자기가 완전하고 최종적인 질서라고 주장한다. 이 주장이 뜻하는 바는, 현재를 문제 삼거나 현재에서 벗어날 길을 약속하는 미래라는 것은 있을 수 없다는 것이다. 이렇게 볼 때, 지나치게 현 체제를 옹호하는 현상의 밑바탕에는 절망이 자리 잡고 있다. 음흉하게도, 실현된 종말론의 모습을 띠고 등장하는 이러한 주장은 사람들에게 희망 없이 살라고 요구한다. 현재는 끊임없이 자신을 내세우며 단호하게 자기에게 충성할 것을 요구하고, 또 일체의 양보도 없이 자기 방식을 고수한다. 최근의 한 맥주 광고에 나온 말대로, "지금 당신이 하는 일을 신뢰하고" 나아가 그 방식만이 "옳은 방식"이라고 단정할 때, 당신은 전체주의자가 될 수 있다. 솔로몬의 체제가 이러한 절망의 상황을 만들어 냈다는 것이 내 판단이다. 현재가 사라지면 아무것도 남을 게 없는 까닭에, 솔로몬 체제는 현재에 필사적으로 매달릴 수밖에 없었다. 미래는 이미 무효화되었다. 전도서에 약속이 언급되지 않는다는 사실이 왕권 의식과 딱 맞아떨어지는 것이라고 보아도 억지는 아닐 것이다.

> 이미 있던 것이 훗날에 다시 있을 것이며,
> 이미 일어났던 일이 훗날에 다시 일어날 것이다.
> 이 세상에 새것이란 없다.
> "보아라, 이것이 바로 새것이다" 하고
> 말할 수 있는 것이 있는가?
> 그것은 이미 오래전부터 있던 것,
> 우리보다 앞서 있던 것이다.전 1:9-10

새로운 것이란 없다. 그 까닭은 뭔가 일이 발생하는 것을 볼 수 없기 때문이기도 하지만, 무엇보다도 체제가 그런 식으로 명령하고 질서를 세웠기 때문이다. 미래를 없애야 할 필요 때문에 희망도 역시 억눌러야 하는 상황이 빚어진다. 구체적으로 표현하면, 귀족적인 군주 국가에서는 기술과 농업을 비롯한 사회 다방면에서 진보가 제대로 이루어지지 못하는데, 세금, 부담금, 공물, 사용료, 임대료, 차압으로 인해 농민들의 모든 자원과 더불어 창조성을 발휘할 이유까지 고갈되어 버리기 때문이다. 왕과 그 측근들의 지배와 확장에 도움이 된다는 이유로 전쟁과 관련된 기술만은 훨씬 빠르게 진보한다.[3] 게다가 왕의 권위는 왕조 전통에 의해 지탱된다. 따라서 새로운 비전을 도입하는 일은 그 전통에 도전하고, 그 결과 왕의 권위에 맞설 수 있는 가능성을 열어 준다.

새로운 시작을 거부함

좀 더 구체적으로, 예레미야가 예견했던 대로 기원전 587년에 이스라엘이 망하고, 그와 동시에 이루어진 현재의 종식으로 말미암아 왕권 의식은 자신에게 아무 자원도 남아 있지 않다는 현실을 깨닫게 되었다. 종말이 올지도 모른다는 생각을 용납할 수 없었던 왕들은 새로운 시작을 상상할 수도 없었다. 미래를 부정하고 희망을 제거하고자 그토록 힘써 노력했던 왕들이 갑자기 희망이 등장하도록 허용할 수는 없었다. 과거에 일어난 일에서 유래하거나 추론되지 않는 완전히 새로운 시작을 상상하거나 경험한다는 것은 왕으로서는 생각할 수 없는 일이다. 왕들은 이미 있는 조각들을 새롭게 배열하거나 구성하는 일에 능숙하다. 그러나 관리하거나 통제하는 일에 집착하는 것은 새로운 일의 개입을 바람직하게 여기지 않는다는 것을 뜻한다. 설령 새로운 일이 발생하더라도 알아채지도 못하고 가능한 일로 인정하려고도 하지 않는다. 따라서 종말을 생각할 수 없었기에 무감각한 부인에 빠져들었던 왕권 의식은, 또한 시작을 상상할 수 없었기에 무기력한 절망에 빠져들고 사물이 현재 존재하는 방식만을 완강하게 고집할 수밖에 없었다. 종말과 마찬가지로, 시작은 왕들로서는 생각할 수도 받아들일 수도 없는 것이다. 종말과 시작은 모두 왕으로서는 인정할 수 없는 불가해한 지고의 주권을 선언하기 때문이다.

이러한 절망이 시편 137편에 반영된 것으로 보인다. 따라서 나는, 포로기 초기의 절망이 바빌론 포로기에 새롭게 생겨난 것이 아니라고 주장한다. 오히려 그것은 이스라엘이 오랜 세월 동안 희망도 미래도 없이 살아온 삶의 열매라고 볼 수 있다. 분명 시편 137:7-9의 저주 속에서 실낱같은 희망의 꼬투리가 보이기는 하지만, 회복에 대한 확고한 희망은 그 어디서도 발견되지 않는다. 이 시편은 결코 잊지 않으리라 결의를 다지고 적개심을 쏟아 내는 데서 넘어서지 못한다. 여기에는 역사의 변혁으로 이어지는 시작에 관한 말은 전혀 나오지 않는다. 노먼 갓월드의 말대로, 예레미야 애가의 시 속에는 희망의 암시가 여기저기서 고개를 내밀고 있다.[4] 그러나 우리는 마지막 시의 결론 부분에 숨겨져 있는 극도의 불안감을 놓쳐서는 안 된다.

주님, 우리를 주께로 돌이켜 주십시오.
우리가 주께로 돌아가겠습니다.
우리의 날을 다시 새롭게 하셔서,

옛날과 같게 하여 주십시오.

주께서 우리를 아주 버리셨습니까?

우리에게서 진노를 풀지 않으시렵니까?^{애 5:21-22}

용기를 내서 간청은 하지만 확신은 거의 찾아볼 수 없다. 마지막을 장식하는 한 쌍의 수사학적 물음은 마치 최악의 사태를 예상하는 것처럼 보인다.

조각난 부분을 관리하는 일이 왕들이 지니는 전형적인 능력임을 생각할 때, 그들이 새로운 일의 개입을 받아들이기는커녕 그런 일을 생각조차 못한다는 사실을 알 수 있다. 이 점은 우리의 개인적 삶에서도 마찬가지인데, 우리는 반복적으로 조작해 온 기존 차원만이 실제로 존재하는 차원이라고 단정하고 살아간다. 외부로부터 오는 새로운 선물을 생각한다는 것은 우리의 이성에 위배된다. 우리는 하나님의 심판을 믿지 못하는 것처럼 하나님의 은혜도 믿지 못한다.

우리는 이렇게 손 안에 쥔 조각들과 씨름하는 일에만 매달리며, 우리에게 있는 가장 작은 희망조차도 우리의 이성, 언어, 인식론을 동원하여 억눌러 버린다. 우리에게는 진지한 희망을 이끌어 내어 논할 만한 공적 영역이 존재하지 않는다. 상황을 재규정하고 나아가 새롭게 주어지는 선물을 위해 길을 열어 놓는 논의가 가장 필요한 일인데도, 그 일을 가장 철저하게 배척한다. 우리의 인습적인 합리성 밖에서 오는 선물을 받아들여 논하는 공적 자리가 없다면, 우리는 절망에 빠질 수밖에 없다. 현재 우리에게 있는 조각들로는 진정한 새로움을 낳을 수 없다는 것을 우리는 잘 알고 있다. 진정한 새로움이 부족할 때, 인생은 해결되지 않는 몸부림이 되며, 마지못한 신뢰로 채워지고, 지나치다 싶은 것은 아예 묻지도 않으려는 조작 행위가 되어 버린다.

이러한 사정은 포로기 시대를 살았던 유다의 특징적인 모습이었을 뿐만 아니라, 목회가 이루어지는 거의 모든 자리에서 발견되는 현상이라는 것이 나의 판단이다. 질병, 노화, 결혼, 직업 등의 문제로 어려움을 당하는 많은 사람들을 도와주면서 알게 된 사실은, 우리가 희망과는 동떨어져서 양육받아 왔다는 점이다. 희망은 너무 두렵다는 것이 그 이유다. 이 희망은 바로 왕권 의식의 적이며, 우리 대부분은 이런 왕권 의식을 가지고 현 체제를 옹호해 왔다. 목회가 풀어야 할 문제는, 희망을 부인하는 이데올로기와 맞서서 말하고 내세우고 행할 만한 것이 있느냐 하는 것이다.

절망을 뚫고 들어가기

예언자적 상상력과 목회의 과제는, 특히 6세기의 유다를 배경으로 해서 볼 때 절망을 뚫고 들어가는 일이요 끝도 해답도 보이지 않는 해결되지 않은 몸부림을 꿰뚫어 보는 일이다. 이처럼 희망이 사라져 버린 상황에서 예언자가 할 수 있는 일은 별로 없다. 그래서 나는 아주 기본적이고 적당한 과제를 제안한다. 이 과제에는 세 가지 행동이 포함된다.

상징들

새로운 일이라고는 생각조차 할 수 없는 절망의 상황과 맞서 싸우는 데 적합한 상징들을 제공하는 것이다. 예언자가 자신이 속한 공동체를 뒤덮고 있는 확고한 현실을 반박할 수 있는 수단은 오직 말, 입과 행동을 통해 나오는 말뿐이다. 예언자는, 자신들의 왕에게 절망한 공동체에게 다시 희망을 볼 수 있는 길을 열어 주는 사람이다. 시간이 흐르면서 왕들은 희망의 언어에 무뎌진다. 희망은 매우 신중한 상징화를 필요로 한다. 희망을 지나치게 현재 시제로 표현해서는 안 된다. 사람이 만지고 손에 쥘 수 있는 희망으로는 새로운 미래로 초청하는 희망의 언약을 제대로 담아 낼 수 없기 때문이다. 현재 시제로만 표현된 희망은 분명 그 시대의 지배자들에게 이용당하게 된다.

그 누구도 미처 생각할 수 없는 미래를 드러내 보이는 일이 얼마나 놀라운 사명이겠는가! 물론 이 일은 새로운 상징들을 고안해서 할 수 있는 일이 아니다. 그런 것들은 희망 사항에 불과하기 때문이다. 오히려 그 일은 공동체의 가장 뿌리 깊은 기억으로 돌아가서, 언제나 지배 의식을 반박하는 데 기초가 되어 온, 바로 그 상징들을 다시 살려 내는 것을 뜻한다. 그러므로 희망의 상징들은 일반적이고 보편적일 수 없고, 특정한 역사 속에 구체적으로 알려진 것이어야 한다.[5] 그리고 예언자가 공동체와 함께 바로 그런 깊은 상징들로 되돌아갈 때, 그들은 희망이란 위기에 대응하기 위해 최근에 끌어낸 가설이 아니라, 이 공동체가 지닌 모든 기억을 떠받치는 근본적인 차원이라는 사실을 깨닫게 될 것이다. 이 공동체의 기억은 혼돈의 흑암과 아이를 낳지 못하는 사라와 이집트에서 억압당하는 노예들에게 주신 하나님의 약속의 말씀에서 시작된다. 하나님의 말씀에서 가장 앞서는 것이 대안적인 미래이다.

상징들을 제공하는 일에서 예언자는 두 가지 과제를 지닌다. 하나는, 이 백성의 기억을 이끌어 내고 그들이 희망의 도구를 사용할 수 있도록 가르치는 일이다. 다른 하나는, 단어와 말과 언어와 글귀가 어떻게 의식을 형성하고 현실을 규정하는지를 밝혀내는 것이다. 예언자는 이러한 희망의 도구들을 사용해 왕들이 다스리는 확고한 세상을 반박하는 사람으로서, 세상이 사실들을 공명정대하게 다루지 않는다는 것을 폭로하고, 또 우리가 거짓을 배우고 그대로 믿어 온 것은 무력과 언론을 지배한 사람들이 우리에게 그런 식으로 가르쳤기 때문임을 밝혀내는 일을 한다. 그러므로 상징을 제공하는 일은 상품 목록이나 다루는 소심한 사무원 같은 이들이 담당할 일이 아니라, 뭔가 다른 일을 아는 사람, 곧 직접 고뇌와 경탄을 경험해 본 까닭에 통제된 현실로 이루어진 닫힌 세상이 거짓임을 분별할 수 있는 사람이 맡을 일이다. 예언자적 상상력에 의하면, 참된 세상이란 하나님의 언약의 말씀에서 시작되고 그 말씀에서 원동력을 얻는 세상이며, 이러한 기준은 왕들이 자기 말 이외의 말은 모두 잠재우려고 애쓰는 세상에도 그대로 적용된다.

희망과 열망

예언자적 상상력과 예언자적 목회의 과제는, 너무도 오랫동안 부인되고 철저히 억압당해 와서 그런 것이 있는지조차 모르게 된 바로 **그 희망과 열망을 공적으로 표현하는 것이다.**[6] 한편, 희망은 지금까지 우리가 사실이라고 배워 온 모든 주장을 정면으로 반박하며, 그런 까닭에 너무나 황당해서 입에 담기 거북한 어리석은 짓이다. 희망은 다수자의 의견으로 주장된 현실 인식을 받아들이기 거부한다. 이렇게 거부하는 데는 정치적이고 실존적으로 상당한 위험이 따르게 마련이다. 다른 한편, 희망은 전복적인 성질을 지닌다. 우리 모두가 매달리는 현재에 문제가 있다고 과감하게 주장하면서 현재의 당당한 주장에 제한을 가하는 것이 희망이기 때문이다.[7] 이런 까닭에 포로 공동체는 희망의 도구를 지니지 못했다. 희망의 언어와 경탄의 에토스가 억눌린 이유는, 우선 그것들이 당혹스럽기 때문이요 다른 한편 위협으로 여겨졌기 때문이다.

희망을 공적으로 표현하는 일을 절망에 빠져 있는 지배 왕권을 뒤집어엎는 방법으로 볼 수 있다는 것이 참으로 놀랍다. 나는 낙관주의나 발전, 점진적인 진보에 대해 말하는 것이 아니다. 우리와 대립하여 멀리 떨어져 있으면서도 참으로 우리를 위하시는 분이 주는 약속에 관해 말하는 것이다. 희망에 관한 말은 설명이 가능하거나 과학적으로 논증할 수 있는 것이 아니다. 희망의 말은 여러 가지 접촉점을 통해 희망을 잃은 사람들과 만난다는 의미에서 서정시와 같은 것이어야 한다. 그러나 이보다 더 중요한 사실은, 희망에 관한 말은 근본적으로 신학적이어야 한다는 점이다. 다시 말해 희망에 관한 말은 인격이신 하나님과 공동체 사이에 이루어진 언약의 언어라는 특성을 지녀야 한다. 약속은 믿음직한 말과 신실한 귀 기울임으로 이루어지는 세상에 속한다. 약속은 철학의 "차가운" 언어나 심리학의 사적 담론으로 격하될 수 없다. 마지막으로, 약속은 하나님과 우리에 관한 문제요, 우리의 불성실을 거부하시는 하나님의 신실함에 관한 것이다. 예언자로 살고자 하는 사람이라면 이처럼 황당한 실천과 전복적 행동을 기꺼이 받아들여야 한다.

이렇게 희망을 공적으로 표현하라고 요구할 수 있는 까닭은, 믿음의 사람들을 신뢰하기 때문이다. 그러한 요구는 우리 속에 있는 희망을 끌어내어 표현할 수 있는 능력이 우리에게 있음을 전제한다.[벧전 3:15을 보라] 우리는 하나님으로부터 희망의 백성으로 살라고 지음받았으며, 그런 까닭에 우리 안에는 그러한 능력이 있다. 우리는 약속의 하나님의 형상을 따라 지어진 존재이기에 희망을 지닌다. 희망은 세례의 성례전 안에 담겨 있다. "주께서 오실 때까지" 희망은 성만찬을 통해 실연된다. 하나님의 약속에 대한 신뢰로 마무리되는 모든 신조의 뼈대가 되는 것이 희망이다. 희망이란 하나님께서 이스라엘을 초청하신 곳으로 나가고자 하는 결단이며, 절망에 맞서는 결의요, 또 혼돈사 45:18과 억압과 황폐와 포로 생활에 언제까지나 굴복하지는 않겠다는 결단이다.

희망은 예언자가 사용하는 으뜸가는 어법이다. 그 이유는 희망이 역사의 일반적 동력이거나 시대의 흐름이기 때문이 아니라, 예언자가 만나고 말해야 할 대상이 좋든 싫든 하나님의 백성이 된 사람들이기 때문이다. 이 공동체에게 희망은 없어서는 안 된다. 이 공동체는 하나님이 정하신 순례길에 참여하도록 초청받은 하나님의 공동체이기 때문이다. 종말을 슬퍼하시는 하나님의 애통에 함께 슬퍼하도록 초청받은 이스라엘은, 이제 하나님의 약속에 희망을 두도록 초대받는다. 이처럼 희망을 품는 행위는, 곧 우리가 왕권 의식의 자식이 아니라는 사실을 고백하는 것이다.

물론 예언자적 희망은 쉽사리 왜곡되기도 한다. 희망은 매우 부풀려져서 현실에 맞지 않게 될 수도 있다. 또 하찮은 것이 되어 버려 현실에 영향을 주지 못하게 되기도 한다. 때로 희망은 "빵과 오락" 같은 것이 되어 버려서 기껏해야 일반적인 절망을 합리화하거나 부추기는 일을 하기도 한다. 그런데 예언자가 희망을 공적으로 표현하는 데는 또 다른 목적이 있다. 그것은 공동체로 하여금 자신의 유일한 근거가 되는, 높으시고 신실하신 하나님께로 돌아가게 하는 것이다. 이렇게 하나님께 나아갈 때만 왕의 규정에 의해 닫힌 세상을 부정하는 일을 감당할 수 있다. 통제된 세상을 벗어나 신실하게 말하고 신실하게 들어주는 세상으로 들어갈 때 비로소 희망이 허락된다. 이 희망을 의지하여 이스라엘은 새로운 상황으로 나아가게 되고, 또 포로생활을 영구한 숙명이 아니라 희망이 놀라운 방식으로 허락되는 자리로 볼 수 있게 된다. 희망의 예언자가 지나치게 과장하는 일에 매달리거나 극히 사소한 일에 빠져들거나, 아니면 한낱 빵과 오락을 외치는 사람이 되어 버리거나 하는 일을 막아 줄 수 있는 객관적 규범은 결코 존재하지 않는다. 희망은 언제나 애통 뒤에 온다는 점, 또 희망을 공적으로 표현하는 사람은 희망을 낳는 고통을 알아야 하고 그 고통에 참여하는 사람이어야 한다는 점만이 예언자가 진실한지를 판단하는 잣대가 될 것이다. 애통을 알지도 못하고 거기에 참여하지도 않은 채 표현되는 희망은 절망에 어떤 영향도 끼치지 못하는 거짓 희망일 뿐이다. 따라서 토머스 레이트의 말대로, 희망에 대해 가장 힘 있게 말할 수 있는 사람은 죽음을 가장 고통스럽게 경험한 사람이다.

현실을 재규정하는 새로움

예언자들은 희망에 대해서는 은유적으로 말해야 하지만, 우리에게 다가와 우리의 상황을 재규정하는 참된 새로움에 대해서는 구체적으로 말해야 한다. 예언자들은 이스라엘이 하나님께 버림받았다는 사실뿐 아니라 바빌론이라는 특수한 사정도 말해야 한다. 포로생활 한가운데서 새로움을 말할 수 있는 힘은 열정적인 신앙이라든가 바빌론에 대한 증오심에서 생기는 것이 아니라, 야웨께서 당신의 백성에게 품으신 한결같은 질투에서 온다. 이 질투는 우리의 인식 구조에는 매우 낯선 것으로서, 질투로 인해 하나님은 자기 백성을 내치시며 그 결과 백성과 더불어 야웨 자신까지도 포로의 처지에 이르게 된다. 이러한 질투 때문에 하나님은 자기 백성과 함께하시고, 그들의 고통을 자신의 고통으로 여기고, 자신의 미래를 그들의 미래로 허락하신다. 이제 선포해야 할 희망은, 드러난 증거로 봐서는 하나님께서 포기하신 것이 분명할 때조차 하나님은 결코 포기하지 않으신다는 확신에 뿌리내린 희망이다. 이 희망은 이스라엘의 어리석음조차 이용하시는 하나님의 능력에 뿌리박고 있다. 이제 막 희망에 눈뜨는 공동체는, 기억을 거슬러 올라가 희망의 근거가 되는 다음과 같은 사건들에 이르게 된다. 즉 동생을 죽인 가인에게 안전을 보장해 주는 표가 허락되며, 왕의 난잡함으로 빚어진 혼돈이 찬양으로 치유되며, 배신당한 요셉이 자기 형들에게 하나님께서 모든 일을 이용해 선을 이루신다고 말하며, 부모의 수치스러운 연애로 솔로몬 왕이 태어난다. 그리고 이러한 기억들로부터 포로 상태에 맞서 싸우는 말이 나오게 된다.

경탄의 언어

왕의 절망과 자포자기를 꿰뚫는, 희망으로 가득한 예언의 언어는 경탄의 언어다. 이 언어는, 공동체에 축하할 일이 전혀 남아 있지 않아 포기 직전에 이른 바로 그때에 공동체에 새로운 깨달음을 주고 축하할 일을 열어 주는 언어다. 애통의 언어가 무감각의 언어에 맞서듯이, 경탄의 언어는 절망의 언어와 맞선다. 제대로만 이루어진다면, 송영을 노래하는 것만큼이나 전복적이고 예언자적인 어법도 없다는 것이 내 생각이다. 송영을 통해 우리는 하나님의 실재 앞에 서게 되고, 하나님께서 더 이상 계시지 않는다고 생각했던 바로 그 자리에서 하나님을 만나게 된다. 경탄의 언어는 이스라엘에게 허락된 최고의 활력소이며, 하나님의 예언자들은 이처럼 근원적인 활력을 주는 언어를 베풀도록 부름받은 사람들이다.

제2이사야는 절망에 빠진 왕들에게 희망을 전하는 예언자를 위한 독특한 패러다임이 된다. 포로기에 활동한 이 위대한 시인은, 부서진 조각들을 다시 짜 맞추거나 하면서 그 당시의 경영적 사고방식을 떠들어 대는 말에는 신경 쓸 필요가 없다고 생각했다. 제2이사야는 예레미야 애가의 파토스와 욥의 분노에 대해 알았고, 그것을 몸으로 체험하며 살았던 것으로 보인다.[8] 그럼에도 불구하고 그는 파토스와 분노를 뛰어넘어 희망과 송영의 언어로 나아간다.

토머스 레이트가 분명하게 밝혔듯이, 제2이사야는 확실히 예레미야와 에스겔을 선구자로 삼고 있다. 그러나 이 두 사람이나 그 외의 다른 사람들과 비교해 볼 때, 포로 된 유다에게 진정한 혁신을 선포했던 사람은 제2이사야다. 그의 선포의 특징은 무엇보다도 그의 인격과 시가 지닌 대담성에서 찾아볼 수 있다. 자신이 속한 공동체의 인식 구조 전반에 반기를 든 것을 보면 그는 분명 비범한 사람이었다. 그의 말의 특징을 결정지은 두 번째 요소는, 그의 시대가 예전의 모든 확실성은 해체되고 새로움이 등장하던 시대였다는 점이다. 바빌론은 시들어 가고 페르시아가 떠오르고 있었으며, 이 시인은 그 시대의 흐름을 정확히 알고 있었다. 세 번째로 가장 중요한 요소는, 그의 말은 하나님의 근원적 자유와 그에 대한 고백에 의해 좌우된다는 점이다. 하나님의 근원적 자유는 자기 백성이 지닌 기대치와 개념들에 구속되지 않을 뿐만 아니라 하나님 자신의 과거 행위에도 얽매이지 않는다. 라인홀드 니버Reinhold Niebuhr의 표현을 빌려 말하면, 하나님은 변화할 용기를 지니신 분이다.[9] 하나님의 자유는 공적 자리에서 눈에 띄게 드러나며, 따라서 신앙적이거나 영적 사건이 아니다. 토머스 레이트는 용서에 관한 글에서 다음과 같이 말했다. "예레미야와 에스겔은, 하나님께서 당신의 백성을 위해 역사 속에 정해 놓으신 계획과 뜻을 완전히 바꾸셨다고 전하기 시작했다.……새로운 '방침', 곧 새로운 섭리가 시작되었다.……하나님께서는 새로운 계획을 따라 일하신다."[10] 제2이사야가 포로 된 이들에게 최초로 전한 말은 용서의 말로서, 다음과 같다.

> "너희는 위로하여라! 나의 백성을 위로하여라!"
> 너희의 하나님께서 말씀하신다.
> "예루살렘 주민을 격려하고, 그들에게 일러 주어라.
> 이제 복역 기간이 끝나고, 죄에 대한 형벌도 다 받고,
> 지은 죄에 비하여 갑절의 벌을 받았다고 외쳐라."^{사 40:1-2}

위로받지 못한 사람들에게 위로가 주어진다. 이 말은 진공상태에 주어진 말이 아니며 은혜로운 하나님에 관한 일반적인 이론도 아니다. 이 시인은 꼼꼼하고 구체적으로 반응한다. 그는 예레미야가 말한, 위로받기를 거절한 라헬에게 응답한다.^{렘 31:15} 그는 "위로해 주는 사람이 하나도 없다"고 말한 예레미야 애가의 시들^{애 1:2, 16, 17, 21}을 단호하게 반박한다. 포로생활 속에서 위로를 얻는 일이 불가능하다고 생각되었으나, 제2이사야는 위에 인용한 놀라운 글머리에서 그렇지 않다고 말한다. 자유로우신 하나님은 이러한 상황을 완전히 끝내고, 이제 이 말이 선포되기 전에는 생각조차 할 수 없었던 사면을 베푸신다. 이사야가 말하기 전까지는 미처 몰랐던 것을 이제 이스라엘이 알게 된다. 이

말에 의해 희망이 생겨나며, 이 말을 듣기 전까지 이스라엘은 희망을 모른 채 살아왔다. 사실 우리도 모두 그렇지 않은가? 우리도 말을 듣기 전에는 미래를 알 수 없으며 새 일의 가능성도 알지 못한다. 말이 없는 곳에서 우리는 절망을 안고 살 수밖에 없다. 그런데 포로생활이란 무엇보다도 우리의 말이 막혀 버린 자리요, 하나님의 말씀이 차단된 자리다. 그런데 이 예언자적 시인이 바로 그 포로 된 자리에서 희망을 선포한다.

이렇게 선언된 희망은 기분 좋은 느낌이라든가 내면의 새로운 영적 상태 같은 것이 아니다. 오히려 희망은 이스라엘을 둘러싼 세상의 상황을 근원적으로 간파하는 데서 온다. 이 시인은 근원적인 정치적 선언을 두 번에 걸쳐서 언급한다. 첫 번째, 그는 파수꾼에게 새로운 현실이 이루어졌음을 전하라고 명한다.

> 좋은 소식을 전하는 시온아,
> 어서 높은 산으로 올라가거라.
> 아름다운 소식을 전하는 예루살렘아,
> 너의 목소리를 힘껏 높여라.
> 두려워하지 말고 소리를 높여라.
> 유다의 성읍들에게
> "여기에 너희의 하나님이 계신다" 하고 말하여라.
> 만군의 주 하나님께서 오신다.
> 그가 권세를 잡고 친히 다스리실 것이다.^{사 40:9-10}

이처럼 어처구니없고 전복적인 말을 한다는 것이 예언자로서도 두려운 일이었을 것이라는 생각이 든다. 그러나 그는 두려움을 이기고 포로생활을 뒤집어엎는 선포를 해야만 했다. 새로운 현실은, 쓸모없고 무기력한 존재로 밀려난 것처럼 보였던 분이 자신의 왕권을 주장하고 나섰다는 사실이다. 그분은 포로생활 한가운데서, 바빌로니아 사람들의 코앞에서 그렇게 행하셨다. 예레미야가 이스라엘을 이끌고 장례식으로 나갔던 바로 그런 상황에서 이 시인은 이스라엘 사람들을 왕의 대관식 축제로 안내하고 있다. 예레미야의 이야기가 이스라엘 백성을 애절한 비탄 속에 내버려 두는데 반해, 제2이사야는 이스라엘을 활기 넘치는 기쁨으로 인도한다. 예레미야는 무감각을 깨뜨리고자 애썼던 데 반해, 제2이사야는 절망과 씨름해야 했다. 이 두 예언자는 모두 모세의 해방 전승을 의지하여, 백성이 애통하거나 희망을 품는 일을 용납하지 않는 왕권 의식과 싸워야 했다.

우리는 대관식 은유를 잘 유지해야 하며, 너무 쉽게 포기하거나 지나치게 구체적인 것으로 바꾸어 버려서는 안 된다. 제2이사야는 외적인 정치 상황을 바꾸는 것이 아니라, 이스라엘의 상상력을 되찾는 일을 하고 있다. 그는 아주 오래되어 이스라엘이 잊어버렸으나 기억 속에 간직되어 온 새로움을 불러낸다. 활력 넘치는, 모세의 찬양인 바다의 노래는 다음과 같은 대관식 묘사로 끝난다. "주께서 영원무궁토록 다스리실 것입니다."출 15:18 이스라엘을 모세의 송영으로 되돌리려는 것이 제2이사야의 의도처럼 보이기도 한다. 그러나 그의 의도는 기억을 다시 불러내는 데서 끝나지 않는다. 제2이사야가 한 일은, 이 순간 현실을 규정하고 지배하는 모든 세력을 불법화할 수 있는 권력을 장악하는 것이다. 이 언어 행위 속에서, 권력을 휘두르고 현실을 지배하던 자들은 저 옛날 이집트 병사들처럼 죽어서 바닷가에 버려지게 된다. 시를 통해 그려지는 이런 공적 행위가 이스라엘의 운명을 바꾼다. 왕으로 오신 존귀하신 분과 함께하는 포로생활은, 공포를 해결할 수 있다는 점에서 볼 때 왕이 없는 포로생활과는 전혀 다르다.

그런데 이제 한 신이 자신의 통치권을 주장하고 나섰다! 그는 전투를 치르기 위해 팔을 걷어붙인 용사처럼 용맹스러운 남자의 모습이며, 어린양을 돌보는 목자와도 같이 부드러운 어머니의 모습이다. 이 모든 것이 포로 된 백성을 위한 것이다. 그는 강력한 힘으로 위로comfort를 베푸는데, 이때는 fort(강하게 하다)에 강조점이 있다. 그는 또 보살핌으로 위로를 베푸는데, 이때는 com(함께)에 강조점이 있다. 이제 이스라엘에게 다시 노래할 수 있는 새로운 장이 열렸다. 여러분은 분노나 의기소침, 근심, 탈진 따위로 인해 도저히 노래 부를 수 없는 상황에 놓여 본 적이 있는가? 또 그런 상황에서도 노래를 부를 수 있었던 적이 있는가? 말을 듣고, 이름이 불려지고, 돌봄을 받고, 인정받고, 확신을 되찾는 데서 변화는 시작된다. 이 예언자는 노래 부르는 일을 가능하게 해 주며, 제국은 용감하게 노래할 수 있는 사람들이 곧 왕의 현실 규정을 인정하지 않는 사람들이라는 사실을 깨닫는다. 노래가 사라진 것이 포로 상태에 있음을 보여주는 한 지표라면, 우리도 역시 포로 상태에 있다. 우리는 좀처럼 노래를 부르지 못하는 사람들이기 때문이다. 이 예언자는 희망찬 노래가 다시 울려 퍼지게 한다. 두 번째로 나오는 다음과 같은 대관식 양식은 훨씬 더 친숙하다.

놀랍고도 반가워라.
희소식을 전하려고
산을 넘어 달려오는 저 발이여!

평화가 왔다고 외치며,

복된 희소식을 전하는구나.

구원이 이르렀다고 선포하면서,

시온을 보고 이르기를

"너의 하나님께서 통치하신다" 하는구나.^{사 52:7}

권력을 잃어버린 듯했던 분이 이제 다시 그 자리에 앉는다. 예레미야서에서는 패배하고 슬픔에 빠져 버린 듯했던 분이 이제 역사를 뒤집어엎는 분으로 나선다. 그리고 시인은 실권을 회복하는 일은 오직 고난을 통해서만 가능하다는 사실을 분명히 밝힌다.^{사 49:14-15} 기쁨은 버림받음과 파토스를 아는 사람들에게 주어진다. 이런 방식으로 왕위에 오른다는 것이 기이하기는 하지만, 이스라엘의 역사 속에 왕권이 등장하는 것은 이런 식이다.

제2이사야는 이스라엘 백성에게 활력을 불어넣어 신앙을 새롭게 했다. 그러나 활성화의 모양새가 근원적이며 과감하고, 심지어 혁명적이기까지하다는 점에 주목할 필요가 있다. 이 예언자는 심리학 기법이라든가 손쉬운 명상 요법은 전혀 사용하지 않는다. 다룰 문제들이 개인적이거나 사적인 것이 아니요, 영적이거나 내면적인 것도 아니기 때문이다. 온전히 자유로우신 하나님을 알게 하며 낡은 체제들을 해체하고 지친 권력자들을 무너뜨리는 일만이 정말 필요하고 제공할 만한 가치가 있는 활성화다. (예수께서 수고와 쉼, 멍에를 바꾸는 일에 관해 하신 말씀[마 11:28-30]은 제2이사야를 따른 것이다.) 탄식은 참된 왕이 힘을 잃은 것을 슬퍼하는 데 반해, 송영은 거짓 왕을 거부하고 참된 왕을 신실하게 받아들인다.

널리 알려진 바와 같이, 나 역시 이사야서 40:9-11과 52:7에 나오는 두 개의 대관식 양식이 기초가 되어, 거기서 나머지 시들이 나왔다고 생각한다. 이 나머지 시들은 새롭게 선포된 왕권을 주석한 것들이다. 이 시인의 임무는 포로 된 백성을 인도하여 지고의 존재 앞에서 결단하게 하는 일인데, 그 까닭은 포로 된 이들은 선택을 싫어하고, 절망한 백성은 행동을 원하지 않으며, 낙심한 사람들은 그 일을 우습게 여기기 때문이다. 포로상태/절망에서 벗어나는 첫 단계는 신실하신 주님을 분명하게 아는 일이요, 따라서 결단을 내리도록 강요하는 일이 필요하다.

첫째, 제2이사야는 거침없이 두 종류의 신을 대조하고 있다. 둘 중 한 신은 당신을 지치게 만들 뿐이다.

> 벨 신이 고꾸라졌고, 느보 신이 넘어졌다.
> 짐승과 가축이 그 우상들을 싣고 간다.
> 힘겹게 떠메고 다니던 것들이,
> 피곤한 짐승에게 무거운 짐이 되었다.^{사 46:1}

이 신들은 다른 이의 등에 업혀 다닐 수밖에 없으며, 따라서 포로 된 백성에게 훨씬 더 무거운 짐이 지워진다. 자유로우시기에 포로 된 백성에게 업혀 다닐 필요가 없는 하나님을 이 신들과 대조해 보라.

> 야곱의 집안아, 이스라엘 집안의 모든 남은 자들아,
> 내 말을 들어라.
> 너희가 태어날 때부터 내가 너희를 안고 다녔고,

너희가 모태에서 나올 때부터 내가 너희를 품고 다녔다.

……내가 너희를 지었으니, 내가 너희를 품고 다니겠고,

안고 다니겠고, 또 구원하여 주겠다. 사 46:3-4; 참조 43:22-24

무기력한 처지에 있는 사람이라면, 당연히 자유롭고 능력 있으며 기꺼이 자신의 신성에 책임지는 신을 찾을 것이다. 포로생활로 지치고 절망에 빠져 있는데, 힘이 없어 업어 날라야 하는 신의 이미지까지 겹쳐 놓는다는 것은 참으로 어처구니없다. 그러나 이와는 다른 하나님을 따르는 이들은 힘을 얻고 활력을 되찾아 신실한 삶을 살게 된다. 앞에서 살펴본 대로, 두 종류의 신을 대조하는 일은 내가 새롭게 제시한 것이 아니라 널리 알려진 일이다. 그러나 내가 강조하고자 하는 점은, 이 시가 지니는 사회 정치적 차원이다. 즉 왕권 의식과 그것이 내리는 현실 규정에 의지하는 일은 사람들을 지치고 절망하게 만든다는 점이다. 우리가 이처럼 근원적인 시를 암송한다 해도, 이 시 속에서 권력의 실세들이 내세우는 현실 규정과 맞서 싸우는 투쟁을 보지 못한다면 아무 의미가 없다.

이렇게 신들을 대조하고 바빌론의 신을 조롱하는 일은 마담 바빌론Madame Babylon을 조롱하는 평행구에서 더 분명하게 드러난다. 바빌론이라는 귀부인은 어떤 여자인가? 고상한 기품을 지닌 당당한 귀부인? 포학한 늙은 부인? 여염집 여인처럼 가정을 돌보는 여인? 이제 이 모든 것이 끝났다. 야웨와 함께하는 이스라엘의 새 역사는 제국 역사의 종말을 의미하기 때문이다.

처녀 딸 바빌론아,

내려와서 티끌에 앉아라.

딸 바빌로니아야,

보좌를 잃었으니, 땅에 주저앉아라.

너의 몸매가 유연하고 맵시가 있다고들 하였지만,

이제는 아무도 그런 말을 하지 않을 것이다.

맷돌을 잡고 가루를 빻아라.

얼굴을 가린 너울을 벗고,

치마를 걷어 올려 다리를 드러내고

강을 건너라.

알몸을 드러내고,

네 부끄러운 곳까지도 드러내 보여라.^{사 47:1-3}

이 시인은 지금 억압당하는 사람들을 위해 일종의 불가피한 게릴라전을 벌이고 있는 셈이다. 먼저, 증오의 대상을 조롱하고 마음대로 휘어잡는 일이 필요하다. 그럴 때에야 비로소 그에게 더 이상 굴복하지 않게 되고, 또 그가 사실은 자기의 약속도 지키지 못하고 충성을 요구할 수도 없는 아무것도 아닌 존재라는 사실을 드러낼 수 있기 때문이다. 대저택이 진정한 삶을 보장해 주지 않으며, 그는 두려워하거나 신뢰할 대상도 못되며 경외할 대상도 아니다.

바빌론의 신들이 웃음거리가 되고 바빌론 문화가 조롱당할 때, 그리고 왕위에서 밀려난 왕이 다시 왕위에 오르게 될 때, 역사는 뒤집어진다. 장례식은 축제로 변하고 애통은 송영이 되며 절망은 경탄으로 바뀐다. 어쩌면 이것은 제의 사건^{cultic event}에 불과할지 모른다. 그렇다고 해서 과소평가해서는 안 된다. 역사적 경험과 결합되는 제의는 사람들에게 활력을 불어넣는 힘이 있기 때문이다. 예를 들어, 미국의 흑인 교회와 인권 운동들, 또는 남미에서 일어나는 해방 운동들을 살펴보라. 제의는 왕들로서는 생각할 수조차 없는 역전을 극화하여 보여줄 수 있다. 왕권 의식에 사로잡힌 우리 사회의 냉혹한 중산층은 이 역전을 믿지 않으며, 힘없는 사람들은 이러한 역전에 놀라게 된다. 역전은 쉬운 일이 아니며, 대가 없이 주어지지도 않으며, 결코 간단하거나 분명한 일도 아니다. 그렇다고 해서 이 시인의 능력을 과소평가해서는 안 된다. 언어를 바꾸고 인식 구조나 굳어진 의식을 재규정하는 데서 역전은 시작된다. 그래서 그의 시는 포로생활 속에서조차 역전에 관해 말하며 그와 관련된 여러 이미지들을 쏟아 놓는다. 그중에서 세 가지 이미지가 특히 중요하다.

새 노래

새 왕이 다스리는 시대는 새 노래를 부르는 때다.[사 42:10] 새 왕이 임하는 때는 언제나 새 노래가 끊이지 않는 때이다. 이제 더 이상 신호에 따라 곡하는 법을 아는 직업적인 조문객은 필요 없다. 장례식은 끝났다. 축제의 때가 시작되었기 때문이다. 지금은 어린아이를 위한 때요, 새 노래를 부를 줄 알고 새 시대를 분별할 줄 아는 사람들을 위한 시대다. 억압자들에게는 옛 노래나 불러 주는 것이 마땅했다.[시 137:3] 그런데 옛 노래는 기껏해야 실패한 일을 노래할 뿐이며, 그렇기에 당혹스러웠다. 그러나 모든 자유의 행동 뒤에 자유의 노래가 있듯이, 새로운 시대의 노래는 새로운 사회 현실을 외치는 수단이 된다. 왕위에 오르신 야웨를 찬양하고 죽음으로 떨어진 바빌론을 묘사하는 노래로부터 활력이 나온다. 아브라함 헤셸이 말했듯이, 언약의 백성만이 노래할 수 있다. 새 노래의 시대는 새로운 언약을 통해 새로운 모습의 현실이 열리는 때다.

태가 닫힌 여인이 아이를 낳다

두 번째는 임신 못하는 여인이 출산하는 이미지다. "불임"이라는 개념은 물론 아이를 낳을 수 없는 생물학적 문제를 가리킨다. 그러나 이 주제는 또 이사야서 54:1-3에서처럼 미래가 없는, 따라서 희망이 없음을 은유적으로 나타내기 위해 사용된다. 따라서 "불임"이란 말은 다양한 사회적 형편을 뜻하는 것일 수 있다. 그렇다면 역으로 "출산"은 하나님의 기적적 능력에 의해 미래가 열리고 대안이 등장하는 것을 은유적으로 나타내는 말로 볼 수 있다. 불임이라는 관념은 우리 사회 속에 있는 절망의 조건을 뜻하는 것일 수 있다. 예를 들어, 남성과 여성을 포괄해 "거세된 사람"이란 기업, 학교, 교회의 압력과 강요에 의해 자기들의 남성다움과 여성다움이 빼앗겨 버린 사람들이다. 교수나 목회자도 직장인 못지않게 철저히 자신들의 활력과 가정생활을 빼앗겨 버렸음이 분명하다. 그들은 자식을 낳을 만한 여력이 없으며, 또 그 누가 바빌론을 위하여 새로 자식을 낳으려 하겠는가? 우리의 역사는 언제나 아이를 낳지 못하는 여인들과 더불어 시작한다. 사라[창 11:30], 리브가[창 25:21], 라헬[창 29:31], 한나[삼상 1:2], 엘리사벳[눅 1:7]이 그들이다. 죽은 사람이나 다름없는[히 11:12] 이들에게 놀라운 은혜가 허락된다. 자식을 낳을 수 없다는 것은 기이한 일로, 오늘날 과학이 발달했음에도 불구하고 그 이유로 제시되는 것은 대부분 역사적이고 상징적인 것이요 사람 사이의 문제다. 새로운 미래를 열어 주고 새 활력을 주어 출산을 가능하게 하는 일은 흔히 소식—복음, 송영—을 통해서 이루어진다.

따라서 제2이사야는 이 역전을 근거로 삼아 이스라엘 백성에게 새로운 미래를 바라보도록 말한다.

> 임신하지 못하고 아기를 낳지 못한 너는
> 노래하여라.
> 해산의 고통을 겪어 본 적이 없는 너는
> 환성을 올리며 소리를 높여라.
> 아이를 못 낳아 버림받은 여인이
> 남편과 함께 사는 여인보다 더 많은 자녀를 볼 것이다.
> 주께서 하신 말씀이다.^{사 54:1}

아주 오래된 약속들이 다시 등장하고 있으며, 바빌론으로서는 이 약속들을 막을 수가 없다. 주장하는 내용이 바빌론을 대적하시는 하나님의 약속으로 확인되고, 따라서 그 누구도 그것에 맞설 수 없다. 하나님은 어머니 사라에게 한 약속일지라도 지키실 것이다.

양식

세 번째는 양식[빵]이라는 이미지다. 아주 오랫동안 바빌론의 빵을 먹은 사람은 파멸에 이르고 말 것이다. 바빌론의 빵을 좋아하고 그래서 바빌론 사람이 되어 버린 이도 있다. 그러나 포로생활을 하는 이스라엘 사람이 이 제국의 빵에 굴복할 수는 없다. 그래서 이 시인은 대안으로 삼을 빵을 말하면서 바빌론의 빵집을 허물어 버린다.

너희 모든 목마른 사람들아, 어서 물로 나오너라.

돈이 없는 사람도 오너라. 너희는 와서 사서 먹되,

돈도 내지 말고 값도 지불하지 말고 포도주와 젖을 사거라.

어찌하여 너희는 양식을 얻지도 못하면서 돈을 지불하며,

배부르게 하여 주지도 못하는데, 그것 때문에 수고하느냐?^{사 55:1-2}

이 시인은 빵에 관해 말하고 나서 곧바로 이스라엘 최고의 약속(다윗에게 한 약속)과 야웨의 영광(바빌론의 신 마르둑을 물리쳐 이룬 영광)과 귀향을 세련된 솜씨로 그려 내고 있다.

너희는 귀를 기울이고, 나에게 와서 들어라.

그러면 너희 영혼이 살 것이다.

내가 너희와 영원한 언약을 맺겠으니,

이것은 곧 다윗에게 베푼 나의 확실한 은혜다.^{사 55:3}

새 노래와 다산^{多産}과 신선한 빵이나 논하는 것이 참으로 어리석은 짓임을 솔직히 인정한다. 이러한 은유들은 무기와 군수공장으로 이루어지는 오늘의 현실에 아무 영향도 줄 수 없다. 이 지적이 옳을 수도 있다. 그러나 우리는 또한 그 은유들이 제국적이고 과학적인 바빌론에서 처음으로 언급되었을 때도 어리석은 것이었다는 점을 알아야 한다. 무기를 내려놓는다는 것이 쉽지 않을 터이고 왕들도 순순히 권력을 포기하지 않을 것이다. 예를 들어, 남아프리카 공화국에서 넬슨 만델라가 인종차별 정책에 투쟁하면서 수십 년을 기다려 온 일과 로빈 아일랜드 감옥에서 지낸 26년의 세월을 생각해 보라. 이 예언자가 바라

는 일은 단지 백성의 상상력을 자극하는 것이요 그 상상력을 통해 절망을 활력으로 바꾸는 것이다.

제2이사야는 자기 백성에게 놀라운 선물을 준다. 그는 옛 이야기를 다시 다듬어 냄으로써 이 백성이 신앙을 되찾게 해 준다. 그는 절망에 사로잡혀 버리는 대신 절망에 맞설 수 있는 언어적 능력을 제공해 준다. 또 그는 지배 의식 외부에다 새로운 인간성이 자리 잡을 수 있는 터전을 만들어 낸다. 냉소주의자가 본다면 실제로 바뀐 일은 전혀 없다고 말할지도 모른다. 제국이 무너지는 것만이 중요한 문제요 그 일이 즉시 이루어져야 할 일이라고 본다면 말 그대로 실제로 바뀐 것은 아무것도 없다. 그러나 예언자는 마술사가 아니다. 대안을 제시하는 말만이 그들에게 주어진 수완이자 소명이 된다. 아무리 형태를 바꾼다 해도 무력으로는 절망을 극복하지 못한다. 삶이 완전히 우리 손아귀에 주어진 것이 아님을 인정할 때, 또 기꺼이 자신의 주권적 자유를 포기하셔서 우리를 위하기도 하고 우리로부터 거리를 두기도 하는 다른 분이 계시다는 사실을 인정할 때 절망을 극복하는 일이 가능해진다. 그분이 하시는 일은 우리에게 얽매이지 않으며 바빌론에 의해 제한되지도 않는다. 하나님의 신성은 해방의 모습을 띠고 포로 된 이들에게 나타난다. 그래서 폰 라트는 성서 가운데서 가장 놀라운 다음 본문에 주목한다. 우리가 이 본문을 신뢰하는지 확신이 서기 전까지는 이 본문을 우리 입에 담아서는 안 된다.

너희는 지나간 일을 기억하려고 하지 말며,
옛일을 생각하지 말아라.
내가 이제 새 일을 하려고 한다.

이 일이 이미 드러나고 있는데,

너희가 그것을 알지 못하겠느냐?^{사 43:18-19}

위로받지 못한 사람들은 이러한 것이 언급될 수 있다는 사실조차
도 믿지 못한다. 그러나 공동체가 자신의 능력 밖에 있는 새로움을 받
아들이기 전까지는 어떠한 개인적 기쁨이나 공적 정의, 집단적 회개,
가족의 화목도 누릴 수 없다는 점은 분명하다. 내가 보기에, 두 번째로
장엄한 본문은 우리의 피곤과 관계가 있다. 이 피곤은 결단하지 않는
데서, 또는 바빌론에 굴복한 데서 생겨난다. 먼저 하나님에 관한 내용
이 나온다.

그는 피곤을 느끼지 않으시며, 지칠 줄을 모르시며,

그 지혜가 무궁하신 분이시다.

피곤한 사람에게 힘을 주시며,

기운을 잃은 사람에게 기력을 주시는 분이시다.^{사 40:28-29}

이어서 포로 된 우리 모두에게 주는 약속이 나온다.

비록 젊은이들이 피곤하여 지치고,

장정들이 맥없이 비틀거려도,

오직 주를 소망으로 삼는 사람은 새 힘을 얻으리니,

독수리가 날개를 치며 솟아오르듯 올라갈 것이요,

뛰어도 지치지 않으며,

걸어도 피곤하지 않을 것이다.^{사 40:30-31}

시인은 우리의 행위를 소망을 품는 일과 앞으로 나아가는 일로 나누어 대조한다. 교만의 무신론이든 절망의 무신론이든, 스스로 주도권을 쥐고 있는 사람들에게는 위 본문의 말들이 넌더리나고 소심하고 맥 빠진 것으로 보인다. 소망을 품은 이에게 역전이 허락되며, 이제 그들은 새 힘을 얻고 솟구쳐 오르며 뛰고 걷게 된다. 그러나 이 일들은 소망 가운데 존재한다.[11] 소망은 움켜쥐고 있는 게 아니라 받아들이는 것이며, 소유하는 것이 아니라 전해 받는 것이며, 감춰 두는 게 아니라 자랑하는 것이다. 이제 주도권은 우리의 수중에서 떠나갔고 오히려 그 때문에 우리가 더 안전하게 되었음을 아는 데서 소망은 생긴다. 소망을 품는 일은 바빌론을 비판하는 일보다 훨씬 중요하다. 소망은, 우리 힘으로 다시 일으켜 보려는 일체의 노력에 대한 비판이 되며 또 포로 생활을 고향 삼아 눌러앉으려는 데 대한 경고가 된다.

하나님께로부터 오는 새로움만이 활력을 공급하는 중요한 원천이다. 그리고 왕권 의식—솔로몬이든 느부갓네살이든—은 백성이 갈망하는 이 활력을 줄 수 없음이 분명하다. 신앙 공동체에는 하나님 외에 새로움을 주는 다른 원천이 없으며, 그렇기에 예언자는 자기에게 맡겨진 긴박한 소명을 가볍게 여겨서는 안 된다. 솔직히 말해, 우리는 신앙에서 흔히 그렇듯 소명에서도 위험하게 소극적인 태도를 취하고, 또 은혜에 대해 늘 그렇듯이 소명도 쉽사리 값싼 은혜로 바꾸어 버린다. 그러나 이런 위험에 단호히 맞서야 한다. 희망은 결코 우리가 만들어 내는 것이 아니라 주어지는 것이라는 사실을 포로 된 사람들에게 끊임없이 일깨워 주어야 하기 때문이다. 그리고 희망이 허락되는 곳에서 우리는 언제나 경탄하게 된다.

파토스와 경탄의 시인들인 예레미야와 제2이사야는 하나가 되어 탄식과 송영을 쏟아 놓는다. 두 시인을 서로 떼어 놓아서는 안 된다. 예레미야만 받아들인다면 신앙은 하나님을 뵐 수 없는 죽음의 자리로 떨어지게 된다. 제2이사야만 의지할 때 우리는 눈물을 흘리지 않고서도 위로를 받을 수 있다고 생각하게 된다. 분명, 아파하는 사람만이 새 노래를 부르게 될 것이다. 고뇌를 통과하지 않은 새 노래는 귀에 거슬리는 것이 되고, 더 심하게는 왕의 속임수가 되어 버린다.

5장

나사렛 예수의 비판과 파토스

지배 의식은 철저히 비판받아야 하고, 지배 공동체는 완벽하게 해체되어야 한다. 대안 의식을 지닌 대안 공동체의 목적은 그러한 비판과 해체를 이루는 데 있다. 예레미야의 사역을 살펴보면서 나는, 그 당시의 왕권 문화는 무감각해져서 어떤 격렬한 역사적 종말도 깨달을 수 없었으며, 그렇게 무감각하게 부인하는 의식을 꿰뚫고 들어갈 수 있는 길은 애통을 공적으로 표현하는 방법뿐이었다고 주장했다. 예레미야는 애통의 시가를 통해, 왕권 체제가 있는 힘을 다해 지켜 내려고 했던 사회 세계가 종말에 이르렀다는 사실을 이스라엘 백성에게 알려 주고자 애썼다. 예언자적 비판을 제대로 이해하기 위해서 우리는, 그 비판의 특징적인 어법은 분노가 아니라 고뇌라는 사실을 알아야 한다. 이 어법의 요점은, 자신의 고뇌를 부인하고 싶어 하는 공동체로 하여금 그 고뇌에 뛰어들게 만드는 데 있다. 예언자의 비판 방식을 이렇게 단정하는 근거는, 예언자들이 변화가 어떻게 이루어지는지 분명하게 알았고 개방과 저항의 독특한 방식에 매우 민감한 사람들이었기 때문이다.

이번 장에서 우리는 예언자적 비판의 목회가 나사렛 예수와 어떻게 연관되는지 살펴보려고 한다. 예언자라는 호칭만으로는 예수를 확실하게 이해할 수 없다. 다른 모든 호칭과 마찬가지로, 이 호칭도 예수의 역사적 실체를 제대로 보여주지 못하기 때문이다. 그럼에도 불구하고 그분이 담당했던 여러 역할을 보면, 그분이 예언자로 활동했다는 점은 분명하다. 나사렛 예수는 자신의 가르침과 인품을 통해 왕권 의식에 대해 궁극적 비판을 가했다. 실제로 그분은 지배 문화를 해체했고 그 문화의 주장을 무효화했다. 그분이 궁극적 비판을 행한 방식을 보면, 변두리 인생들과 단호하게 연대하고, 그러한 연대를 통해 그들의 연약함을 끌어안는 방식이었다. 변두리 인생들이 경험하고 느끼는 것과 똑같은 무력감을 통해 하나가 되는 연대만이 진정으로 가치 있는 연대다. 따라서 나는 여기서 그 궁극적인 비판이 지니는 몇 가지 차원을 살펴보겠다.

예수의 탄생

예수의 탄생은 그 자체만으로도 지배 의식에 대한 결정적인 비판이 된다. 누가복음에 나오는 예수와 가난한 사람들의 연대, 마태복음에 나오는 예수와 기존 권력자들과의 껄끄러운 갈등은(탄생 이야기에서 보듯이), 모두 대안 의식이 등장하고 있음을 보여준다. 이 두 판본은 서로 다른 동기에 의해 별개의 방향으로 나아가고 서로 다른 주장을 하고 있기 때문에, 이 둘을 억지로 조화시키려고 애쓸 필요는 없다. 그럼에도 불구하고 완성된 형태로 볼 때, 두 판본은 비판을 통해 해체하고 경탄을 통해 활성화함으로써 서로 완벽하게 보완하고 있다.

마태복음

마태복음에서 이루어지는 해체는 2:6-23에서 볼 수 있다. 이 일화에서는 거짓 **왕의 파괴적인 분노**[16절]와 **예언 전승에 속하는 애통**[17절]이 병치되고 있다. 헤롯의 분노는 옛 질서의 마지막 숨소리요, 옛 방식을 지켜보려는 절망적인 몸부림으로 묘사된다.

고대 이스라엘에서 보았듯이, 옛 질서의 종말을 부정하면서 어리석게도 이미 끝나 버린 것을 지켜 내려고 몸부림치는 것이 왕들이 보이는 특성이다. 이와 같이 헤롯은 자기기만에 빠지고 자기의 모든 능력을 동원하여 부인하려고 애쓰지만, 그의 힘으로는 아무것도 이룰 수 없으며, 결국 왕은 종말을 맞게 된다. 이와 대조적인 모습을 예레미야서에 나오는 라헬의 파토스에서 볼 수 있다. 왕의 분노는 결국 슬픔과 탄식으로 끝나 버린다. 이 종말, 곧 왕으로서는 마주보거나 멈출 수도 없고 슬퍼할 수도 없는 종말을 애통하는 것이 예언 전승의 임무다.

마태복음 2장의 구조를 살펴보면, 왕과 예언자에 대해 말하는 16-17절은 서론에 해당하며 이에 반해 18-23절이 행동을 담고 있다. 완벽하게 대조가 이루어진다. 왕은 죽었고 천사가 아이를 그의 미래로 인도한다. 헤롯은 완전히 굴복했고 참된 왕이 아니다. 예수가 참된 왕이며[2:11], 참된 왕의 등장으로 거짓 왕은 철저히 부정된다. 라헬의 울부짖음은, 왕이 통제하는 것처럼 보였으나 결국 왕을 넘어뜨리고 만 그 종말을 슬퍼하는 것이다. 라헬의 애통은 궁극적 비판과 연결되며, 그 비판에 의해 도래하는 새로움과도 연결된다. 22-23절은 예수가 대안 인물로 등장한다는 사실을 암시하고 있다.[1] 그는 **나사렛** 사람이다. 이 말은 예수가 변두리로 밀려나 믿음을 지니고 살았던 사람이라는 뜻이다. 그는 지리적으로 변두리에 속했으며(나사렛 출신의 갈릴리 사람으로.

22-23 상반절), 종교적으로도 변두리에(나실 사람, 곧 성별된 사람으로. 민 6:1-21을 보라) 속한 사람으로 강력한 대항 현실을 구현했다. 이 대항 현실은 언제나 지배 현실과 대립을 이루며 결국에는 그 지배 현실을 무너뜨리게 된다.

누가복음

이와 평행 구조를 이루는 누가의 이야기는, 대표적인 변두리 사람인 목자들에게 예수의 탄생을 알리는 이야기를 통해 옛 체제를 대신할 새 일이 이루어졌음을 선포한다. 예상하지 못한 새 일을 전해 들은 사람들은 당연히 놀라고 두려워한다.^{눅 2:17-20} 예수의 탄생을 통해 드러난 새로움은 모든 것을 완전히 뒤집어엎는다.

> 주께서는…… 마음이 교만한 사람들을 흩으셨으니,
> 제왕들을 왕좌에서 끌어내리시고
> 비천한 사람들을 높이셨습니다.
> 주린 사람들을 좋은 것으로 배부르게 하시고,
> 부한 사람들을 빈손으로 떠나보내셨습니다.^{눅 1:51-53} **2**

예수의 탄생은 영원히 지속될 것만 같았던 헤롯의 현실을 가차 없이 끝내고, 절망에 빠져 있는 사람으로서는 결코 예상할 수 없었던 새로운 역사적 상황을 변두리 인생들에게 열어 준다. 누가의 판본이 다가오는 새로움을 축하하는 데 반해, 마태의 판본은 이야기의 한가운데 애통을 배치한다. 새로움은 고뇌와 고통과 눈물 없이는 오지 않는다. 이 눈물은, 살려고 몸부림치는 왕이 최후로 저지른 절망적인 파괴

행위를 슬퍼하는 눈물이다. 이 눈물은 또 왕이 자기 혼자는 죽지 않겠다는 생각으로 자기를 위험에 빠뜨린 인간들을 함께 데려가려고 했기에 그 종말의 희생자가 된 사람들을 위해 흘리는 눈물이다. 예수 안에서 열린 시작은 끔찍스러운 종말이 없이는 오지 않는다. 끝나는 일은 결코 덕스럽게 끝나는 법이 없기 때문이다.

하나님 나라의 선포

헤롯의 판단은 정확했다. 예수의 오심은 현존하는 모든 것의 돌연한 파국을 의미했다. 예수가 행한 설교를 대표하는 것으로 흔히 인용되는 두 개의 본문이 있다. 마가복음 1:15에서 예수는 하나님 나라의 도래를 선포한다. 그러나 이 선포 속에는 그와 대응부를 이루는 현존하는 나라들은 끝이 나고 대체될 것이라는 내용도 분명하게 함축되어 있다. 누가복음 4:18-19에서 예수는 새로운 시대가 시작되었다고 선포한다. 그러나 이 선포 속에는 현존 질서에 속하는 모든 권력자와 그 하수인들에 대한 냉혹한 비판도 간직되어 있다.[3] 예수는 가난한 자들에게 메시지를 전했으나, 다른 이들은 그들을 가난에 묶어 두고 그들의 궁핍을 이용해 이익을 얻었다. 예수는 포로 된 사람들(억압당하는 노예를 의미한다)에게 선포했으나 다른 이들은 질서가 바뀌는 것을 결코 원치 않았다. 예수는 억압당하는 사람들의 이름을 불러 주었다. 그러나 압제자가 없다면 압제당하는 일도 없다.

이 두 개의 근본적인 선포 속에 실린 비판을 실천으로 옮긴 것이 예수의 목회다. 물론 예수의 목회는 근원적 해체를 낳는 비판이다. 그리고 현재의 안정을 수호하고 거기서 이익을 얻는 이들은 성격상 현 체제에 도전하거나 문제를 제기하는 어떠한 변화에도 극도로 예민하게 대응한다. 처음부터 이 체제는 예수를 분명하고도 현실적인 위험인물로 보았는데, 이 현상은 복음이 약속하고 있는 새로움에서 볼 때 당연한 결과였다. 즉 복음은 위협하지 않고는 약속하지 않으며, 무엇인가 끝내지 않고는 시작하지 않으며, 커다란 대가를 요구하지 않고는 선물을 주는 법이 없다. 예수의 근원적 비판은 몇 가지 대표적인 행동으로 요약할 수 있다.

용서

기꺼이 죄를 용서하는 예수의 행위[막 2:1-11]는 경탄을 자아냈으며[12절], 또한 신성모독으로 여겨지기도 했다. 다시 말해 그의 행위는 현존하는 종교적 권위에 위협이 되는 것으로 받아들여졌다. 예수가 위험인물인 까닭은, 하나님의 자리에 서는[7절] 터무니없는 일을 저질렀기 때문이다. 그러나 우리는 이 행동에 담겨 있는 근원적 사회 비판을 놓쳐서는 안 된다. 한나 아렌트[Hannah Arendt]가 밝힌 대로, 만일 어떤 사회가 용서를 위한 장치를 갖추지 않았다면 그 구성원들로 하여금 어떤 범법 행위의 결과를 평생 지니고 살도록 만든 것이기 때문에, 이처럼 예수가 죄를 용서한 행위는 가장 위험한 행동이 된다.[4] 죄의 용서를 거부하는 일(또는 용서의 장치 두기를 거부하는 일)은 방대한 사회 통제로 이어진다. 예수의 주장이 종교적인 면에서는 한바탕 소동이었던 데 반해, 그것이 공인된 사회 통제 체제에 가한 위협은 훨씬 더 충격적으로 여겨졌다.

안식일

예수의 병 고치는 능력과 안식일에도 병 고치기를 주저하지 않으시는 태도^{막 3:1-6}가 원인이 되어 사람들은 그를 죽이려고 모의하게 된다.^{6절} 범법 행위는 치유에 관련된 것이 아니라 안식일과 관계된 것이다. 마가복음 2:23-28에서 이미 예수는 이 쟁점을 제기했으며, 분명히 안식일이 사람을 노예로 만드는 도구가 되어 버렸다고 생각했다. 안식일을 관장하고 거기서 이익을 얻는 사람들은 당연히 이에 반발하게 된다. 안식일은 사회의 안정을 나타내는 성스러운 표지였으며, 따라서 이 특별한 날에 이의를 제기하는 것은 곧 전체의 안정을 뒤흔드는 일이 된다. 사회 질서를 떠받치는 기능을 했던 안식일이 이제 자유, 곧 그 안정을 거부하는 자유를 논하는 자리로 바뀌었다.⁵

밥상 교제

예수는 버림받은 사람들과 기꺼이 어울려 식사했으며^{막 2:15-17}, 이 일은 사회의 근본 도덕을 뒤흔드는 일이었다. 버림받은 사람들이란 용인할 수 있는 것과 없는 것, 정결한 것과 부정한 것, 옳은 것과 그른 것을 규정한 법적 제도의 부산물이다. 옳음과 그름의 장벽을 무너뜨리는 일은 자비를 베풀어서 그릇된 자도 옳은 자 못지않은 자격이 있음을 인정해 주는 것이며, 일체의 중요한 구분을 파괴하는 것을 뜻한다.

치유와 귀신축출

예수의 예언자적 목회 가운데서 한층 더 독특한 요소가 치유와 귀신축출이다. 예수는 질병과 상실, 고뇌, 귀신들림으로 어려움 당하는 사람들을 만졌으며, 그러한 일들에 연관된 개인적·공동체적 실상을 폭로했다. 예수의 이러한 행위들은 모든 경계선을—배제가 아니라 끌어안음으로써—뛰어넘어, 사회가 불결하다고 판정한 사람들^{막 7:24-30}과

죄인들^{막 2:1-12}, 하나님께 벌을 받은 사람들^{요 9:1}에게까지 거침없이 베풀어진다는 점에서 볼 때 근원적 행위다. 이 이야기들과 예언자 엘리야와 엘리사의 이야기^{왕상 17장-왕하 10장} 사이에 존재하는 중요한 연결고리를 살펴보라. 복음서의 이야기와 마찬가지로, 엘리야와 엘리사의 이야기는 정치적·종교적 갈등과 왕권의 남용, 농민들의 착취가 행해지는 상황을 배경으로 삼아 언급된다. 예를 들어, 예수가 거라사에서 귀신들을 축출할 때 "군대"라고 언급한 일에 담겨 있는 정치적인 의미는 로마 군대가 지배하는 땅에 살았던 시골 사람들에게 분명하게 각인되었을 것이다.^{막 5:1-13 6} 이 모든 행위는 곧 하나님의 통치가 시작되고 있음을 보이는 표지다.^{마 4:23; 눅 7:18-23}

여성

예수가 자기 친족이 아닌 여성들과 공개적으로 교제한 일은 예의로 따지면 수치스러운 치부가 되며, 1세기의 성별 경계 구분에 대한 도전이었다. 예수는 사회적으로 소외된 여인들이 자기를 만지도록 허락했다.^{눅 7:36-50} 그는 사마리아 여인과 우물가에서 말을 나누었다.^{요 4:1-26} 그는 혈루증에 걸린 여인을 고쳐 주었다.^{막 5:25-34} 그리고 여러 여인들이 예수와 함께 갈릴리를 돌아다녔고 나아가 예루살렘까지 동행했다.^{막 15:40-41} 예수가 선포한 하나님의 통치와 그에 수반하는 치유, 식사, 공동체 형성은 남성에게만 허락된 일이 아니라 여성을 포괄하여 베풀어진 일이다.⁷

세금과 빚

복음서에서 예수는 자주 빚에 대해 언급했다. 이 점과 관련하여, 일용 노동자들은 무거운 세금 때문에 자기의 땅을 잃어버린 농민들[마 20:1-16]이라는 점을 생각해 볼 수 있다. 주기도문에 나오는 한 청원은 특별히 빚에 대해 서로 용서하는 일을 말하고 있는데[마 6:12; 눅 11:4], 이것은 은유로만 볼 일이 아니다. 또 세금 납부와 관련해서 예수가 한 수수께끼 같은 말[막 12:13-17; 눅 20:26]은 적어도 그가 세금에 저항한 사람이었다는 해석을 가능하게 해 준다.[눅 23:2] 예수가 이와 같은 정치 경제적인 문제에 관해 외쳤던 까닭은 갈릴리와 유대의 농민들에게 지워진 무거운 세금, 십일조, 사용료, 소작료, 압류 때문이었다.[8]

성전

마지막으로, 예수가 성전에 대해 보였던 태도[막 11:15-19; 요 2:18-22]는 가장 불길한 위협으로 받아들여졌다. 여기서 예수가 파괴에 대해 노골적으로 말했기 때문이다. 이 일을 통해 예수가 한 일은 교회와 국가에 대항하는 사람들의 생각을 대변한 것이었다. 게다가 성전에 관해 말하면서 예수는 예레미야의 성전 설교[렘 7:11]를 인용하는데, 파괴를 낳은 비판에 대한 쓰라린 기억을 되살리고 실제로 그 비판을 지금의 현실에서 다시 행하고 있다.[9] 예수는 성전을 비판함으로써 실은 선택 교리의 중심을 치고 들어간 것이다. 이 선택 교리는 시온 전승에 속하는 것으로 그 연원은 적어도 이사야 시대까지 거슬러 올라가며, 이 특별한 성소를 중심으로 형성된 특별한 백성에게 역사적 실존을 보장해 주는 역할을 담당했다. 이렇게 해서 예수는 이사야 속에 반영되어 있는 왕정 전승에 반대하여 예레미야의 비판 전승을 발전시켰다.[10]

위에서 살펴본 모든 행동은, 사회 관습을 위반한 예수의 다른 행동들과 더불어 "율법의 의"에 대한 철저한 비판을 이룬다. 예수 시대에 율법은 사회 지도자들, 그중에서도 행정가들보다는 종교인들이 도덕 뿐 아니라 도덕의 배후에 놓여 있는 정치 경제적인 가치 기준까지 효과적으로 통제하는 수단이 되어 버렸다. 따라서 "율법"에 대한 예수의 비판을, 바울식의 환원주의적 해석에서 흔히 주장하는 것처럼, 도덕론적 의미에서 "율법주의"를 공격한 것이었다고 깎아내려서는 안 된다. 바울과는 달리 예수가 비판했던 것은, 그분이 속했던 사회의 근본적인 사회 가치들이었다. 훗날 마르크스가 분명하게 밝혀낸 사실, 곧 율법이 경제와 정치의 현 분배 구조를 옹호해 주는 사회적 관습으로 전락할 수도 있다는 사실을 예수는 분명히 알았다.[11] 예레미야의 전승을 이어받은 예수는, 자기의 약속을 지키지 못할 뿐만 아니라 자기가 주겠노라고 주장했던 그 인간됨까지도 부정해 버린 그런 의식은 이제 종말에 이르렀다고 단호하게 선포한다. 언제나 그렇듯이, 예수가 실제로 그러한 해체를 일으킨 것인지 아니면 어쨌든 일어나게 되어 있는 일을 큰소리로 외쳤던 것인지는 판정하기가 쉽지 않다. 그러나 다른 예언자들과 마찬가지로 예수의 경우도, 말로 표현하는 행위는 곧 해체의 행위가 된다고 여겨져 왔다. 또한 이러한 의식 속에서 해체는 현실로 존재한다.

말이 나온 김에, 마태의 탄생 이야기와 더불어 성전 정화 이야기 속에서 언급되는 것이 예레미야 전승임을 밝혀 둔다. 게다가 마태 판본에 들어 있는 안식일에 일하는 이야기[마 12:5-6]와 마찬가지로, 죄인들과 식사하는 부분[마 9:10-13]에서는 호세아서 6:6이 인용된다. 가장 근원적이고 고뇌에 찬, 해체의 예언자들을 인용하고 있다는 점은 매우 중요하다.

긍휼

예수는 변두리 인생들과 연대를 이루고 그들을 불쌍히 여긴다. 근원적 비판이 겉으로 나타난 한 형태가 긍휼이다. 아픔은 심각하게 다루어야 할 문제요, 아픔이란 인간됨에 따르는 정상적이고 자연적인 조건이 아니라 인정해서는 안 되는 비정상적인 현상이라고 주장하는 것이 긍휼이기 때문이다. 고대 파라오의 제국과 마찬가지로 예수 당시의 "합법성"을 중요하게 여기는 체제에서는, 관계를 맺을 때 용납되지 않는 특성 중 하나가 긍휼이었다. 긍휼을 기초로 해서는 결코 제국을 세우거나 유지할 수 없다. 법 규범(사회 통제)은 개인에게 종속되지 않으며 오히려 개인이 규범을 따라야 한다. 그렇지 않으면 규범은 무너지게 되고 그와 함께 권력 체계도 붕괴되고 만다. 따라서 예수의 긍휼을 단순히 개인의 감정적 반응이라고 생각해서는 안 되고, 공적 비판, 곧 예수가 속했던 사회의 총체적 무감각 현상에 대해 그가 적극적으로 관심을 표시했던 행위로 보아야 한다. 제국을 유지하기 위해서는 백성이 무감각할 필요가 있다. 군국주의를 내세우는 제국은 전쟁의 대가로 생명이 희생되는 일에 사람들이 무감각하기를 원한다. 법인체 경제corporate economies는 빈곤과 착취라는 대가에 사람들이 무지하기를 원한다. 정부와 지배 계층은 무감각한 상태를 유지하기 위해서라면 무슨 짓이라도 저지른다. 예수는 긍휼을 가지고 이 무감각 속으로 뛰어들었으며, 긍휼을 수단으로 삼아 극히 일상적인 일이 되어 버린 이 기이하고 비정상적인 상태를 폭로하는 첫걸음을 내딛는다. 그러므로 얼핏 보면 관대하고 따뜻한 마음 정도로 보이는 긍휼이, 사실은 아픔을 낳는 체제와 권력과 이데올로기에 대한 비판이 된다. 예수는 이 아픔 속으로 뛰어들었고, 마침내 그 아픔을 자신의 몸으로 구현했다.

긍휼을 의미하는 독특한 그리스어 '스플랑크니조마이^{splagchnoisomai}'
(한글 성경에서는 "불쌍히 여기셨다"로 번역됨—옮긴이)는 애간장이 녹는
마음으로 다른 사람의 처지나 심정을 보듬어 주는 것을 의미한다.[12] 그
러므로 예수는 변두리 인생들이 느끼는 아픔을 자신의 인격과 삶 속
에 받아들임으로써 그들의 아픔을 체현했다. 그들의 아픔은 정상적인
삶의 영역 밖으로 밀려남으로써 생겨난 것이며, 예수는 그 비정상의
상황 속으로 들어가 그들과 함께한다. 아픔을 체현하는 그의 비판은
구체적으로 병든 자들에게 표현된다. "예수께서 배에서 내려서, 큰 무
리를 보시고, 그들을 **불쌍히 여기시고**, 그들 가운데서 앓는 사람들을 고
쳐 주셨다."^{마 14:14} 또 다음의 본문처럼 굶주린 사람들에게도 긍휼을 보
이신다.

> 예수께서 배에서 내려서 큰 무리를 보시고, 그들이 마치 목자 없는 양
> 과 같으므로, 그들을 **불쌍히 여기셨다.** 그래서 그들에게 여러 가지로
> 가르치기 시작하셨다.^{막 6:34}

> "저 무리가 나와 함께 있은 지가 벌써 사흘이나 되었는데, 먹을 것이
> 없으니 가엾다."^{막 8:2}

그리고 죽은 자를 슬퍼하는 사람에게도 보이신다.

> 예수께서 성문에 가까이 이르셨을 때에, 상여가 나오고 있었는데, 죽
> 은 사람은 그의 어머니의 외아들이고, 그 여자는 과부였다. 그런데 그

동네 많은 사람이 그 여자와 함께 상여를 뒤따르고 있었다. 주께서 그 여자를 보시고, 가엾게 여기시며 울지 말라고 하셨다.눅 7:12-13

다음으로 예수의 긍휼은 좀 더 의도적으로, 지치고 힘없는 모든 사람에게 확대된다.

예수께서는 모든 성읍과 마을을 두루 다니시면서, 유대 사람의 여러 회당에서 가르치며, 하늘 나라의 복음을 선포하며, 모든 질병과 모든 아픔을 고쳐 주셨다. 예수께서 무리를 보시고, 그들을 불쌍히 여기셨다. 그들은 마치 목자 없는 양과 같이, 고생에 지쳐서 기가 죽어 있었기 때문이다.마 9:35-36

마태는 마가가 음식 먹는 상황을 배경 삼아 한 말을 받아들여 이야기의 전환점에 배치하고는, 거기에다 "고생에 지쳐서 기가 죽어"라는 말을 첨가함으로써 그 말을 훨씬 더 일반적인 진술로 만들었다. 이 말에는 논쟁의 여지가 있는데, 그 까닭은 사람들은 제 스스로 지쳐 버리는 것이 아니라 지치도록 내몰리기 때문이다. 또 기가 죽었다는 말도 누군가 기를 죽이는 사람들이 있다는 사실을 전제로 한다. 이렇게 볼 때 마태의 판본이 훨씬 더 노골적이고 비판적이다. 게다가 마태는 이 본문에다 다음과 같은 단호한 심판의 진술을 더하고 있다. "추수할 것은 많은데, 일꾼이 적다. 그러므로 너희는 추수하는 주인에게 일꾼들을 그의 추수밭으로 보내시라고 청하여라."마 9:37-38 추수라는 이미지는 분명 해체하는 심판을 의미한다. "추수"와 "고생에 지쳐서 기가 죽어"라는 말을 병치함으로써 현 체제와 그 관리자들에게 경고하고 있다.

여기서도 근원적인 예언자 전승이 이어지고 있음을 볼 수 있다. 소외된 이들이 당하는 아픔을 나의 일로 품는 일은 특히 호세아서와 예레미야서에 나타난 애통의 전승을 따른 것이다. 호세아서에는 이러한 아픔의 내면화가 11:8-9에서 분명하게 드러난다. "나의 마음이 허락하지 않는구나! 너를 불쌍히 여기는 애정rehem이 나의 속에서 불길처럼 강하게 치솟아 오르는구나." 앞에서 말했듯이, 예레미야서에서도 이와 동일한 아픔의 내면화를 볼 수 있다. 이 두 예언자와 이들을 잇는 예수는, 지배적 왕권 문화가 그토록 열심히 억누르고 부정하고 덮어버리고자 애썼던 모든 아픔과 고통과 슬픔을 폭로하고 분명하게 드러냈다.

예수의 가르침 중에서 가장 잘 알려진 두 비유 속에 지금 논의중인 이 단어가 들어 있다는 사실은 의미심장하다. 첫째, 착한 사마리아 사람의 이야기에서 긍휼을 베푸는 이는 사마리아 사람이다.눅 10:33 13 둘째, 탕자의 이야기에서 긍휼을 품은 사람은 아버지다.눅 15:20 이 두 비유에서 각 주인공은 지배 의식을 비판할 수 있는 대안 의식을 구체적으로 보여준다. 사마리아 사람과 아버지는 모두 예수가 지배 문화에 대항했던 독특한 방식을 대변하며, 근원적인 위협으로 등장한다. 사마리아 사람은 자신의 행동을 통해, 소외된 사람을 무시하는 지배자들의 방식을 심판한다. 여기서 그냥 지나친 인물들은 지배 전통을 전하는 사람들이 분명한데, 이들은 무감각하고 관심도 없고 눈길도 주지 않는다. 사마리아 사람은 소외된 사람들을 철저하게 무시하는 옛 체제를 대신할 새로운 방식을 보여준다. 무감각 대신 긍휼을 내세우는 행위, 곧 냉소적인 무관심을 끝내고 고통에 관심을 갖기 시작하는 일은 사회적 혁명을 알리는 신호가 된다. 이와 비슷하게, 아버지도 받아들일 수 없는 아들을 서슴없이 끌어안는 행위를 통해 "율법의 의"를 심판하는데, 사회로 하여금 현 체제를 지탱하게 해 주고 사회에서 밀려난 사람들을 영원히 격리해 버리는 기능을 하는 것이 율법의 의다. 따라서 해체하는 근원적 비판이라는 점에서 볼 때, 이 두 이야기는 고통의 내면화와 외적 변혁을 결합하고 있다. 변두리로 밀려난 사람들과 아픔을 함께 나눌 수 있는 능력은, 철저히 무감각한 상태에 빠져서 고통 따위는 안중에 없는 모든 사회 체제에게 종말이 닥쳤음을 의미한다.

초대 교회는 예수를 대안 의식을 온전하게 구현한 분으로 기억하고 가르쳤다. 예수는 지배 문화로부터 배척당한 사람들의 아픔을 긍휼을 통해 구체적으로 드러냈으며, 이렇게 아픔을 구현하는 행위를 통해 지배 문화에 임한 파멸적 종말을 폭로하는 권세를 행사한다. 현 질서의 희생자들과 연대할 수 있는 능력이 긍휼이며, 지배 문화는 이 긍휼을 묵인하거나 받아들일 수 없다. 지배 문화가 자선과 선의善意는 통제할 수 있을지 모르나 고통과 슬픔을 나누며 연대하는 일은 막을 수 없다. 그러므로 능력과 경쟁으로 이루어지는 조직은 고통당하는 이들의 신음소리에 아파하는 사람들 앞에서 무력해진다. 이들은 또 자신의 탄식소리로 지배적 사회 세계가 종말을 맞았다고 선언하는 것이다. 제국 의식이 살아남기 위해서는 이러한 신음소리를 잠재우고, 나아가 아파하는 사람이나 신음소리 같은 것은 아예 없는 듯이 평상시처럼 일을 이끌어 가는 능력이 필요하다. 만일 신음소리가 새어 나오고 거리와 시장과 법정에서 탄식소리가 들리게 된다면, 지배 의식은 이미 위험한 상태에 이른 것이다. 따라서 이집트에서 들려온 신음소리는 사회적 혁신을 알리는 신호였다.출 2:23-25; 3:7 이와 비슷하게, 예수는 말문이 막혀 버린 바로 그 병자에게 목소리를 되찾아 줄 능력이 있었고, 그렇게 함으로써 새로움이 터져 나올 수 있었다. 새로움은 분명 고통을 표현하는 일로부터 시작된다.[14] 듣고 볼 수 있게 된 고난은 희망을 낳으며, 겉으로 표현된 애통은 새로움으로 들어가는 문이다. 예수의 역사는 고통으로 뛰어들어 그것을 분명한 목소리로 표현해 낸 역사인 것이다.

고통을 통해 구체화되는 예수의 근원적 비판은 그의 슬픔이 두드러지게 나타난 다른 두 본문에서도 살펴볼 수 있다. 이 두 본문은 하나로 묶어서 볼 필요가 있다. 첫 번째 본문은 나사로의 죽음을 다루는 이야기로, 여기서 예수는 죽은 자를 다시 살리는 능력 있는 치유자로 제시된다.요 11:1-57 바로 이 점이 이 이야기가 말하려고 하는 핵심 내용이다. 그런데 44절에 나오는 이 핵심 행위는 다른 두 요소에 의해 둘러싸여 있다. 그중 하나는, 예수가 슬퍼하는 상황에서 그의 능력이 증거된다는 사실이다.

> 예수께서는, 마리아가 우는 것과 함께 따라온 유대 사람들이 우는 것을 보시고, 마음이 비통하여 괴로워하셨다. 예수께서 "그를 어디에 두었느냐?" 하고 물으시니, 그들은 "주님, 와 보십시오" 하고 대답하였다. 예수께서 눈물을 흘리셨다.요 11:33-35

예수는 냉정하고 위엄 있는 주님이 아니라 형제자매의 고통을 이해하고 함께 나누는, 격정을 지닌 분이다. 예수가 눈물 흘리며 마음 깊이 느끼고 괴로워한다는 사실은 지배 문화와 놀라운 대조를 이룬다. 이것은 힘 있는 자의 태도가 아니며, 확고하게 사회를 통제하려고 애쓰는 사람들에게서 볼 수 있는 모습도 아니다. 그러나 이 장면에 나오는 예수는 사회를 통제하는 것이 아니라 죽음의 권력을 해체하고 있으며, 그곳에 존재하는 고통과 슬픔, 곧 지배 사회가 인정하지 않는 그 고통과 애통에 자기 자신을 내어맡김으로써 죽음의 권력을 무너뜨리고 있다.

여기서 잠깐 논의에서 벗어나 누가복음 16:19-31에 나오는, 전혀 무관한 다른 나사로 이야기를 살펴보자. 나사로는 부자와 완전히 대조되는 인물로 등장한다. 대조되는 여러 사항 중에서 특히 부자의 무감각과 나사로의 고통이 두드러진 대조를 이룬다.

> 어떤 부자가 있었는데, 그는 자색 옷과 고운 베옷을 입고, 날마다 즐겁고 호화롭게 살았다. 그런데 그 집 대문 앞에는 나사로라 하는 거지 하나가 헌데투성이 몸으로 누워서, 그 부자의 상에서 떨어지는 부스러기로 배를 채우려고 하였다. 개들까지도 와서, 그의 헌데를 핥았다. ^{눅 16:19-21}

여러 면에서 대조가 이루어지는 것을 볼 수 있다. 그러나 이 이야기가 주장하는 것은 무엇보다도 재산과 사회적 지위로 인해 무감각해진 부자에게는 미래가 없다는 점이요, 그에게 남아 있는 것은 종말뿐이라는 사실이다. 이와는 달리, 재산이라든가 사회적 지위와는 거리가 먼 가난한 사람 나사로는 애통과 고통으로 둘러싸인다. 그런데 예수는 이 사람이 미래를 소유한 사람이라고 말한다. 이 책의 논점에서 보면, 이러한 대조는 현재에 대해서는 많이 알고 있으나 미래는 전혀 모르는 무감각한 사람과, 아버지 하나님으로부터 새로움을 허락받은 고난 당하는 사람에 관한 것이다.

나사로가 다시 살아나는 요한복음의 이야기에서 우리는 다른 사람의 슬픔을 함께 나누는 예수의 깊은 긍휼에 대해 살펴보았다. 또 죽은 사람을 살리는 그의 강력한 행위도 살펴보았는데, 다른 이의 비통 속으로 들어갈 수 있는 예수의 능력이 그러한 행위의 전제 조건이 된다. 다음으로 살펴볼 또 한 가지 요소는, 뒤집어엎는 예수의 능력이 옛 질서의 통치자들로부터 즉각적이고 예리한 적개심을 불러왔다는 점이다.

> 그래서 대제사장들과 바리새파 사람들은 의회를 소집하여 말하였다. "이 사람이 표적을 많이 나타내고 있으니, 어떻게 하면 좋겠습니까?"……대제사장들과 바리새파 사람들은 예수를 잡으려고, 누구든지 그가 있는 곳을 알거든 알려 달라는 명령을 내려 두었다.요 11:47, 57

예수는 이적을 행하며, 대안을 약속하고, 새로움을 일으킨다. 그의 약속이 옛 질서에 위협으로 여겨지는 것은 당연하다. 예수는 현 상황 속으로 새로움을 끌어들이나, 이것은 오직 그의 애통을 통해서만 이루어진다. 고뇌를 구체적으로 표현한 애통이 새로움으로 나가는 통로가 된다고 본 것은, 이 이야기를 심리학적으로 설명하는 것이 아니라 이 이야기의 본래적 의미다. 새로움을 원치 않는 옛 질서는 애통을 부정함으로써 새로움이 도래하는 것을 차단한다. 애통을 통해 옛 질서의 죽음을 인정하거나 구체화하지 않는 한, 옛 질서는 죽은 상태로나마 한동안 더 이어질 수도 있을 것이다.

예수의 뜨거운 울음을 보여주는 두 번째 본문은 예루살렘을 위해 눈물 흘린 이야기로, 여기서 예수의 울음은 격정과 권세 있는 행위로 드러난다.

예수께서 예루살렘 가까이에 오셔서, 그 도시를 보시고, 눈물을 흘리시며, 이렇게 말씀하셨다. "오늘 네가 평화의 길을 알았더라면 얼마나 좋았겠느냐! 그러나 지금 너는 그 길을 보지 못하는구나."^{눅 19:41-42}

여기서 흘리는 눈물은 하나님께서 사랑하시는 도시 예루살렘을 위해 흘리는 눈물이다. 예수가 예루살렘을 위해 흘리는 눈물은 나사로를 위해 흘린 눈물처럼 죽음에 대한 고뇌를 함께 나누는 행위다. 차이가 있다면 나사로가 죽은 사실은 모든 사람이 알았고, 예수께서 그를 새 생명으로 인도했다는 점이다. 나사로를 위해 애통하는 일은 끝났다. 이에 반해 사람들은 모두 예루살렘이 살아 있다고 생각했으나, 예수는 이 도시의 죽음을 슬퍼했다. 예루살렘이 무감각의 주된 후원자요 예루살렘의 삶 자체가 애통에 대한 부정이라는 점에서 볼 때, 이 도시를 위해 애통하는 일은 참으로 역설적이다. 정말이지 예루살렘의 지배자들은 종말을 인정하고 싶지 않았고 인정할 수도 없었으며, 그런 까닭에 애통하는 일이 일어나지 않도록 막으려고 애썼다. 예레미야와 마찬가지로 예수가 애통하는 까닭은, 이 언약의 보금자리가 무너지고 종말을 맞았기 때문이다(눅 19:43은 렘 6:6을 연상하게 한다는 점을 염두에 두라). 그러므로 위에 인용한 예수의 말은 파괴를 지적하는 말이 된다. 이 본문에 대응하는 마태의 문헌을 보면, 예루살렘에 대해 슬퍼하기에 앞서서 일련의 화^禍가 언급되고 있으나^{마 23:13-33}, 이 화도 역시 동일한 목적, 곧 죽음에 대한 애통을 선언하는 역할을 한다.[15]

예수의 긍휼은 두 측면을 지닌다. 우선, 예수의 긍휼은 지배 문화에 대한 정면 공격이다. 사람들 대부분이 옛 세상과 옛 도시가 죽었다는 사실을 미처 알지 못하는 때에 예수는 그 죽음에 대해 슬퍼한다. 그 누구도 더 이상 이 도시를 사랑하지 않는 까닭에 그의 비판은 분노가 아니라 파토스로 이루어진다. 그럼에도 불구하고, 일찌감치 예수는 자신이 예루살렘의 수중에서 죽게 되리라는 사실을 깨달았고, 그렇기에 자신의 사명이 예루살렘의 지배 문화와 치명적인 갈등을 일으킬 수밖에 없다는 점을 알았다.

예수의 긍휼은 죽음에 굴복한 일을 비판하는 데서 끝나지 않는다. 예수의 비판과 연대 행위를 통하여 그의 변혁하는 권세가 분명하게 드러나는 까닭이다. 그래서 자기 백성이 당한 죽음을 끌어안는 예수의 행위는 나사로가 다시 사는 일로 이어지고, 사람들이 치유되고 무리가 음식을 먹으며, 사람들이 위로받고 집 나간 아들이 용서받으며, 고생에 지쳐서 기가 죽은 사람들에게 복음이 선포되는 일로 이어진다. 예수의 격렬한 비판은 대안적인 시작의 가능성을 보여주며 나아가 그 시작을 열어 준다.

예수의 십자가 처형

예수의 십자가 처형은 왕권 의식에 대한 결정적 비판이 된다. 예수의 십자가 처형이 자유주의에서 그럴듯하게 설명하는 것처럼 고매한 사람의 희생이라고 이해해서는 안 된다. 또 그 사건에 너무 성급하게 제의적이고 중보적인 속죄 이론을 갖다 붙여도 안 된다. 오히려 우리는 예수의 십자가 사건 속에서 예언자적 비판의 궁극적 행위를 볼 수 있어야 한다. 그 행위를 통해 예수는 죽음의 세상이 종말에 이르렀음을 선포하면서(예레미야의 선포와 동일한 선포) 죽음을 자신의 인격으로 끌어안는다. 그러므로 우리는 궁극적 비판이란, 하나님께서 당신의 백성이 당해야 할 죽음을 끌어안으신 것이라고 말한다.[16] 비판은 대항하여 맞서는 일이 아니라 함께 서는 일이다. 궁극적 비판이란, 의기양양한 분노로 가득 찬 비판이 아니라 격정과 긍휼로 이루어지는 비판이다. 이러한 비판이야말로, 능력과 경쟁으로 이루어진 세상을 완벽하고 철저하게 무너뜨릴 수 있다. **무감각한 예루살렘 한가운데 우뚝 선 격정적인 사람**, 이처럼 뚜렷하고 완벽하게 대조가 드러난다. 그리고 격정만이 무감각을 궁극적으로 꿰뚫을 수 있다.

수난 고지

십자가 처형에서 구체화된 근원적 비판은 마가복음에 나오는 "수난 고지" 속에서도 찾아볼 수 있다.

> 그리고 예수께서는, 인자가 반드시 많은 고난을 받고, 장로들과 대제사장들과 율법학자들에게 배척을 받아, 죽임을 당하고서, 사흘 뒤에 살아나야 한다는 것을 그들에게 가르치기 시작하셨다.[막 8:31]

> "인자가 사람들의 손에 넘어가고, 사람들이 그를 죽이고, 그가 죽임을 당하고 나서, 사흘 뒤에 살아날 것이다."[막 9:31]

> "보아라, 우리는 예루살렘으로 올라가고 있다. 인자가 대제사장들과 율법학자들의 손에 넘어갈 것이다. 그들은 인자에게 사형을 선고하고, 이방 사람들에게 넘겨 줄 것이다. 그리고 이방 사람들은 인자를 조롱하고 침 뱉고 채찍질하고 죽일 것이다. 그러나 그는 사흘 뒤에 살아날 것이다."[막 10:33-34]

하나님의 능력이 죽음의 모양으로 나타나고 진정한 행복과 승리는 죽음을 통해서만 허락된다고 선언하는 이 진술만큼 근원적인 비판도 없다. 이렇게 이 예수의 말은, 겉보기에는 힘이 있어 보이는 모든 것이 실제로는 아무 힘도 없다고 선언함으로써 지배적인 권력 이론들을 무너뜨린다. 따라서 예수의 수난 고지는 왕권 의식을 떠받치고 자기유지에만 관심을 갖는 모든 권력 형태에 대해 결정적인 타격을 가한다. 인자가 고난당해야 한다고 말하는, 인자 대 고난이라는 공식은 이 세상이 용납하기에 너무 벅차다. 그 이유는 궁극적 권력을 뜻하는 "인자"라는 구절이 죽음에 이르는 고난을 술어로 삼고 있기 때문이다. 모세의 역사에서는 이와 어울리는 대응부를 전혀 찾아볼 수 없다. 모세는 결코 이런 식으로 말하거나 행동하지 않는다. 그러나 우리는 여기서 잠시 멈추고 그 둘 사이의 중요한 연속성을 살펴볼 필요가 있다. 모세 역시 제국의 현실이 내세우는 주장을 거부하고 공의와 자유의 하나님을 전적으로 신뢰함으로써, 제국을 해체하고 그 제국이 참된 권력이 아님을 선언했다.^{출 8:18} 양쪽 모두 자격이 없는 하나님께 호소함으로써 지배 권력을 해체하는 방식을 보여준다.

예수가 수난에 관해 한 말이 왕권 의식에 대한 궁극적 비판이 된다는 사실은 믿는 자들의 반응에서도 분명하게 드러난다. 첫째, 교회를 대표하는 베드로는 그 비판이 너무 근원적(급진적)이라고 보아 거부하며 그래서 호되게 책망을 받는다.^{막 8:32-33} 둘째, 제자들은 깨닫지 못했고 묻기조차 두려워한다.^{막 9:32} 셋째, 제자들의 반응은 뻔뻔스럽게도 자기들의 권력과 권위를 놓고 다투는 것으로 나타나는데, 이는 그들이 전혀 이해하지 못했다는 사실을 보여준다.^{막 10:35-37} 예수의 비판은 제국의 지배자뿐만 아니라 그를 따르는 사람들에게도 너무나 근원적

(급진적)이다. 그러한 극단적 비판을 쉽게 받아들일 사람은 없다.

십자가 위에서 한 말

다양한 전승을 통해 전해진, 십자가 위에서 예수가 한 말들은 대안 의식을 담고 있다. 자기 원수들의 용서를 구하고 있는 첫째 청원은, 지배 문화의 광기를 폭로한다는 점에서 비판의 행동이 된다.[눅 23:34] 예수는 방금 자기에게 형을 선고한 그 세상을 편들어 그들이 **제정신이 아니라고 변호**하고 있다. 여기서 폴 레만[Paul Lehmann]의 뛰어난 해석을 인용할 필요가 있다.[17] 그에 따르면, 빌라도 앞에서 이루어진 재판에서 실제로 심판 받은 이는 예수가 아니라 빌라도이다. 따라서 십자가 위에서 예수가 부르짖은 외침은, 피고(옛 질서)가 미쳤기 때문에 형벌을 면제한다는 (재판장의) 판결로 볼 수 있다.

둘째, 예수의 절망적인 부르짖음은 **버림받음의 선언이다.**[막 15:34] 지금까지 존재해 온 의미 체계 전체가 무너져 버렸으며, 새롭고 위험한 신앙의 상황이 열렸다.[18] 이렇게 해서 예수는 자기가 한 비판의 결과를 경험하고 있으며, 의미를 밝혀 주고 보증해 주었던 옛 방식은 완전히 사라져 버렸다.[19]

셋째, 궁극적 비판은 순종으로 끝난다.[눅 23:46] 순종은 경쟁과 통제로 이루어지는 세상에서는 생각할 수조차 없는 일이다. 그러므로 예수는 그렇게 통제된 세상을 향해, 지배적 방식을 완전히 뒤엎는 새로운 신앙의 방식을 소개하는 것이다.

마지막으로, 예수의 낙원 선언은 그를 죽인 세상을 불법화하는 말이다.[눅 23:43] 여기서 예수는 **전혀 다른 가치 체계**에 의거해 말한다. 죄인으로 지명된 사람이 낙원으로 들어가고, 버림받은 사람이 환대를 받는다. 예수는 새로운 말과 행동을 통해 이제 전혀 다른 방식이 효력을 발휘하고 있음을 공포한다. 그의 말은 옛 방식이 무효임을 선언하는 최종 판결이다.

예수가 십자가 위에서 한 이 말들로부터 너무 많은 것을 끌어내려고 해서는 안 된다. 이 말들은 서로 독립된 것이요, 또 예전 역사의 한 부분인 전승사 속에서 나름대로 복잡한 과정을 거쳐 발전해 온 것이기 때문이다. 그럼에도 이 말들을 하나로 묶어서 보면 예수를 고발한 사람들의 주장을 완벽하게 반박하는 진술이 이루어진다. 이러한 진술들(광기에 대한 변호, 버림받음의 부르짖음, 순종의 탄식, 새로운 자비의 길에 대한 선언)은 이제 종말에 이른 세상을 반박하는 것이다. 옛 질서가 사실은 통제라는 가면을 쓴 광기요, 지속적인 복지에 대한 거짓 보증이며, 지배하려고 애쓰나 전혀 복종을 끌어내지 못하는 허망한 몸부림이자 나아가 잔혹한 응징 체제일 뿐이라는 사실이 드러난다. 따라서 예수가 한 말들은 제각각 옛 방식 전체에 이의를 제기하는 대안이 된다. 예수의 수난 이야기는 예언자적 비판을 위한 터전을 제공한다. 그것은 또한 사순절 기간의 참회에 대한 새로운 방식을 암시한다.

기독론적 찬양

생명이 죽음의 형태로 나타나고 권력이 고난의 모습으로 드러난다고 말하는 이러한 신학 전통을 지배 문화가 받아들이거나 인정하기는 어렵다. 마가가 이야기하고 바울이 다듬은 십자가 신학에는 이러한 대안적인 사고가 분명하게 나타난다. 여러 본문을 인용할 수 있겠으나, 여기서는 바울이 사용한 고대의 찬양을 살펴본다.

예수 그리스도,

그분은 하나님의 모습을 지니셨으나,

하나님과 동등함을

당연하게 생각하지 않으시고,

오히려 자기를 비워서

종의 모습을 취하시고,

사람과 같이 되셨습니다.

그는 사람의 모양으로 나타나셔서,

자기를 낮추시고,

죽기까지 순종하셨으니,

곧 십자가에 죽기까지 하셨습니다.

그러므로 하나님께서는 그를 지극히 높이시고,

모든 이름 위에 뛰어난 이름을

그에게 주셨습니다.

그리하여 하나님께서,

하늘과 땅 위와 땅 아래에 있는 이들 모두가

예수의 이름 앞에 무릎을 꿇게 하시고,

모두가 예수 그리스도는 주님이시라고

고백하게 하셔서,

하나님 아버지께 영광을 돌리게 하셨습니다. 빌 2:5-11 [20]

근원적 비판을 이루는 이 전승은 자기를 내어주는 예수의 비움, 지배권을 포기함으로써 다스림, 자기비움을 통해서만 이루어지는 완성에 관해 말한다. 이 비움은 자기를 부정하는 명상과는 관계가 없다. 이 비움은 권력의 자발적인 포기와 관련된 철저히 정치적인 이미지이기 때문이다. 또 이것은 왕들이 자신의 지위를 보존한 채 실천할 수 있는 일도 아니다. 이렇게 해서 왕의 자기의식 전체에 비판이 가해진다. 복종하기 위해 자발적으로 권력을 포기하고 모든 것을 비운 이분은, 다른 누구도 감히 엄두도 못 낼 권위를 가지고 인간다움을 허락하는 최상의 권력자다.

정의와 긍휼의 정치

십자가 처형은 신앙의 역사 속에 등장한 결정적인 사건이기는 하지만 결코 뜻밖의 사건은 아니다. 오히려 십자가 처형은 모세가 파라오와 맞서 싸운 이래로, 예언자적 전통에서 지속적으로 주장하고 실천해 온 해체를 완벽하게 성취한 사건이다. 모세와 마찬가지로 예수는 정의와 긍휼의 정치를 무기 삼아 억압의 정치에 맞서 싸웠으며, 그것이 바로 그의 목회와 죽음이다. 모세처럼 예수도 하나님의 자유, 곧 당신의 뜻대로 생명을 베푸시고 죽음에 대해서도 당신의 뜻을 이루시는 그 자유를 무기 삼아 하나님을 포로로 삼은 종교에 대항해 싸웠으며, 그것이 바로 그의 목회와 죽음이다.

십자가는 모든 사람을 죽음으로 이끄는 옛 의식의 종말을 의미하며, 그런 까닭에 십자가는 예언자적 비판을 나타내는 궁극적 은유다. 십자가 처형은 하나님의 오묘한 자유, 낯선 정의, 독특한 능력을 분명히 보여준다. 옛 시대의 권력을 파괴하여 죽음에 이르게 하는 것이 바로 이 자유(하나님의 자유의 종교)와 정의(나눔의 경제)와 권세(정의의 정치)다. 십자가가 없다면, 예언자적 상상력은 자기가 비판하는 대상과 마찬가지로 귀에 거슬리고 파괴적인 것이 되어 버린다. 예언자적 비판이 방관자에 의해 이루어지는 것이 아니라 슬픔을 끌어안고 죽음 속으로 뛰어들고, 나아가 비판당하는 사람의 고통을 이해하는 사람에 의해 올바로 이루어진다는 것을 보증해 주는 것이 바로 십자가다.

예언자적 비판의 목표는 자기 고유의 수사법과 인식 이론을 갖춘 대안 의식을 창조하는 데 있다. 비판이 피상적이고 겉핥기식으로 끝나지 않으려면 대안 의식은 십자가와 연결되어야 한다. 더글러스 존 홀 Douglas John Hall은 우리가 이 문제를 어떻게 생각해야 하는지 연구했다. 그는 비판이 창조적이기 위해서는 윤리적인 면에서 적절해야 하고, 우리 자신이 먼저 부정성을 받아들이고 나서 이루어져야 한다고 주장했다.[21] 그럴 때에야 예언자적 비판은 경솔하게 대안을 제시하지 않으며, 확실성을 과장해 떠들어대지도 않으며, 구속적인redemptive 사회 정책을 제시하지 않게 된다. 예언자적 비판은 애통하는 사람만이 위로받을 수 있음을 알며, 따라서 몰락하는 이 세상을 위해 어떻게 하면 진지하고 신실하게 애통할 수 있는지를 먼저 묻는다. 예수는 예레미야가 그렇게 통렬하게 느꼈던 고뇌를 이해했고 몸으로 구현했다.

6장

나사렛 예수의 활성화와 경탄

대안 의식을 지닌 대안 공동체를 세우는 목적은, 지배 공동체를 비판하여 완벽하게 해체하는 것이다. 그러나 대안 공동체의 목적으로서 해체보다 더 중요한 일은 새로운 인간적인 시작을 열어 주는 데 있다. 모세가 행한 사역 중 첫째가는 일이, 하나님의 자유의 종교와 정의와 긍휼의 정치를 통해 새로운 인간적인 시작을 여는 일이었다.

앞에서 제2이사야의 작품을 살펴보면서 우리는 두 가지 사실을 확인했다. 첫째, 버림받은 포로 시대 공동체는 새로운 시작의 가능성을 알거나 믿지 못했기에 절망에 빠졌다는 점이다. 둘째, 그 절망에서 벗어나는 길은 희망을 공개적으로 표현하는 방법뿐이었다는 사실이다. 포로기 이전의 공동체가 무감각에 빠져 있었듯이, 포로 시대의 공동체는 절망에 사로잡혀 있었다. 포로기 이전의 예언자(예레미야)가 애통을 공적으로 표시함으로써 무감각을 꿰뚫었듯이, 포로기의 예언자(제2이사야)는 희망을 공적으로 표시함으로써 그 절망을 뚫고 나갔다. 예레미야는 애통이 궁극적 비판이 된다고 가르쳤으며, 제2이사야는 주권적이고 은혜로운 자유의 하나님께서 이제 새로운 역사를 시작하셨다는 사실을 이스라엘에게 알렸다. 만일 우리가 예언자적 활성화를 이해하려 한다면, 그것을 특징짓는 어법이 낙관주의가 아니라 희망이라는 사실을 알아야 한다.[1] 이 어법의 목적은 공동체로 하여금 모든 것이 무너져 버린 데서 오는 공동체의 절망을 뛰어넘어 경탄을 경험하도록 해 주는 데 있다.

예언 전승 속에서 활력이 최고로 나타난 일에 대해 말하게 될 때 우리가 필연적으로 만나게 되는 이가, 바로 나사렛 예수다. 앞에서 우리는, 나사렛 예수가 말과 행동, 특히 십자가 처형을 통해 왕권 의식을 해체했으며, 그의 공동체에게 그 해체를 슬퍼하라고 요구했다는 점을 살펴보았다. 그러나 예수의 사역에서 핵심은 해체가 아니라, 그와 대응부를 이루는 새로움을 이끌어 들이는 일이었다. 예수의 상상력과 행위는 기존의 확고한 사실과는 달랐으며, 그가 만나는 모든 사람으로부터 의심과 저항을 불러왔다. 사람들이 냉혹한 현재가 마지막이자 유일하게 가능한 실존 상태라고 믿고 있을 때에 이 궁극적 활성화는 그들에게 미래를 열어 주었다. 아무도 믿지 않는 이 새 미래가 열렸을 때 사람들이 보인 반응은 놀라운 경탄이었다. 이 미래는 기존의 사실에서 도출하거나 거기에 비추어 추정해서는 제대로 알 수 없다. 그것은 인간의 이해력을 넘어서고[빌 4:7] 인간이 통제할 수도 없는 것이기 때문이다.

이처럼 다른 것에서 도출되지도 않고 추정되지도 않는 새로움을 제시하는 것이 예언자로 살려고 하는 모든 사람에게 주어지는 과제다. 또한 예언자들은, 우리가 새로움을 기대할 수 있는 이유는 하나님께서 참 하나님이시며 약속하신 새로움을 반드시 이루시는 분이시기 때문이라는 사실도 분명하게 말해야 한다. 따라서 이번 장의 논의를 간단히 정리하면, 나사렛 예수는 예언자 전승을 대표하고 완성한 인물이라고 할 수 있다. 예수는 하나님께서 허락하신 새로움을 공적으로 선포했다. 그의 사역과 인격에 대해 사람들이 보인 반응은 경탄이다. 우리 역사로부터 추정되지 않는 일이 존재한다는 것이 놀라운 일이기 때문이다. 이러한 경탄으로부터 활력이 주어지며, 이러한 활력만이 새로움을 가능하게 한다.

예수의 탄생

예수의 탄생은 특히 누가에 의해 새로운 사회 현실로 향하는 결정적인 활성화로 제시되고 있다. 초대 교회는 자신들의 예수 이야기를 어떤 식으로 시작할 것인지를 놓고 고심했음이 분명하다. 그 시작에는 말로 설명하기 어려운 새로움이 들어 있으며, 말로 표현한다면 새 일의 실재와 맞아떨어져야 하기 때문에, 시작은 아주 정확해야 한다. 그래서 예수의 탄생은 그 시대의 통치자들과 대립하는 천사들의 노래를 통해 알려진다. 통치자들은 인구조사를 명했고 그 일에 필요한 모든 행정 절차를 동원했다. 그러나 인구조사는 결코 활력이나 새로움을 주지 못했다.[2] 하나님으로부터 온 새 인물은 숫자로 파악될 리도 없고, 그렇게 되어서도 안 된다. 인구조사라는 엄격하고 억압적인 조치는 천사들이 새 왕을 위해 부르는, 예정에도 없었고 기존의 것에서 추정되지도 않는 새 노래에 의해 꿰뚫어진다. 이 새로운 이야기를 시작하는 데는 하나님으로부터 권한을 위임받은 천사들이 부르는 노래 외에 다른 방도가 없다. 서정시의 어법 자체가 폐쇄적인 왕의 산문을 꿰뚫고 들어가는 힘을 지닌다. 시작은 포고령과는 상충하는 노래로 이루어진다. 옛 역사는 모두 포고령에 의해 이루어졌으나 새로운 역사는 전혀 다른 방식으로 시작된다. 새 왕의 탄생은 하늘과 이 땅 위에서 전혀 다른 식으로 열리는 새로운 시작을 알리는 표지다. 이와 같이 누가의 판본은 제2이사야의 기법, 곧 대관식 양식과 새 왕을 찬양하는 새 노래라는 기법을 따르고 있다. 로마는 예측하지 못했고 헤롯은 막을 수 없었던 이 새 왕의 탄생으로 말미암아 다른 역사가 시작되었으며, 이 역사는 모든 왕권적인 옛 역사의 종말을 의미한다. 이 새 왕의 탄생은 독특하게도 옛 부채에서 면제되는 희년, 옛 죄를 용서받는 사면, 다시 시작하는 자유 운동을 나타낸다.^{눅4:18-19}

새로운 서정시로 노래하는 이 시작은 그것을 받을 자격이 있는 사람들, 곧 사회의 변두리에 위치한 사람들인 목자들에게 알려진다. 인구조사를 집행하는 사람들 중에서 그 서정시를 들은 사람이 있다는 암시는 어디서도 발견되지 않는다. 그들은 그저 계속해서 숫자를 세고 모든 숫자를 정리하고 합산하는 일에나 관심을 가질 뿐이다. 이 시작은 옛 질서를 지배하는 사람들의 손에는 허락되지 않는다. 반대로 이 시작은 옛 질서의 희생자들로부터 나온다. 아이를 낳지 못하는 늙은 여인(엘리사벳), 결백하지만 믿음으로 행한 젊은 여인(마리아), 말문이 막혀 버린 늙은 남자(사가랴), 그리고 사회에서 버림받은 사람들(목자들) 가운데서 시작이 이루어진다. 이 사람들은 깊은 슬픔을 알았던 사람들이기에 경탄을 체험하는 기회를 누린다. 이렇게 경탄은 이런 사람들 가운데서 일어나고, 죽음을 애통할 줄 모르는 옛 시대의 사람들 가운데서는 발생하지 않았다.

이렇게 선포되고 사람들에게 드러난 새로움은 옛 범주들에 끼워 맞출 수 있는 일이 아니다. 옛 범주들은 이제 완전히 무너져 버렸기 때문이다. 따라서 왕들이 좋아하는 방식대로, 이 사건을 범주화하기란 쉽지가 않다. 옛날이든 오늘날이든, 이 사건은 왕이 내세우는 합리성의 틀에 가둘 수가 없다. 반대로 이 사건은 경탄하게 만들고 놀라게 하며 깊은 생각에 빠지게 만든다. 목자들은 감동하여 찬양하며^{눅 2:20}, 마리아는 깊은 생각에 잠기고^{눅 2:19}, 다른 사람들은 놀라워한다.^{눅 2:18} 예수 탄생 사건은 예상을 뛰어넘는 일이며 그 어떤 인습적인 틀로도 파악할 수 없는 일인 까닭에, 찬양과 숙고와 놀람의 반응이 이 사건에 딱 어울린다. 바로 여기서 비판은 시작된다. 이 사건 속에서 옛 통치자들은 암묵적으로 해체되고 또 그들이 새로운 미래로 나아갈 길도 막혀 버리기 때문이다. 새로움은 시작되었고, 이것은 희생당한 사람들에게 허락된다. 옛 왕들의 지배 아래서 신음하던 모든 사람이 이 새로움에 참여하도록 초청받는다.

예수의 탄생 속에 나타난 활성화의 능력은 누가의 탄생 이야기를 둘러싸고 있는 시와 노래 속에서도 분명하게 드러난다. 모든 약속이 다 헛된 것이었다고 여겨지는 바로 그때, 이 노래는 약속이 성취되었음을 노래한다. 이것이 복음이 지니는 활력의 특징적인 모습이다. 우리가 보기에는 분명 약속은 잊혀졌고 헛것이 되었는데, 바로 그때 약속이 응답되고 있다. 이와 같이 '마리아의 노래^{the Magnificat}'^{눅 1:46-55}는 모든 것이 불가능해 보이는 그 순간에 인간의 운명에서 일어난 믿기지 않는 역전을 노래한다. "하나님께는 불가능한 일이 없다."^{37절} 사가랴가 응답하여 부른 노래^{눅 1:68-79}는 뒤늦게 주어진 그러나 아주 늦지는 않은 새 가능성, 곧 구원·죄사함·자비·빛·평화의 가능성을 노래한다. 옛 질서가 남겨 놓은 것은 노예의 삶·죄·심판·어두움·직개심뿐이며, 이것을 어떻게 바꾸어야 하는지 아는 사람도 없다. 이때 할 수 있는 일은 설명하는 것이 아니라 노래하는 것이다. 노래는 왕의 논리를 꿰뚫고 들어갈 수가 있기 때문이다. 왕이 주지도 못하고 막을 수도 없는 활력을 끌어내는 것이 노래다. 변혁은 확고하게 이루어진다. 희망을 잃어 오랫동안 말문이 막혔던 이들이 다시 노래를 부른다.[3] 예수를 통해 이루어진 새로움은 설명 가능한 일이 아니다. 설명한다는 것은 왕의 옛 범주들 속에 강제로 집어넣으려는 것이기 때문이다. 어쨌든 활력을 일으키는 희망은 설명과 이해에 능숙하지 못한 이런 사람들에게 주어진다. 자기들로서는 설명할 수도 이해할 수도 없는 놀라운 일들을 기꺼이 받아들이려는 사람들에게 희망은 허락된다.

예수의 목회

예수의 목회란 아무것도 가능해 보이지 않는 바로 그때에 근원적 시작을 열어 주는 활성화다. 이 목회가 다른 모든 일을 결정짓는 중심이며, 성경의 이야기는 모두 이 목회와 관련된다. 정말이지 탄생 이야기가 언급되는 까닭도 예수의 목회와 관계가 있기 때문이다. 탄생은 희망만을 담고 있으나, 목회는 그 희망의 가능성이 절망의 세상 속에서 온전히 이루어지는 자리가 된다. 사람들은 예수를 인격에서 전혀 다른 모습을 보여준 분이라고 믿고 주장했다. 그의 언행에 거친 면이 없지 않았으나 마음을 열고 받아들인 사람들, 은사를 기꺼이 받아들이고 재규정된 현실을 따르는 사람들은 그런 거친 면에 개의치 않았다. 아니, 그들에게는 그 점이 전혀 거칠지가 않았다. 그것은 그들이 보기에 이미 오래전에 죽어 버린 옛 질서에게나 거친 것이기 때문이다.

사람들은 삶이 놀랍고도 설명 불가능할 정도로 변화되는 것을 경험했다. 이 변화는 제대로 된 수단에 의해 이루어진 것이 아니다. 예수가 이루어 낸 결과가 합리성을 뛰어넘듯이 그가 사용한 수단도 적절한 이치를 위배하는 것이었기 때문이다. (결과와 마찬가지로 수단도 물의를 일으킨다.) 기이한 새로움은 왕의 재가와는 상관없이 발생했으며, 또 왕의 통제하에 일들이 이루어지는 방식과는 전혀 다른 식으로 일어났다.

누가는 특히 예수의 행위가 사회의 변두리로 밀려난 희생자들 가운데서 일어났다는 점을 눈여겨본다. 마가는 굳은 마음이 예수의 사역을 방해할 수 있다는 점과, 나아가 믿음이 없는 곳에서는 예수가 활력을 줄 수 없다는 사실에 더 큰 관심을 기울인다(막 6:5-6). 새롭게 활력을 불어넣는 일에 저항하는 것이 가능했다. 그러나 많은 사람들은 그 일을 기꺼이 받아들였으며 그것에 저항할 필요를 느끼지 않았다. 이 운동 전체는 다음과 같이 아주 간단하게 요약된다.

> "눈먼 사람이 보고, 다리 저는 사람이 걷고, 나병환자가 깨끗해지고, 귀먹은 사람이 듣고, 죽은 사람이 살아나고, 가난한 사람이 복음을 듣는다." ^{눅 7:22}

이어서 반응이 나온다. 옛것을 소중히 여기는 사람들은 당연히 저항했다.

> 대제사장들과 율법학자들과 백성의 우두머리들이 예수를 없애 버리려고 꾀하고 있었으나. ^{눅 19:47}

> 바리새파 사람들은 바깥으로 나가서, 곧바로 헤롯 당원들과 함께 예

수를 없앨 모의를 하였다.^{막 3:6}

예루살렘에서 내려온 율법학자들은, 예수가 바알세불이 들렸다고 하고, 또 그가 귀신의 두목의 힘을 빌어서 귀신을 내쫓는다고도 하였다.^{막 3:22}

음모는 신속하게 이루어졌다. 그 정도로 사람들은 새로운 활력을 원하지 않았다. 그러나 다른 사람들도 있었다! 놀라운 새로움을 꿰뚫어 본 사람들로, 바로 이런 사람들을 위해 복음이 기록되었고, 또 이들을 통해 복음이 쓰여졌다.

사람들이 모두 놀라서 "이게 어찌된 일이냐? 권위 있는 새로운 가르침이다!……" 하면서 서로 물었다.^{막 1:27}

그들은 큰 두려움에 사로잡혀서 서로 말하기를 "이분이 누구이기에, 바람과 바다까지도 그에게 복종할까?" 하였다.^{막 4:41}

많은 사람이 듣고, 놀라서 말하였다. "이 사람이 어디에서 이런 모든 것을 얻었을까? 이 사람에게 있는 지혜는 어떤 것일까? 그가 어떻게 그 손으로 이런 기적들을 일으킬까?"^{막 6:2}

사람들은 한결같이 놀란다. 벌어지고 있는 일이 자기들이 이해하거나 설명할 수 있는 한계를 벗어난 것이기 때문이다. 그래서 그들은 경탄한다.

사람들은 모두 놀라서 하나님을 찬양하였고, 두려움에 차서 "우리는 오늘 신기한 일을 보았다" 하고 말하였다.^{눅5:26}

사람들은 모두 하나님의 크신 위엄에 놀랐다.^{눅9:43}

제자들은 이 말을 듣고, 얼굴을 땅에 대고 엎드려, 몹시 두려워하였다.^{마17:6}

그들은…… 그의 답변에 놀라서 입을 다물었다.^{눅20:26}

또 그들은 놀란다.

예수께서 이 말씀을 마치시니, 무리가 그의 가르침에 놀랐다. 예수께서 그들의 율법학자들과는 달리, 권위 있게 가르치셨기 때문이다.^{마7:28-29}

무리가 이 말씀을 듣고, 예수의 가르침에 놀랐다.^{마22:33}

그리고 예수께서 그들이 탄 배에 오르시니, 바람이 그쳤다. 그래서 제자들은 몹시 놀랐다.^{막6:51}

사람들이 몹시 놀라서 말하기를 "그가 하시는 일은 모두 훌륭하다. 듣지 못하는 사람도 듣게 하시고, 말 못하는 사람도 말하게 하신다" 하였다.^{막7:37}

이 본문^{눅 7:22—옮긴이}은 참으로 기이한 요약이다. 눈먼 사람과 다리 저는 사람, 귀먹은 사람에게 예수가 행한 사역은 우리가 속한 세상과는 좀처럼 어울릴 수 없는 일인데도, 우리는 그 일을 낯설지 않게 받아들인다. 일반적으로 우리는 장님이 눈을 뜨고, 다리 저는 사람이 제대로 걷고, 귀먹은 사람이 다시 듣게 되는 세상에서 살지 않는다. 우리가 그런 세상에 살지 않는데도, 예수의 이야기를 오래 듣다 보니 친숙해졌고 놀라운 것에 대해서도 둔감하게 되었다. 그런데 이러한 일상적인 문제들(즉 예수에게 일상적이었다)과 나란히 나병이 언급된다. 예수는 나병환자를 치유한 일을 통해 정결과 부정을 다루는 사회 규범을 반박한다.[4] 이런 식으로 정결과 부정을 다시 생각하게 만듦으로써, 예수가 실제로 행한 일은 사회의 기초가 되는 모든 도덕적 구별에 문제를 제기한 것이다.

도덕적 구별을 문제 삼음으로써 정치 경제적 불평등을 정당화하는 모든 규약이 무너져 버렸다. 위의 요약 본문에서 훨씬 더 놀라운 사실은, 이러한 "일상적인" 치유 행위에 이어서 죽은 사람을 다시 일으켜 세우는, 믿기 어려운 궁극적 활성화가 온다는 점이다. 누가와 초대 교회뿐만 아니라 우리 중 누구도 이 일이 뜻하는 것이 무엇인지 제대로 파악할 수 없다. 이치를 따지거나 논증하거나 설명하거나 평가하는 일이 도대체 먹히지 않는다. 지금 우리는 서정시의 영역에 들어섰기 때문이다. 예수 안에서 이루어진 이 새로움을 올바로 설명하는 길은 찬양뿐이며, 우리는 송영으로 이끌린다. 죽은 사람이 다시 살아나는 기이한 일이 마지막 말이어야 마땅하겠으나, 이 본문은 멈추지 않고 굳건하게 일상적인 현실로 발을 내디딘다. 그리하여 경제적 회복을 이루는 일이 마지막 행위가 된다.[5] 가난한 사람들이 빚을 면제받고 재산을 되찾는다. 이 마지막 메시아 행위는 왕권적 착취의 종결을 선언한다. 가장 위험하고 극단적인 이 정치적 행위는 죽음에서 다시 사는 일보다 더 근원적이다. 예수는 상상할 수 있는 모든 방면에서 왕권 의식의 희생자들을 회복하고 있다. 만일 정결과 부정의 관리자들과 부채법의 감독관들과 죽음의 주관자들이 내리는 평결이 무효가 되어 버렸다면, 이제 그들은 더 이상 힘 있는 자들이 아니다. 분명 이 송영은 비판을 담고 있으며, 이 사실은 누가복음 7:23에서 분명하게 드러난다. 예수의 행위는 물의를 일으킨다. 예의와 이성과 건전한 공공질서를 뒤집어엎기 때문이다.

그러나 이 이야기는 아주 신속하게 비판에서 활력으로 옮겨 간다. 이야기는 새로운 소식을 받아들이지 못하는 사람들 때문에 지체하기를 원하지 않으며, 낡아서 끝나 버린 일을 위해 길게 슬퍼하지 않는다. 이야기는 미래로 향한다. 이 미래는 모든 가능성이 사라진 곳에 허락되는 미래이며, 또 모세와 제2이사야의 전통에 속한 활성화이면서도 역사적 구체성에서는 훨씬 더 근원적 모습을 띤다.

> 그들은 예수를 두려워하고 있었던 것이다. 무리가 다 예수의 가르침에 놀라고 있었기 때문이다.^{막 11:18}

> 그 바리새파 사람은 예수께서 잡수시기 전에 먼저 손을 씻지 않으신 것을 보고서, 이상히 여겼다.^{눅 11:38}

이 본문에는 다양한 반응이 나타나는데, 이 글의 목적상 그 반응들을 구분할 필요는 없다. 반응은 두려움에서 놀람, 공포, 분노에 이르기까지 폭넓은 형태로 나타난다. 대체로, 희망이 전혀 보이지 않는 곳에 생명을 부어 주었던 예수의 치유에 대한 반응은 찬양의 성격을 띠는 경탄으로 나타났다. 이와 동시에, 예수의 가르침은 동시대인들의 관습과 충돌하는 것이었기에 그 반응은 부정과 저항과 분노의 성격을 띠는 놀람으로 나타났다. 한편, 미래가 전혀 없어 보이는 사람들에게 미래가 주어질 수 있다는 데 놀라고 있다. 다른 한편, 예수가 자기 마음대로 말하고 행동했다는 데 분개가 쏟아진다. 어떤 경우든 그의 목회는, 무력한 옛 시대에서는 찾아볼 수 없던 격정과 활력을 불러일으켰다. 그를 따르는 사람들이나 적들이 똑같은 생각을 했다. 즉 인간이 조작할 수 없는 새 일이 도래하고 있으며, 이로 인해 열리는 미래는 왕권 체제가 보여주려 했던 미래와는 전혀 다르다는 사실이다.

예수의 가르침

물론 예수의 가르침은 그의 목회 행위와 분리될 수 없다. 그의 가르침은 주도면밀한 음모에 의해 부인되어 왔던 것을 확실하고 분명하게 밝혀냈으며, 이 일을 통해 근원적 활력을 불러일으켰다. 그의 가르침이 오히려 행위보다 훨씬 더 근원적이었다. 그의 행위를 통해서는 암시적으로만 드러났던 과격한 도전과 근원적 변혁의 의미를 그의 가르침이 확실하게 드러내 보여주기 때문이다. 버림받은 사람들과 함께 식사하는 일도 중요하지만, 내부인과 외부인을 가르는 구분이 무너지고 백지화되었다고 선언하는 것은 훨씬 더 근원적인 일이다. 치유하고 죄를 용서하는 일도 가치 있지만, 사람들을 병자와 죄인으로 만드는 조건들이 더 이상 통할 수 없게 되었다고 선언하는 일은 더 큰 일이다.

가르침이 행동과 나뉠 수 없다는 점은 분명하다. 가르침에 구체성과 현실성을 제공해 주는 것이 바로 행동이기 때문이다. 행동과 마찬가지로, 가르침도 부수고 열고 초대하는 일을 한다. 가르침은 막혀 버린 미래를 열어 주고, 불가능하다고 판정된 일이 가능함을 알려 준다. 이 글의 목적상 예수의 지복 선언을 중심으로 살펴보는 것이 적합하겠다. 복은 화, 특히 누가복음이 제시하는 화와 어울리는 대응부를 구성하기 때문이다.^{눅 6:20-26} ⁶ 화와 복을 병치시키는 것은 우리의 목적과도 일치한다. 화의 선언은 죽음을 예견하고 선포하고 있으며, 가장 근원적 비판이 된다. 누가복음의 화 선언이 비판하는 대상은 부자^{24절}와 배부른 사람^{25절 전반부}, 웃는 사람^{25절 전반부}, 세상으로부터 좋은 평가를 받는 사람(26절)이다. 이것이 뜻하는 바는, 다가오는 새 미래를 깨닫지도 못하고 받아들이지도 않은 채 이 땅에서 배부르고 안락하게 사는 사람들에게 사망이 선고되었다는 것이다. 이와는 뚜렷한 대조를 이루는 복의 선언은 새로운 활력을 주는 말이다. 희망이 없는 사람들에게 미래의 행복을 약속하기 때문이다. 부요와 배부름과 무비판적인 웃음으로 이루어진 죽은 세상 속에서 가난과 굶주림과 슬픔을 안고 살아가는 사람들에게는 희망이 없다. 그들은 진정 아무런 역사도 지니지 못한 비인격체^{nonperson}다. 그들은 공적으로 자기 존재를 인정받지 못하며, 따라서 그들에게는 공적 복지도 허용되지 않는다. 그러나 예수의 복 선언이 새로운 가능성을 열어 준다. 예언자 전통에 속한 말과 마찬가지로 예수의 말은 화에서 복으로 나가고, 심판에서 희망으로 움직이며, 비판에서 활력으로 넘어간다. 가난하고 굶주리고 슬퍼하는 사람들로 이루어진 대안 공동체에게 화 양식의 삶을 벗어나 옛 질서에 묶여 있는 고리를 끊어 버릴 길이 열리고, 나아가 복 양식을 따라 사는 삶이 허락된다.

여기에서 예수가 선포한 희망은 강렬하고 견고하다. 이 희망은 왕권 의식이 보여주는 십자가 없는 싸구려 희망과는 날카로운 대조를 이룬다. 이미 부요하고 배부르며 웃을 수 있는 사람들에게 희망은 가볍고 얄팍한 것이다. 그러나 가난하고 배불리 먹을 수 없고 웃을 이유가 없는 사람들에게 희망은 견고하다. 이러한 예언자적 활성화가 기이하게 보이는 까닭은, 그 일이 아무 역사도 지니지 못한 비인격체들에게 허락된다는 사실 때문이다. 이 지복 선언이 하는 일은 일반적인 도덕적 반성을 제시하는 것이 아니라, 특정 지지자들을 편들어 그들이 선택한 대안적인 방식을 구체적이고 분명하게 지지해 주는 것이다. 그래서 누가의 본문에 "예수께서 눈을 들어서, 제자들을 보면서"라는 구절이 있는 것이다.눅6:20 예수의 제자들은, 활력을 잃어버리고 비판당하고 있는 옛 질서에서 밀려난 사람들로 이루어진다. 그의 제자들은 부에서 소외되고 배불리 먹을 수 없고 웃을 이유가 없는 사람들이요, 죽음밖에 줄 것이 없는 화 양식의 삶을 떨쳐 버린 사람들이며, 또 옛 질서에 얽혀 있는 고리를 끊어 버린 사람들이요, 왕권 의식이 주지 못하는 미래를 이 새로운 가르침이 열어 줄 수 있다고 믿는 사람들이다.

마태복음에 실린 긴 목록에서 누가가 표본으로 추출한 것이 분명한 이 세 가지 복 선언은, 비판과 활력이라는 주제를 명료하게 보여준다. 극단적인 비판이 부요한 사람들에게 퍼부어진다. 부요함이란 파라오와 솔로몬의 세상을 반영하며, 또 언제나 형제자매의 재물을 갈취하는 데 관심을 두기 때문이다. 착취와 강탈의 방식은 죽음을 낳는다. 이것이 옛날 예언자들이 제기했던 비판이다. 그런데 여기에 놀라운 미래상이 더해져 조화를 이루게 된다. 하나님의 새로운 미래가 이러한 착취적인 관행에 저항했을 뿐만 아니라 그로 인해 희생당한 사람들에게 허락된다는 것이다. 이 미래는 풍족함을 누리는 사람들이 아니라 생필품을 얻는 것조차 완전히 막혀 버린 사람들에게 주어진다. 미래는 신음 속에 살아가는 사람들에게 주어진다. 냉소적이고 냉담하고 자기기만에 빠져서 그저 현 체제 속에서 기뻐하기만 하는 사람들, 그리고 왕의 공동체가 직면하고 있는 파멸에 대해 애통할 줄 모르는 사람들에게는 이 미래가 허락되지 않는다.

이러한 신랄한 말로 이루어진 예수의 가르침에는 예언자 전통에 속한 두 가지 중심 주제가 들어 있다. 첫째, 이 말은 변두리 인생들로 이루어진 소수자 공동체에게 선포된 것으로서, 그들에 의해 수용된다. 지배 공동체에게도 예언자의 비판적인 말이 선포되지만 그들은 들으려 하지 않는다.[사 6:9-10] 그러나 예언자의 활력을 주는 말은 결코 지배 공동체에 선포되는 일이 없고, 오직 왕권 의식의 권력과 가짜 활력에 의해 밀려난 사람들에게만 선포된다. 둘째, 약속을 베푸는 예언자의 말은 근원적 전향, 옛 합리성과의 단절, 그리고 지금까지의 일과 장차 이루어질 일 사이의 불연속성을 중요하게 여긴다. 그러므로 이 가르침은 우리가 집착하는 현재와 갈망하는 미래 사이의 대조를 전제로 하고 있다. 제2이사야의 목회와 마찬가지로, 예수의 목회도 이러한 집착과 갈망 사이의 자리에서 이루어진다. 만일 집착밖에 없다면 예언자의 말은 비판적인 것으로 끝나게 된다. 그러나 열망이 있다면, 그것은 곧 예언자의 말이 활력을 제공해 줄 수 있는 기회가 된다. 예수가 행한 놀라운 사역, 곧 먹이고 치유하고 귀신을 내쫓고 용서하는 일은 옛 질서에 집착한 사람들에게 일어난 일이 아니라, 옛 질서로부터 버림받고 거절당했기에 갈망했던 사람들에게 일어났다.

지복 선언의 구조는 이러한 대조를 날카롭게 드러내는 방식으로 정교하게 짜여졌다. 화 선언을 통해 왕권 의식의 정체가 폭로되는데, 두려움의 강력한 힘이 그 분위기를 주도한다. 이와는 대조적으로, 왕권 의식과 단절한 사람, 전혀 다른 가치를 따라 사는 사람, 왕권 의식은 자기의 약속을 지키지 못한다는 사실을 아는 사람에게는 다른 미래가 열린다. 이 미래는 하나님께서 허락하시는 무조건적 긍정이다. 활력이 넘치는 이 축복의 말로 말미암아, 하나님은 대안적 미래를 주관하시고 당신의 뜻대로 그 미래를 열어 주신다는 사실과, 그 미래는 현재에 의해 결정되거나 현재로부터 도출되는 것이 아니라는 점이 분명히 드러난다. 그러므로 이 가르침은, 현재로부터 도출되지 않은 공동체를 일으켰던 모세의 사역을 따르고 있다. 또 이 가르침에는 바빌론의 현실로부터 도출되지 않은 공동체를 일으켜 세웠던 제2이사야의 기쁨이 반영되어 있다. 그래서 예수는 제2이사야처럼 견디기 힘든 현재와는 완전히 다른 미래를 제시할 수 있었다. 그러나 이 미래는 더 이상 현재를 견딜 수 없게 된 사람들에게만 활력을 베풀어 준다. 이 사람들과 이들의 공동체에게 비판은 약속으로 변하고 심판은 활력이 되며 비난은 희망으로 나타난다. 하나님께서 주시는 미래를 믿는 사람들은 노래하고 춤출 수 있으며, 치유하고 용서할 수 있다. 무감각한 사람들은 할 수 없는 이 모든 행동이 그 미래를 믿는 사람들에게 허락된다.

예수의 긍휼을 경험한 사람들은 거기서 권위를 발견하게 된다. 이 사람들은 이제껏 권위를 박탈당한 삶을 살아왔다. 그들 위에 군림하는 왕은 그 자신이 권위가 없을 뿐만 아니라 다른 누구의 권위도 인정하지 않았기 때문이다. 그러나 예수가 비난받을 각오를 하면서까지 가난하고 굶주리고 슬퍼하는 사람들과 맺은 연대는, 그들이 지금까지 보아 온 일들과는 달리 믿을 만하고 능력이 있다는 사실이 분명해졌다. 그들은 예수가 근원적으로 사심이 없는 분이며 따라서 진정으로 우리를 위하는 분이라는 점을 알았다. 바로 이것이 모세가 이끈 이스라엘이 야웨에 대해 깨달았던 지식이다. 파라오나 파라오의 신들과는 달리, 야웨는 사심이 없으셨으며 그렇기에 그의 개입에는 능력과 권위가 있었다. 예수의 권위, 곧 놀랍게 변혁하는 그의 능력은 바로 그 자신이 가난하고 굶주린 데서, 자기 사람들의 죽음을 애통하는 데서 나온다. 예수는 자신이 가난함으로써 많은 사람을 부요하게 만드는 능력이 있었다.고후 8:9 그는 자신이 굶주림으로써 다른 사람을 배부르게 하는 힘이 있었다. 또 그는 애통하는 능력이 있었기에 다른 사람에게 기쁨과 온전함을 베푸는 권세가 있었다. 예수는, 거짓 왕들이 보기에는 한낱 비인격체에 불과한 자신의 인격을 통해 자기를 따르는 사람들에게 미래를 열어 주는 권위를 지녔다.

예수의 부활

이런 방식으로 예수의 자비로운 긍휼에 담긴 탁월한 능력을 헤아리다 보면 곧바로 예수의 부활에 이르게 된다. 예수의 부활은 새로운 미래를 향하게 하는 궁극적 활성화다. 금요일의 고통이 남긴 것은 토요일의 절망뿐이었으며눅 24:21, 제자들에게는 금요일 이후의 일요일을 기대할 만한 아무 근거도 없었다. 부활은 지금까지 존재한 현실에 근거해서는 설명이 안 된다. 부활과 관련하여 할 수 있는 일은 하나님의 새로운 행위로 인정하고 받아들이고 경축하는 일뿐이다. 이러한 하나님의 섭리가 사람들에게 새로운 미래를 열어 주고 그들로 하여금 절망 가운데서 경탄하게 해 준다.

그러므로 부활은 예언자들의 약속에서 나타나는 놀라운 활성화와 같은 맥락에 속하며, 그 활성화에 비추어서만 제대로 파악될 수 있다는 것이 내가 주장하는 핵심 내용이다. 자유주의자들이 그럴듯하게 설명하듯이, 예수의 부활을 교회 안의 영적 발달이라고 이해해서는 안 된다. 또 부활을 성급하게 하나님의 역사에 나타난 오묘함이라든가 하나님의 권능을 드러내는 고립된 행위로 취급해서도 안 된다. 오히려 부활은 새로운 역사를 열어 주는, 예언자적 활성화의 궁극적 행위다. 부활은 누구에게나 허락된 새 역사이지만, 그것을 받아들이는 사람은 주로 옛 질서의 희생자들인 소외된 이들이다. 활력으로 충만하신, 교회의 주님은 하늘에 있는 어떤 신적 인물이 아니라, 왕의 통치권 밖으로 밀려나고 그에게 처벌받아 죽은 어린양이다.

우리는 부활의 역사적 유일회성이라는 특성을 훼손하지 않으면서도 부활이 예전에 예언자들의 말에 의해 제시되었던 대안적 미래와 동일한 것이라고 주장할 수 있다. 예수의 부활은 권리를 박탈당한 사람들에게 미래를 열어 주었다. 이와 똑같이, 모세의 대안 공동체는 능력의 말씀으로 노예들을 해방하신 하나님으로부터 새로운 미래를 선사받았다. 이 하나님의 말씀은 미래를 열기도 하고 닫기도 하며, 또 근원적 활성화와 근원적 비판을 행하기도 한다. 또한 예수의 부활은 새로움을 선포했던 제2이사야가 했던 대로, 권리를 박탈당한 사람들에게 미래를 열어 주었다. 예수의 역사에 속했던 가난하고 굶주리고 애통한 사람들처럼, 바빌론의 무역사 속에서 비인격체로 대접받던 사람들이 고향으로 돌아오는 것을 허락받았다.

부활은 죽은 이가 왕이 되어 다스리는, 진정한 역사적 사건이다. 그러나 이 진정한 역사적 사건에는 중요한 정치적 차원이 있으며, 이

점은 특히 마태가 분명하게 보여준다. 한편, 체제의 눈에는 이 사건이 불길할 징조로 보이며[마 28:11-15], 다른 한편 예수는 부활을 통해 자신의 새로운 왕적 권위를 선언한다. 이제 그가 옛 왕을 대신하여 왕이 된다. 그의 부활은 왕립학교에서 가르쳐 온 무역사를 끝장내며, 역사 밖으로 밀려났던 사람들에게 새 역사를 열어 준다. 노예를 부리던 자들의 주검이 널린 해변에서 시작된 새 역사처럼[출 14:30], 이 새 역사는 사람들에게 새 정체성[마 28:19]과 새 윤리[마 28:20]를 제공한다.

7장

목회의 실천에 관한 주

요약

우선, 내 주장 전체를 요약하고자 한다. 출애굽과 모세의 운동을 통해 역사 속에 새로운 일이 발생했다. 모세는 먼저 파라오의 억압적인 제국을 해체하고자 했으며, 다음으로 하나님의 자유의 종교와 정의와 긍휼의 정치를 중심으로 한 새로운 공동체를 세우고자 했다. **해체**는 이스라엘 백성의 신음과 탄식으로부터 시작되고, **활성화**는 새로운 공동체의 송영에서 시작된다.

그러나 이스라엘에게 모세의 운동은 너무 급진적이었으며, 곧바로 이 활력 넘치는 새 역사에 대항하려는 시도가 따른다. 이스라엘의 군주제 속에서도 파라오의 옛 역사가 되풀이된다. 자신을 지키는 데 관심을 둔 군주 체제는 **비판을 잠재우고 활성화를 차단**하기 위해 힘을 동원한다. 그러나 왕들은 결코 오랫동안 예언자를 침묵시킬 수 없었다. 이스라엘의 예언자들은 왕권적 현실에 맞서서 모세의 근원적 운동을 계속 이어 갔다. 한편, 왕권 의식에 맞서 **예레미야는 근원적 비판**

을 수행한다. 그는 장례식이라는 그림을 통해 죽어가는 이스라엘의 애통을 공적으로 표현함으로써 이 일을 수행한다. 예레미야는 이러한 비판을 통해, 만사가 영원히 지속된다고 착각한 왕권 공동체의 무감각한 부인을 꿰뚫고 들어갔다. 다른 한편, 왕권 의식에 맞서 제2이사야는 근원적 활성화를 수행한다. 그는 대관식이라는 그림을 통해 새롭게 태어난 이스라엘의 경탄을 공적으로 표현함으로써 이 일을 수행한다. 제2이사야는 이러한 활성화를 통해, 만사가 영원히 끝나 버렸다고 생각한 왕권 공동체의 깊은 절망을 꿰뚫고 들어갔다.

예언자이자 예언자를 훨씬 능가하는 나사렛 예수는, 예언자적 목회와 상상력의 주요 요소들을 가장 완벽하게 실천했다는 것이 내 생각이다. 한편, 예수는 자기를 둘러싼 죽음의 세상을 비판했다. 그가 행하는 해체는 십자가 처형에서 완전하게 성취되었다. 십자가 처형을 통해 그는, 해체된다는 것이 어떤 것인지를 자신의 몸으로 보여주었다. 다른 한편, 예수는 하나님께서 허락하신 새로운 미래를 활성화했다. 이 활성화는 그의 부활에서 완전하게 드러났는데, 이 부활을 통해 예수는 하나님께서 허락하시는 새로운 미래를 구체적으로 보여주었다.

목회

이 주註에서는 목회의 실천과 관련한 문제를 다룬다. 이 주를 빼버린다면, 이 책의 논의 전체는 예언자적 특성을 유지하는 데 필요한 구체성을 잃어버리게 된다. 특정한 영역에서 이루어지는 특수한 목회를 부정하지는 않지만, 기본적으로 목회란 교회의 삶이 이루어지는 일상적인 현장에서 이루어지며, 이 모델에서 다양한 형태의 목회가 갈라져 나온다고 볼 수 있다. 이 현장 속에서 예언자적 목회는 많은 저항에 부딪히게 되는데, 그럼에도 불구하고 예언자적 목회는 그곳에서 이루어져야 하고, 또 이루어질 수 있다는 것이 우리의 신념이다. 무엇보다도 먼저, 예언자적 목회는 분주하게 돌아가는 일상의 일들을 가볍게 여기지 말고 거기에 깊은 관심을 기울여야 한다. 이 일상사의 부담은 줄일 수 있을지 몰라도 완전히 무시해 버릴 수는 없다. 또한 이 목회는 대부분의 경우 부르주아로 구성된 회중 속에서 이루어지는데, 그들은 고집불통의 사람들이 아닐지는 몰라도 예언자적 목회를 호의적으로 받아들이거나 지원하지 않는다.

이외에도 여러 가지를 언급할 수 있는데, 이 책에서 나는 그중 몇 가지를 살펴보았다. 나는 예언자적 목회가 거창한 사회개혁 운동이라든가 의분을 쏟아내는 비판적인 행동으로 이루어지는 것이 아니라는 점을 말했다. 오히려 예언자적 목회란 대안적인 현실 인식을 제공하는 일이요, 사람들로 하여금 하나님의 자유 안에서 또 정의에 대한 하나님의 뜻에 비추어서 자신들의 역사를 볼 수 있게 해 주는 일이다. 하나님의 자유라든가 정의를 향한 하나님의 뜻이라는 문제가 언제나 그 시대의 가장 큰 쟁점으로 등장하는 것은 아니며 또 그럴 필요도 없다. 사람들이 함께 살고자 노력하고 공통의 미래와 정체성에 대해 관심을 나타내는 곳이라면 어디서든지 그 주제를 찾아볼 수 있다. 그래서 우리의 연구로부터 다음과 같이 예언자적 목회의 특질을 정리해 볼 수 있다.

1. 예언자적 목회의 과제는, 자기들이 하는 일은 다른 일이요 다른 방식으로 이루어진다는 사실을 아는 대안 공동체를 세우는 데 있다. 이 대안 공동체는 지배 공동체와 다양한 관계를 맺는다.

2. 예언자적 목회의 실천은 일주일에 이틀씩 실시하는 특별 행사 같은 것이 아니다. 오히려 목회의 모든 행위를 통해, 그 모든 행위와 함께, 그 모든 행위 이면에서 이루어지는 일이다. 즉 설교 못지않게 상담에서도, 교육 못지않게 예전에서도 예언자적 목회는 이루어진다. 예언자적 목회는 죽음의 세상에 대해, 또한 어떤 상황에도 빛을 밝혀 줄 수 있는 생명의 말씀에 대해 우리가 취하는 태도, 자세, 해석학을 다룬다.

3. 예언자적 목회는 무감각을 꿰뚫고 들어가서 우리를 사로잡고 있는 죽음의 세력에 맞서게 해 준다. 우리가 흔히 무감각에 대해 보이는 반응이 화와 분노인데, 오히려 애통과 탄식이 무감각을 깨뜨리는 데는 훨씬 더 효과적이다. 우리가 빠져 있는 죽음의 상태에 필요한 일은 분노보다는 고통을 함께 나누고 슬퍼하는 일이다. 고통을 공적으로 드러내서 함께 나누는 일은, 고통의 현실을 가라앉게 만들고 죽음을 몰아내는 방법이 된다.

4. 예언자적 목회는 절망을 꿰뚫고 들어가서 사람들이 새로운 미래를 믿고 받아들일 수 있게 해 준다. 지쳐 버린 세상은 활력을 갈망한다. "이 세대는 힘을 잃었고 이 시대는 늙어가는구나."에스드라 2서 1:10. 구약성서의 외경—옮긴이 따라서 우리의 미래를 믿고 그 미래를 우리에게 있는 그대로 확증해 주는 말과 몸짓과 행동만이 활력을 불어넣을 수 있다.

주도권이라든가 자아실현 등 온갖 것에 익숙한 사회에서는 옛 세상의 죽음을 슬퍼할 수 있는 능력이 거의 사라져 버렸다. 자기만족을 귀하게 여기는 사회에서는 다가오는 새로운 세상을 송영을 통해 받아들이는 능력이 거의 바닥나 버렸다. 애통과 찬양은 예언자적 비판과 활성화를 이루는 수단이며, 이것은 오늘 우리 시대에 오히려 더 필요해졌다.

선물로 받는 근원적 신앙

목회, 특히 내 목회를 곰곰이 생각해 보면, 진짜 어려움은 내 자신의 이해력이라든가 다른 사람들이 어떻게 받아들이느냐에서 생겨나는 것이 아니라는 사실을 알게 된다. 오히려 내 자신이 이러한 인식에서 온전한 확신을 지니지 못하는 데서 어려움이 생겨난다. 내가 목회자로서 보살피는 사람들과 마찬가지로, 나 역시 부르주아에 속하고 마음이 굳은 사람이라는 것이 분명하다. 사람들이 대개 그런 것처럼 나 역시 왕권적 방식이 결코 최선의 길이 못 된다는 사실과, 왕의 공동체는 진정한 "선인들"을 이끄는 공동체가 못 된다는 점을 확신하지 못한다. 대다수 사람들과 마찬가지로 나 또한 가난하고 굶주리고 슬퍼하는 사람들로 이루어진 대안 공동체가 정말 하나님의 미래를 몰고 오는 물결인지 확신하지 못한다. 정말이지 우리는 "백성이나 제사장이 똑같은" 형편이다.[호 4:9] 목회에 임하고 있는 우리들 대부분이 그러한 처지에 놓여 있는 것이 분명하며, 거기서 고뇌 없이 벗어날 수 있는 방법도 없다. 이 사실이 우리에게 분명하게 말해 주는 것은 우리의 목회는 언제나 우리 자신의 갈등을 통해서 실천될 것이라는 점이다. 지금까지 아무런 갈등 없이 메시지를 전했던 예언자는 없다. 예수조차도 예외는 아니었다.[막 14:36] 그래서 지복 선언조차 현실주의로 끝을 맺고 있다.[눅 6:22-23] 이 사실이 우리에게 말해 주는 것은, 그러한 근원적 신앙은 공로가 아니라는 점이다. 만일 그것이 공로라면 우리는 기꺼이 원하고, 그대로 행했을 것이기 때문이다. 오히려 그런 신임은 선물이다. 우리는 다만 가만히 서서 받기를 기다리고 바라보며 기도로 구해야 할 것이다.

우리 각자가 처한 형편을 돌아본다면, 위에서 말한 내용이 사실이라는 것이 분명해질 것이다. 우리는 흔히 갈팡질팡하곤 하는데, 그 까닭은 우리의 삶 속에 있는 죽음을 애통해하거나 새로운 미래에 대해 경탄할 능력이 부족하기 때문이다. 이러한 능력에서 볼 때 우리는 왕의 공동체에 속한 백성 못지않게 무기력하다. 그러므로 우리는 부름받은 모습에 이르기 위해 고통스러운 훈련을 받을 필요가 있다. 내 생각으로는, "너희 지금 슬피 우는 사람은 복이 있다. 너희가 웃게 될 것이다"^{눅 6:21}라고 한 예수의 말만큼, 예언자적 목회를 간명하게 요약해준 말도 없어 보인다. 우리에게 더 익숙한 본문으로 하면, "슬퍼하는 사람은 복이 있다. 그들이 위로를 받을 것이다"가 된다.^{마 5:4}

마지막으로, 예수의 관심은 하나님 나라의 기쁨에 있었다. 예수는 그 기쁨을 약속했으며, 사람들을 그리로 초대했다. 그러나 예수는 그 미래를 기뻐하기 위해 현재의 질서에 대해 애통할 필요가 있음을 분명히 밝혔다.[1] 예수는 매우 변증법적인 두 시대의 관점에서 사물을 보고 있다. 그는 현재의 세상을 유일한 세상이라 여기고 하나의 세계를 주장하는 자유주의자들과 같을 수 없다. 또 현재에는 무관심한 채 미래만을 갈망하는 탈세상적인 사람들과도 다르다. 현재 이 자리에서 해야 할 일이 있다. 현재에 미래가 임할 수 있도록 애통하는 일이 필요하다. 자기들에게 죽음이 임했음을 알지 못하는 사람들을 위해 슬퍼해야 할 일이 있다. 고통과 고난을 당하지만 그것을 표현할 힘이나 자유가 없는 사람들과 함께 애통할 일이 있다. 이렇게 말하는 것이 참으로 가혹하다. 슬퍼하는 일을 기쁨의 필수조건으로 내세우는 까닭이다. 이 말은 비통할 만큼 근심에 빠져 보지 못한 사람들은 기쁨을 알 수 없다고 선언한다.

애통하는 일은 또한 다른 일에서도 필수조건이 된다. 애통은 기뻠에 이르는 형식적이고 외적인 요건이 아니라, 유일한 문이자 통로가 된다. 이러한 맥락에서 볼 때, 울고 웃는 일에 관한 예수의 말은 한낱 멋들어진 경구aphorism로 끝나는 것이 아니라 십자가 신학 전체의 요약이다. 이런 식으로 고뇌를 통해 자유롭게 될 때에만 진정한 열망을 품을 수 있게 되고, 죽음을 공적으로 끌어안음으로써만 새로움에 이를 수 있다. 우리는 일상의 개인적인 삶 속에서 이러한 사실을 잊을 때가 많은데, 그 까닭은 애통의 과정을 제대로 알지 못하기 때문이다.[2] 따라서 우리는 계속해서 애통하는 법을 배울 필요가 있으며, 나아가 사회의 현실에 그것을 적용해야 한다. 그리고 마지막으로 우리는 하나님의 애통에 대해서도 배워야 한다. 하나님은 우리가 알 수 없는 방식으로 애통해하시는 분이며, 그분의 약속이 온전히 성취되기 전까지는 기뻐하기를 미루시는 분이다.

실천 후기

    결론적으로 말해, "예언자적 상상력"을 한낱 "멋진 생각"에 불과한 것으로 보아서는 안 된다. 예언자적 상상력이란, 애통과 희망이 지배 문화의 굴레를 깨뜨린다는 확신을 지닌 참된 신앙인들이 행하는 구체적인 실천이다. 이 책에서 다룬 예언자적 상상력이 구체적인 실천으로 이어지고, 나아가 그러한 실천이 제대로 이루어지도록 격려하고 거기에 힘을 실어 줄 수 있기를 바란다.

    그러므로 나는 이 글을 끝내면서, 슬픔과 희망을 품고서 저항과 대안을 이루는 일에 참여하는 구체적인 하위 공동체를 몇 군데 제시하고, 그들을 통해 예언자적 상상력이 현장에서 실천되는 모습을 살펴보고자 한다. 나는 결코 이 목록에 담은 사례들이 내 글에 의해 이루어진 것이라고 주장하지 않는다. 내가 인용하는 사례들은 자체적으로 예언자적 상상력을 실행하는 교회가 어떤 일을 이룰 수 있는지 보여주는 표본이자 전형적인 모습일 뿐이다. 내가 제시하는 목록은 대부분 우연히 알게 된 것이요, 내가 주관적으로 선택한 것이며, 내가 전해들은 일들로 이루어진 것이다. 분명 독자들도 그처럼 모범이 될 만한 사례들을 알고 있을 테니, 이 목록에 덧붙이기를 요청한다. 내가 생각한 목록에는 다음과 같은 사례들이 포함된다.

다음은 애틀랜타에서, 내가 직접 경험한 사례들이다.

플리머스 항구 목회 Plymouth Harbor   이 조직은 내가 속한 UCC 교단의 중앙 회중교회가 제공하는 보호시설이다. 냉철하고 의지가 굳은 팸 래프Pam Rapp가 이끄는 이 기구는, 알츠하이머병과 치매와 기타 노인성 기능장애로 고통당하는 사람들을 날마다 돌본다. 환자들을 일대일로 돌보는 노동집약적이고 매우 힘든 이 일에는, 직원들과 수많은 자원봉사자들이 함께하고 있다.

도시가정 상담 목회 Family Counseling Services Urban Ministries   빈틈없고 재간이 많은 밥 러프턴Bob Lupton이 이끄는 도시지역 사역 연합체인 이 조직은, 경제적 혜택을 누리지 못해 범죄에 노출된 가정들을 회복하고 재정착시키는 것을 목표로 사역한다. 이 조직은 기업식으로 운영되며, 그 꿈을 이루기 위해 자본주의 기업과 접촉하여 재원을 지원받는다.

열린 문 목회 Open Door   음식과 잠자리를 제공하면서 예배와 돌봄을 함께 베푸는 장로교회 조직체다. 예민한 에드 로링Ed Loring과 의지가 굳은 머피 데이비스Murphy Davis가 이끄는 이 단체는, 자체적으로 고안한 "긴급처방" 활동과 더불어 지속적이고 날카로운 비판 활동을 통해 가난한 사람들이 사회 속에서 주목받게 만든다.

애틀랜타 이외의 지역에서, 내가 들어서 알게 된 사례는 다음과 같다.

지미 카터 Jimmy Carter 대통령직에서 물러난 후 놀라운 소명을 실천하고 있는 그는, 국제적으로 넓은 영역에서 정치적 화해를 위해 일하고 있으며, 사랑의 집 짓기 운동Habitat for Humanity에도 직접 망치와 못을 들고 뛰어들어 주도적인 역할을 하고 있다.

IAFIndustrial Areas Foundation 이 조직은 솔 앨린스키Saul Alinsky의 열정과 전략에 의해 이루어진 결실을 조직화하는 공동체다. 내가 이 기구와 접촉하게 된 것은, 텍사스 주 오스틴에 있는 서남부 지역 담당 사무소의 에르네스토 코르테즈Ernesto Cortez를 통해서였다. 이 기구는 복지를 나누기 위해 공동체를 규합하는 일에 엄청난 노력을 기울이고 있으며, 이 일에는 열정적인 직원과 용기 있는 자원봉사자들이 함께한다. 또 심각한 개인화 현상에 직면해서 사회 정의와 연관된 도시 문제와 씨름하는 교회와 단체들이 참여하고 있다.

와츠 스트리트 침례교회 Watts Street Baptist Church(노스캐롤라이나 주 더럼) 멜빈 윌리엄스 2세T. Melvin Williams Jr.가 목사로 있는 이 교회는, 특이하게도 예배를 전통적인 찬양으로 시작하지 않고 탄식시편으로, 곧 "고통을 공적으로 드러내는 일"로 시작한다. 또 이 교회가 소속된 더럼교회연합회는 더럼 지역에서 "폭력적 살인이 저질러진 각 현장에서 철야 기도회를 정기적으로 개최하고 있다." 이 행사는 의식을 통해 죽음과 계승의 의미를 예전적으로 밝혀 주며, 이 일을 통해 생명을 파괴하는 폭력에 맞서는 저항과 애통의 장소를 창조한다.

교회건강센터Church Health Center 멤피스 지역에 있는 수백 개의 교회가 연합하여 후원하는 이 단체는, 수많은 사람들이 빈곤으로 고통당하는 그 도시에서 대규모의 최상급 의료 지원 체계를 세워 가난한 사람들을 돌보고 있다. 교회의 폭넓고 본격적인 지원과 참여로 운영되는 이 센터는, 큰 병원에서 제공해 준 건물과 자원을 활용하며 수백 명의 의사와 치과의사들의 적극적인 참여로 이루어진다. 이 방대한 사업을 이끌어 가는 원동력은 스코트 모리스Scott Morris다. 모리스는 의학 전문기술과 신학적 감수성, 나아가 효율적 조직 능력과 풍부한 인적자원을 관리할 능력을 지닌 사람이다. 그의 열정과 비전을 중심으로 수많은 예언자적 사람들이 결집했고, 그 결과 정상적인 의료 혜택을 누리지 못하는 가난한 사람들에게 하나님의 치유하시는 능력을 베풀어 줄 수 있게 되었다.

위에 언급한 목록은 전적으로 개인적이고 주관적인 것이기에 얼마든지 다른 단체와 이름과 운동들을 추가할 수 있는데, 나는 여기에 마지막으로 우연히 알게 된 한 가지를 더하고 싶다. 내가 이 책을 여기쯤 집필하고 있던 바로 그때(2000년 9월 26일), 샬러트에 있는 웨스트민스터 장로교회 목사인 앤드류 스미스Andrew McAuley Smith가 1999년 프린스턴 신학교에 제출한 그의 목회학 박사 논문의 사본을 보내 주었다. 그가 정성껏 보내 준 그 논문이 관심을 끌었던 것은, 제목이 '회중석의 예언자들: 월터 브루그만이 제시한 예언자적 상상력이라는 논제를 목회 현장에서 시험함'이었기 때문이다.[1] 스미스는 내 책을 읽고 다음과 같이 제안했다. 즉, 내 주장은 신자들의 실제적이고 구체적인 실천을 통해 이 세상의 삶 속에서 검증받을 필요가 있는데, 특히 그의 연구에 한정해서 볼 때 인종차별에 의해 빚어진 사회적 위기 상황 속에서 검증받아야 한다는 것이다. 스미스는 내 논증을 명민하게 요약한 후에 자신의 응답을 두 가지로 제시한다.

첫째, 그는 백인 우월주의가 현재 어떤 식으로 정의되고 있는지를 제시하고, 이어서 세 명의 위대한 예언자적 인물들이 인종차별을 어떻게 이해했는지 살핀다.

1. 바르톨로메 데 라스 카사스.^{Bartolome de Las Casas(1474-1566년)} 콜럼버스 이후 최초의 식민지 이주자들과 함께 "신세계"로 온 스페인 사람이다. 그때는 아이티와 쿠바의 원주민들에 대한 스페인의 인종학살이 한창 진행중이었다. 그는 교회로부터 복음 선교의 사명을 받고 왔지만, 유럽의 약탈에 대항하여 "인디언"을 보호하기 위해 홀로 맞서 싸우는 강력하고 두드러진 인물이 되었다.

2. 디트리히 본회퍼.^{Dietrich Bonhoeffer(1906-1945년)} 잘 알려진 독일 신학자로, 일찍이 독일 국가사회주의^{National Socialism}의 "아리안 조항^{Aryan Clause}"에 반대하면서, 거의 혼자 힘으로 독일 고백교회를 일으켜 유대인을 박해하는 국가사회주의의 인종차별 문제를 밝히기 위해 애썼다. 그는 이에 맞서 목숨을 걸고 싸웠으며, 결국 죽음에 이르렀다.

3. 마틴 루터 킹 2세.^{Martin Luther King Jr.(1929-1969년)} 인종적 정의를 외친 예언자로 가장 널리 알려진 사람이다. 그는 이러한 대의를 위해 평생을 바쳤으며, 결국 그 일을 위해 죽었다.[2]

둘째, 스미스는 이러한 자료를 바탕으로 자신의 연구 논문을 구체화하는데, 논문의 관심사인 인종 문제라는 기준에 비추어서 샬러트의 웨스트민스터 장로교회가 행하는 사회 참여적인 목회를 분석한다. 그는 다음과 같은 한 쌍의 가설을 제기하고 자신의 연구 전반에 걸쳐 그 가설들을 검사하고 있다.

1. 노스캐롤라이나 주 샬러트 지역에서 인종적이고 사회 경제적인 장벽을 초월해 이루어지는 사회 참여적인 평신도 사역은, 남부 교회의 백인 우월주의에 대항해 예언자적 목소리로서 봉사하는 것을 목

적으로 한다.

2. 노스캐롤라이나 주 샬러트 지역에서 인종적이고 사회 경제적인 장벽을 초월해 이루어지는 사회 참여적인 평신도 사역은, 오직 자원봉사자들로 하여금 자선행위에 참여하는 일을 "기쁘게 느끼도록" 해 주는 데 목적이 있으며, 남부 교회 안에 있는 백인 우월주의와 관련된 심각한 쟁점들은 다루지 않는다.[3]

스미스는 논문의 결론에서 그의 첫째 가설을 받아들인다. 이어서 다음과 같이 목회의 예언자적 차원에 대해 깊이 있게 논한다.

교회의 예언자적 증언은 목회의 특정 기능이나 다른 어떤 일과도 동일시되어서는 안 된다. 예언자적 증언이란 정신적 태도를 뜻한다. 그것은 신앙 공동체가 세상사를 어떤 식으로 이해할 것인지를 보여주는 대항 문화적인 의식이다. 그러므로 특정한 사역 집단이 "예언자적 목소리"인지 아닌지를 묻는 일은 곧 같은 교회 울타리 안에 있는 다른 사역들은 그렇지 못할 수도 있다는 의미가 된다. 개별 교회에 속한 특정 사역 집단을 놓고 예언자적 본질을 따지는 물음을 제기한다는 일 자체가 예언자적 증언의 본질을 오해한 위험한 일이다. 스미스의 연구를 통해 나는, 교회의 모든 기능은 다 예언자적 목소리가 되어야 하고 또 될 수 있으며, 그 예언자적 목소리가 우리를 둘러싸고 있는 지배 문화를 향해서 비판을 가하는 한편 신앙인들에게는 활력을 불어넣는 데 봉사한다는 사실을 다시 생각하게 되었다. 목회적 돌봄은 예언자적 목회가 될 수 있다. 설교도 예언자적 목회가 될 수 있다. 교회학교의 교육도 예언자적 목회가 될 수 있다. (심지어 회의 모임조차도 예언자적 목회가 될 수 있다!)

그러므로 교회에 가장 본질적 문제는, 교회의 예언자적 목소리가 그 시대의 문화에 사로잡혀 버린 것은 아닌지 묻는 일이다. 하나님 말씀의 전체 계획에 신실하고자 애쓰는 하나님의 백성인 공동체는, 우리 시대의 지배 문화가 펼쳐 놓은 광야에서 외치는 예언자의 소리가 된다.[4]

스미스의 연구는 그가 관심을 둔 특별한 주제를 탐구한 것이지만, 또한 내가 이 책에서 제시한 주제들이 교회의 구체적 실천으로 이어질 수 있는 방법을 풍부하게 제시해 주기도 한다.

과학기술적인 소비주의에 빠져 있는 미국의 환경이 예언자적 목회를 마음껏 펼칠 수 있는 터전이 아니기는 해도, 내가 앞에서 언급한 몇 가지 예언자적 목회 사례들은 우리에게 용기를 불어넣어 준다. 그 목록은 저항과 대안을 제시하려는 현장의 노력들을 담고 있으며, 독자라면 누구나 이 목록에 덧붙일 수 있다. 다가오는 미래에는 더 힘들어지고 어려움을 당하게 될 교회, 그러면서도 기쁨은 더욱 커질 교회에게 가장 중요한 일은, 상상력을 통해 파악한 예언자적 본문을 구체적 실천으로 이어 가는 일이다.

약어 보기

AAR American Academy of Religion

AB Anchor Bible

ABD Anchor Bible Dictionary

ATR Anglican Theological Review

BA Biblical Archaeologist

B.C.E. Before the Common Era

BTB Biblical Theological Bulletin

CBQ Catholic Biblical Quarterly

ChrCent Christian Century

EcRev The Ecumenical Review

FOTL The Forms of the Old Testament Literature

GBS Guides to Biblical Scholarship

HBT Horizons in Biblical Theology

IDBS Interpreter's Dictionary of the Bible, Supplementary Volume

Interp Interpretation

ITC International Theological Commentary

JAAR Journal of the American Academy of Religion

JBL Journal of Biblical Literature

JSOT Journal for the Study of the Old Testament

JSOTSup JSOT Supplement Series

KAT Kommentar zum Alten Testament

OBT Overtures to Biblical Theology

OTL Old Testament Library

PTMS Pittsburgh Theological Monograph Series

SAA State Archives of Assyria

SAAS State Archives of Assyria Studies

SBL Society of Biblical Literature

SBT Society in Biblical Theology

SBTS Sources for Biblical and Theological Study

SWBA The Social World of Biblical Antiquity Series

ThTo *Theology Today*

TUMSR Trinity University Monograph Series in Religion

VT *Vetus Testamentum*

VTS VT Supplements

WW *Word and World*

ZAW *Zeitschrift Für die alttestamentliche Wissenschaft*

ZTK Zeitschrift Für die Theologie und Kirche

주

40주년 기념판 서문

1. 예를 들어, 상상력이 해석에서 담당하는 역할에 관해서는 월터 브루그만의 책 *Texts Under Negotiation: The Bible and Postmodern Imagination*(Minneapolis: Fortress Press, 1993)을 보라. 성서 본문의 상상력에 관해서는 브루그만의 책 *David's Truth in Israel's Imagination and Memory*, 2nd ed.(Minneapolis: Fortress Press, 2002)를 보라.

2. Kathleen M. O'Connor, *Jeremiah: Pain and Promise*(Minneapolis: Fortress Press, 2011).

3. Thomas Piketty의 다음 책을 보라. *Capital in the Twenty-First Century*, trans. Arthur Goldhammer(Cambridge, MA: Belknap Press of Harvard University Press, 2014). (『21세기 자본』 글항아리)

4. 이것에 대한 사례로는 다음의 글을 보라. Lawrence Mishel, Elise Gould, and Josh Bivens, "Wage Stagnation in Nine Charts," Economic Policy Institute, January 6, 2015, https://tinyurl.com/ybnuk95l.

5. Rana Foroohar의 다음 책을 보라. *Makers and Takers: How Wall Street Destroyed Main Street*(New York: Crown Business, 2016).

6. Martin Luther King Jr., "I Have a Dream," in The Autobiography of Martin Luther King, Jr., ed. Clayborne Carson(New York: Warner Books, 1998), 224.

1. Robert Jay Lifton, *Witness to an Extreme Century: A Memoir*(New York: Free Press, 2011). 이 책 67-88쪽과 381쪽에서 리프턴은 전체주의에 깊이 깃든 "치명적인 죄"에 대해 살핀다.

2. Emmanuel Levinas, *Totality and Infinity: An Essay on Exteriority*(Pittsburgh, PA: Duquesne University Press, 1969).

3. William T. Cavanaugh의 *Torture and Eucharist*(Oxford: Blackwell, 1998)은 피노체트 정권이 지배하던 칠레에서 일어난 상상력들 사이의 투쟁을 추적했다. "사회적 상상력은 단순히 어떤 것을 좀 더 현실적인 것으로 제시하는 일이 아니다. 또한 물적 '토대'를 반영하는 이데올로기적 '상부구조'와 같은 것도 아니다.……한 사회의 상상력은 사회에 속한 실체들bodies을 조직하고 의미를 부여할 수 있는 조건이다. 상상력은 실체들이 투입되어 이루어지는 드라마다.……고문이 국가의 상상력이라면 성만찬은 교회의 상상력이다"(57, 229). 카바노는 로렌스 손턴Lawrence Thornton의 소설에서 다음의 글을 인용한다. "우리는 상상의 힘을 믿어야 한다. 그것은 우리가 가진 전부이며, 우리의 상상력은 그들의 상상력보다 강하기 때문이다"(279) 카바노는 이처럼 결론짓는다. "성만찬에 참여하는 일은 하나님의 상상력 속에서 사는 것이다"(279).

   고대 이스라엘에서 왕-제사장-서기관 체제의 상상력은 매우 강력했었다. 예언자들은 그 체제의 상상력을 무너뜨리려 애썼다. 우리 시대에, 시장 이데올로기의 상상력(텔레비전이 정신없이 쏟아 내는 많은 제의들, 특히 돈이나 성, 폭력의 축제인 미국의 프로 미식축구를 통해 지속적으로 공급되고 해를 끼친다)은 상상력의 강력한 하나의 형태다. 그때처럼 지금도 예언자의 과제는 그 체제의 상상력을 무너뜨리는 일이다.

4. *Hopeful Imagination: Prophetic Voices in Exile*(Philadelphia: Fortress Press, 1986); *Reality, Grief, Hope: Three Urgent Prophetic Tasks*(Grand Rapids: Eerdmans, 2014); *The Practice of Prophetic Imagination: Preaching an Emancipatory Word*(Minneapolis: Fortress Press, 2012) (『예언자적 설교』 성서유니온선교회)

5. "The Costly Loss of Lament," *JSOT* 11/36(1986): 57 - 71.

6. Douglas John Hall은 *Lighten Our Darkness: Toward an Indigenous Theology of*

the Cross(Philadelphia: Westminster, 1976)에서 십자가의 신학을 충실하고 설득력 있게 제시한다.

7. "The Liturgy of Abundance, the Myth of Scarcity," *The Christian Century* 116/10(March 24 – 31, 1999): 342 – 47.

8. 시장 이데올로기에 관해서는 제랄드 베르투Gerald Berthoud가 비판적으로 제시한 다음의 글을 보라. "Market," in The Development Dictionary: A Guide to Knowledge as Power, ed. Wolfgang Sachs, 2nd ed.(New York: Zed, 2010), 74 – 94. 베르투의 명료한 설명에 따르면, 교역을 떠받치는 기반이었던 "시장"이 이제는 자체의 범주들을 우리의 일반적인 삶 전체에 강요하는 규제 원리로 변했다.

개정판 서문

1. Norman K. Gottwald, *The Tribes of Yahweh*: *A Sociology of the Religion of Liberated Israel, 1250- 1050 B.C.* (Maryknoll, N.Y.: Orbis, 1979).

2. Robert R. Wilson, *Prophecy and Society in Ancient Israel* (Philadelphia: Fortress Press, 1980).

3. Phyllis Trible, *God and the Rhetoric of Sexuality*, OBT (Philadelphia: Fortress Press, 1978). (『하나님과 성의 수사학』 태초) 이 책보다 나중에 나온 필리스 트리블의 책 *Rhetorical Criticism*: *Context, Method, and the Book of Jonah*, GBS (Minneapolis: Fortress Press, 1994)은 이 방법을 좀 더 계획적으로 다루고 있다. (『수사비평』 한국기독교연구소)

4. 잘 알려져 있듯이, 폴 리쾨르는 "본문 배후의 세계", "본문 안의 세계", "본문 앞의 세계"로 구분한다.

5. 이 쟁점과 관련된 최근 논의에서 중요한 책으로는 Garrett Green의 *Theology, Hermeneutics, and Imagination*: *the Crisis of Interpretation at the End of Modernity* (Cambridge: Cambridge University Press, 2000)가 있다. 상상력에서 핵심 쟁점은 상상력이 알려진 사실을 어느 정도까지 반영해 주며 또 새로운 사실을 어느 정도까지 산출해 내느냐는 점이다. 그린은 이 문제에 대해 신중하지만 그의 최근 책을 보면 조금은 더 구성주의constructivist 쪽으로 기우는 듯 보

인다.

6. Frederick Asals, *Flannery O'Connor: The Imagination of Extremity* (Athens: University of Georgia Press, 1982).

7. 같은 책, 198-233.

8. 같은 책, 213.

9. 같은 책, 215.

10. 같은 책, 221. Abraham Heschel, *The Prophets* (New York: Harper & Row, 1962), 10에서 인용. (『예언자들』삼인)

11. 같은 책, 221.

12. 같은 책, 226. Heschel의 책 179에서 인용.

13. 같은 책, 226.

14. 같은 책, 227.

15. 같은 책, 228, Heschel의 책 7에서 인용.

16. 같은 책, 233.

17. Wilson의 책, *Prophecy and Society in Ancient Israel*, 69-83과 기타 여러 곳에서 인용.

18. William T. Cavanaugh, *Torture and Eucharist: Theology, Politics, and the Body of Christ* (Oxford: Blackwell Publishers, 1998).

19. Lawrence Thornton, *Imagining Argentina* (New York: Doubleday, 1987).

20. Cavanaugh의 *Torture and Eucharist*, 278; Thornton의 책 131에서 인용.

21. Lawrence의 책, *Imagining Argentina*, 65; Cavanaugh의 책 *Torture and Eucharist*, 279에 인용.

22. Cavanaugh의 *Torture and Eucharist*, 279.

1장

1. 예언자는 분명 전통과 긴장관계를 지니며 살아간다. 예언자가 전승에 의해 형성되는 점이 확실하지만, 이 전승으로부터 자유롭게 되어 하나님의 새로운 자유를 주장하는 일 역시 예언자의 특성이다. 더글러스 나이트Douglas A. Knight가 편집한 *Tradition and Theology in the Old Testament* (Philadelphia:

Fortress Press, 1977)의 69-100에 실린 발터 침멀리Walther Zimmerli의 글 "Prophetic Proclamation and Reinterpretation"을 보라. 좀 더 폭넓게 다룬 자료로는, '고대 유대교와 기독교에 대한 연구서'의 제3권인 조지프 블렌킨소프Joseph Blenkinsopp의 책 *Prophecy and Canon: A Contribution to the Study of Jewish Origins* (Notre Dame, Ind.: Notre Dame Univ. Press, 1977)가 예언자와 전승 사이에 이어져 온 긴장관계에서 나타나는 권위를 탐구했다.

2. 이 주장은 형식적인 면에서 피터 버거와 토마스 루크만의 사회학을 따르고 있다. Peter Berger and Thomas Luckmann, *The Social Construction of Reality: A Treatise in the Sociology of Knowledge* (Garden City, N.Y.: Doubleday, 1966) (『지식 형성의 사회학』기린원); Peter Berger, *The Sacred Canopy: Elements of a Sociological Theory of Religion* (Garden City, N.Y.: Doubleday, 1967); Thomas Luckmann, *The Invisible Religion: The Problem of Religion in Modern Society* (New York: Macmillan, 1967). (『보이지 않는 종교』기독교문사). 그러나 내 관심은 예언자적 목회의 형식을 이해하는 것이 아니라 그 내용을 파악하는 데 있다. 내용 면에서 이 주제를 잘 다룬 책으로는 다음의 책을 보라. Douglas John Hall, *Lighten Our Darkness: Toward an Indigenous Theology of the Cross* (Philadelphia: Westminster Press, 1976).

3. 예언자적 황홀체험에 관한 자료들은 요하네스 린드블롬Johannes Lindblom의 책 *Prophecy in Ancient Israel* (Philadelphia: Fortress Press, 1973; 원본은 1962년 판)에 잘 요약되어 있다. 또 다음의 자료들을 참고하라. V. Epstein, "Was Saul Also Among the prophets?" ZAW 81(1969): 287-304; Robert R. Wilson, "Prophecy and Ecstasy: A Reexamination," JBL 98(1979): 321-337. (이 글은 C. E. Carter와 C. L. Meyers가 편집한 Community, Identity, and Ideology: Social Science Approaches to the Hebrew Bible (Winona Lake, Ind.: Eisenbrauns, 1996)의 404-422에 다시 실렸다.) 또 토머스 오버홀트Thomas W. Overholt의 비교 연구 저작인 *Channels of Prophecy: The Social Dynamics of Prophetic Activity* (Minneapolis: Fortress Press, 1989)도 살펴볼 필요가 있다.

제도적 예언에 관한 마리 문서와 비교 자료들을 다음 글에서 볼 수 있다. F. Ellenmeier, *Prophetie in Mari und Israel* (Herzberg: E. Jungfer, 1968); John H. Hayes, "Prophetism at Mari and Old Testament Parallels," ATR 49(1967)

397-409; Herbert B. Huffmon, "Prophecy in the Mari Letters," BA 31(1968) 101-24. 또 Huffmon의 요약 논문인 "Prophecy in the Ancient Near East," in IDBS(1976) 697-700와 "Prophecy (Ancient Near East)," in ABD(New York: Doubleday, 1992) 5:477-482; Abraham Malamat, "A Forerunner of Biblical Prophecy: The Mari Documents," in Ancient Israelite Religion: Essays in Honor of Frank Moore Cross, ed P. D. Miller Jr. et al. (Philadelphia: Fortress Press, 1987) 33-52; 역시 같은 저자의 "Prophecy at Mari" in The Place Is Too Small for Us: The Israelite Prophets in Recent Scholarship, ed. R. P. Gordon, SBTS 5(Winona Lake, Ind.: Eisenbrauns, 1995), 50-73.

신 아시리아의 예언에 관해서는 다음의 자료들을 참조하라. Martti Nissinen, *References to Prophecy in Neo-Assyrian Sources*, SAAS 7(Helsinki: Neo-Assyrian Text Corpus Project, 1998); Simo Parpola, *Assyrian Prophecies*, SAA 9(Helsinki: Helsinki Univ. Press, 1997).

4. R. E. Clements, *Prophecy and Tradition: Growing Points in Theology* (Atlanta: John Knox, 1975), R. E. Clements, *Prophecy and Covenant*, SBT 1/43 (Naperville, Ill.: Allenson, 1965). 나는 이런 주장이 현재의 학문적 경향과는 대치한다는 사실을 안다. 예를 들어 로널드 클레멘츠[Ronald Clements]가 최근에 펴낸 책, *Prophecy and Tradition*을 보면 그가 전에 *Prophecy and Covenant*에서 주장했던 초기 입장에서 어느 정도 후퇴한 것을 볼 수 있다. 오늘날에는 일종의 신 벨하우젠의 관점이 다시 주장되고 있으며, 이로 인해 폰 라트의 종합이 크게 수정된다. 그럼에도 내가 주장하려는 점은, 이스라엘에게 대안 의식을 일으키려고 노력했던 패러다임적 예언자인 모세를 우리의 출발점으로 삼는다면 우리가 제대로 된 근거 위에 서 있다는 점이다.

5. George E. Mendenhall, *The Tenth Generation: The Origins of the Biblical Tradition* (Baltimore: Johns Hopkins Uni. Press, 1973), 7-8장; Norman K. Gottwald, "Domain Assumptions and Societal Models in the Study of Pre-Monarchic Israel" in *Congress Volume: Edinburgh 1974*, VTS 28(Leiden: Brill, 1978) 89-100. 이 글은 갓월드의 다음 책에 다시 실렸다. *The Hebrew Bible in Its Social World and in Ours, Semeia Studies* (Atlanta: Scholars, 1993), 5-15. (『히브리 성서』 한국신학연구소) 같은 저자의 책 *The Tribes of Yahweh: A Sociology of*

the Religion of Liberated Israel, 1250-1050 B.C. (Maryknoll, N.Y.: Orbis, 1979).

6. 노먼 갓월드와 리처드 호슬리Richard A. Horsley가 편집한 *The Bible and Liberation: Political and Social Hermeneutics, Bible and Liberation Series* (Maryknoll, N.Y.: Orbis, 1979)에 실려 있는 글을 보라.

7. 이러한 생각은 더글러스 믹스의 책 *God the Economist: The Doctrine of God and Political Economy* (Minneapolis: Fortress Press, 1989)에서 가장 뚜렷하게 나타난다. (『하느님의 경제학』 한울)

8. 하나님의 자유라는 주제는 바르트의 신학적 작업 전체에서 가장 중요한 위치에 있다. 침멀리는 이러한 중요성을 다음과 같이 생생하게 표현했다. "이렇듯 예언자의 선포는 살아 계신 분the Living One의 도래를 선포하기 위하여 전승을 깨뜨리고 변형시킨다"("Prophetic Proclamation," 100). 이러한 신학적 고백이 지니는 사회적 의미를 밝혀내는 것이 해방신학자들의 일이다. 다음의 저술들과 비교해 보라. Erhard S. Gerstenberger, "Der Befreiende Gotte: Zum Standort lateinamerikanischer Theologie," in *Problems in Biblical Theology: Essays in Honor of Rolf Knierim*, ed. H. T. C. Sun et al. (Grand Rapids: Eerdmans, 1997), 145-166; Jose Porfirio Miranda, *Marx and the Bible: A Critique of the Philosophy of Oppression*, trans. J. Eagleson (Maryknoll, N.Y.: Orbis, 1974). (『마르크스와 성서』 일월서각)

9. 마르크스는 "헤겔의 법철학 비판Critique of Hegel's Philosophy of Right"이라는 글에서 다음과 같이 선언한다. "따라서 하늘에 대한 비판은 땅에 대한 비판으로 바뀌고, 종교 비판은 법 비판으로, 신학에 대한 비판은 정치 비판으로 바뀐다." Robert C. Tucker, ed. *The Marx-Engels Reader* (New York: Norton, 1972), 13에서 인용.

10. James Plastaras, *The God of Exodus: The Theology of the Exodus Narratives* (Milwaukee: Bruce, 1966), 3장.

11. "원초적인 절규"이라는 용어의 의미에 관해서는 아서 재노스Arthur Janos의 책 *The Primal Scream* (New York: Putnam, 1970)을 보라. 도르테 죌레는 탄원을 표현하는 일이 어떻게 해방의 시작이 되는가를 밝혀 주었다. *Suffering*, trans. E. R. Kalin (Philadelphia: Fortress Press, 1975)을 보라. (『고난』 한국신학연구소)

12. Erhard S. Gerstenberger, "Der klagende Mensch: Anmerkungen zu den Klagegattungen in Israel," in *Probleme biblischer Theologie: Gerhard von Rad*

zum 70. Geburtstag. ed. H. W. Wolff(Munich: Kaiser, 1971), 64-72. 그가 또 탄원과 애도의 중요한 차이점을 설명하고 있는 자료로 다음의 글을 보라. "Jeremiah's Complaints," JBL 82 (1963): 407 n.55에서 그의 최근의 책, *Psalm: Part I with an Introduction to Cultic Poetry*, FOTL 14 (Grand Rapids: Eerdmans, 1988).

13. 췰레는 애도와 탄원과 저항을 공적으로 표현하는 일을 통해 무력한 사람이 힘을 얻게 된다고 말한다(Suffering, 73). 그레이엄 그린Graham Greene은 말문이 막혀 버리는데, 따라 나오는 무력함을 설명하면서 다음과 같이 말을 잃어버린 사람들을 대조한다. "그가 만나는 중산층 환자들 대다수는 단순히 감기에 걸린 일을 설명하는 데 적어도 10분이나 시간을 잡아먹곤 했다. 가난한 사람들의 지역에 가서야 그는 침묵으로 일관하는 고통, 곧 아픔의 정도라든가 위치, 특징을 설명할 어휘를 지니지 못한 고통을 대했다." *The Honorary Consul* (New York: Simon & Schuster, 1973), 66을 보라.

14. 홀은 어둠을 고난과 죽음과 자유의 싸움터라고 보는 주제를 잘 연구했다. 그는 연구의 결론에서 다음과 같이 말한다. "십자가에 달려서 어둠을 거론하는 사람들은 하나님에게든 사람에게든, 절대적인 빛과 순전한 비전을 구하지 못한다. 어둠은, 과거에 그의 십자가 논리에 사로잡혔던 사람들에게처럼, 그들에게도 신앙의 문제가 된다"(Lighten Our Darkness, 225).

15. 예언자들은 "밑으로부터from below" 당파적 신학을 하는 데 반해 왕권 의식은 언제나 "위로부터from above" 당파적 신학을 하려는 특성을 지닌다. Robert McAfee Brown, "The View from Below," A.D. 6 (September 1977), 28-31을 보라. 이와 관련하여, "Theology in the Americas"라는 주제로 모인 디트로이트 컨퍼런스는 "의심의 해석학"을 발표했는데, 이는 밑으로부터의 신학을 택한 것이다. 이 구절은 폴 리쾨르를 따른 것이지만, 특별히 성서학에서 엘리자베스 쉬슬러 피오렌자Elisabeth Schuessler Fiorenza의 *In Memory of Her: A Feminist Theological Reconstruction of Christian Origins* (New York: Crossroad, 1983; 10주년 기념판, 1994)을 따른 것이다. (『크리스챤 기원의 여성신학적 재건』 종로서적)

16. 데이비드 노엘 프리드먼의 다음 글을 보라. "Pottery, Poetry and Prophecy: An Essay on Biblical Poetry," JBL 96(1977): 5-26; "Divine Names and Titles in Early Hebrew Poetry," in Magnalia Dei: The Mighty Acts of God,

Essays on the Bible and Archaeology in Memory of G. Ernest Wright, ed. F. M. Cross et al. (Garden City, N.Y.: Doubleday, 1976), 55-107. 이 두 글은 Freedman, *Pottery, Poetry and Prophecy: Studies in Early Hebrew Poetry* (Winona Lake, Ind.: Eisenbrauns, 1980), 1-22, 77-129에 실렸다.

17. 이렇게 이루어진 학문적인 회복의 사례로는 필리스 트리블의 글, "Bringing Miriam Out of the Shadows," *Bible Review 5/1* (February 1989), 13-25을 보라.

18. Abraham Heschel, *Who Is Man?* (Stanford, Calif.: Stanford Univ. Press, 1965), 6장과 그 외. (『누가 사람이냐』 한국기독교연구소)

19. 신앙의 가능성과 관련하여 담론의 세계가 지니는 근본적 중요성에 관해서는 특히 다음 책을 참고하라. Rubem A. Alves, *Tomorrow's Child: Imagination, Creativity, and the Rebirth of Culture* (New York: Harper & Row, 1972).

2장

1. John Gager, *Kingdom and Community: The Social World of Early Christianity*, Prentice-Hall Studies in Religion Series (Englewood Cliffs, N.J.: Prentice-Hall, 1975). (『초기기독교 형성과정 연구: 하나님 나라와 공동체』 대한기독교서회)

2. 로버트 프리드릭스Robert. W. Friedrichs는 *A Sociology of Sociology* (New York: Free Press, 1970)에서 사회학자의 관심사에 관해, 그리고 관심사가 학문에 미치는 영향에 관해 빈틈없이 잘 설명해 놓았다. 여기서 우리가 제시하려는 패러다임과의 연관성을 주의해서 살펴볼 필요가 있다. 따라서 프리드릭스가 사회학에서 사용하는 체계와 갈등system and conflict이라는 패러다임들은 이스라엘의 왕권 전승과 모세 전승에 밀접한 관계가 있다.

3. 이 특별한 주장은 1976년 세인트루이스에서 행한 강연에서 발표되었다. 그러나 그의 일반적인 주장도 역시 이런 방향으로 나간다. 이러한 신학적 주장은 부족과 도시에 관한 그의 이해와 무관하지 않다. 다음의 책과 비교하라. Mendenhall, "Social Organization in Early Israel," in *Magnalia Dei: The Mighty Acts of God*, ed. F. M. Cross et al. (Garden City, N.Y.: Doubleday, 1976), 132-151.

4. 형태도 다양하고 언어적인 뿌리도 다양한 용어인 '하피루hapiru'는 제2천년기

의 고대 근동지역에서 등장한다. 이 말이 의미하는 것은, 사회 변두리에 살면서 사회를 위협하고 또 역으로 위협당하기도 했던, 나라를 이루지 못한 사람들이다. 일반적으로 '히브리Hebrew'라는 성서 용어가 이 말과 관계가 있다고 여겨진다. 만일 그게 사실이라면, 이스라엘을 이루게 된 집단에 대한 초기의 언급들은 불안정하게 변두리에 위치한 사람들로 이루어진, 광범위한 사회 운동과 관계가 있다. 최근의 학문 연구는 이 용어가 인종을 의미하는 것이 아니라 사회학적인 용어이며, 또 여러 지역에 퍼져서 정치 경제적으로 위태로운 상태로 살아가던 사람들을 가리킨다고 말한다. 이 히브리-하피루 주제는 노먼 갓월드의 탁월한 사회학적 해설서인 *The Tribes of Yahweh*: *A Sociology of the Religion of Liberated Israel, 1250-1050 B.C.* (Maryknoll, N.Y.: Orbis, 1979)에서 잘 다루고 있다.

5. 다음 글을 보라. George F. Mendenhall, "The Monarchy," Interp 29(1975) 155-170; Frank Moore Cross, *Canaanite Myth and Hebrew Epic*: *Essays in the History of the Religion of Israel* (Cambridge: Harvard Univ. Press, 1973), 237-241. 크로스는 다윗의 궁정을 '야비한'이라는 말로 서술하는데, 이 말은 대체로 사울에게만 사용했던 말이다. 제임스 플래너갠James Flanagan의 중요한 책인 *David's Social Drama*: *A Hologram of Israel's Early Iron Age*, JSOTSup 73; SWBA 7(Sheffield: JSOT, 1988)를 보라.

6. Walter Brueggemann, "The Social Significance of Solomon as Patron of Wisdom," in *The Sage in Israel and the Ancient Near East*, ed. J. G. Gammie and L. G. Perdue (Winona Lake, Ind.: Eisenbrauns, 1990), 117-132.

7. 이에 대한 증거는 다음의 책에 정리되어 있다. Amihai Mazar, *Archaeology of the Land of the Bible, 10,000-586 B.C.E.* (New York: Doubleday, 1992), 368-402; Gosta W. Ahlstrom, *The History of Ancient Palestine*, ed. D. Edelman (Minneapolis: Fortress Press, 1993), 455-542; William G. Dever, "Archaeology of the 'Age of Solomon': A Case Study in Archaeology and Historiography," in *The Age of Solomon*: *Scholarship at the Turn of the Millennium*, ed. L. K. Handy, Studies in *the History and Culture of the Ancient Near East 11* (Leiden: Brill, 1997), 217-251.

8. Mendenhall, "The Monarchy," 160.

9. Gerhard von Rad, *Old Testament Theology*, trans. D. M. G. Stalker (New York: Harper & Brothers, 1962), 148-156. (『구약성서신학』 분도출판사). 폰 라트가 가설로 세우고 다른 많은 학자들이 날카롭게 비판한 이 현상은 부정적인 면과 긍정적인 면으로 이해될 수 있다. 제임스 크렌쇼[James L. Crenshaw]는 긍정적인 해석이냐 부정적인 해석이냐를 떠나 솔로몬의 계발이라는 가설 자체를 부정한다.("Introduction," in Studies in Ancient Israelite Wisdom, Library of Biblical Studies [New York: Ktav, 1976], 16-20)

10. Walter Brueggemann, In *Man We Trust: The Neglected Side of Biblical Faith* (Richmond: John Knox Press, 1972)를 보라. 나는 이 책에서 제시한 내 해석이 기본적으로 옳다고 믿는다. 하지만 내 해석은 내 책이 쓰였던 배경, 곧 1960년대 후반의 신학적 분위기에 따라 이루어진 긍정적인 해석이라는 점을 감안해서 강조하거나 읽어야 한다.

11. 슈테판 하임[Stefan Heym]은 *The King David Report* (New York: Putnam, 1972), 237에서 이 차이점을 섬세하게 드러내고 있다.

12. 다음 글을 보라. Walter Brueggemann, "Presence of God, Cultic," in IDBS, 630-633; 같은 저자의 *Theology of the Old Testament: Testimony, Dispute, Advocacy* (Minneapolis: Fortress Press, 1997), 576-704. (『구약신학』 한들출판사); Samuel Terrien, *The Elusive Presence: Toward a New Biblical Theology, Religious Perspectives* (New York: Harper & Row, 1978).

13. 위르겐 몰트만[Jurgen Moltmann]은 격정의 상실이 심리적 요인뿐만 아니라 사회적 억압에서 흔히 발견되는 요소라고 매우 분명하게 밝혀냈다. 그의 책 *The Experiment Hope*, ed. and trans. M. Douglas Meeks (Philadelphia: Fortress Press, 1975), 6장을 보라. 또 더욱 폭넓게 다룬 논의로, 그의 책 *The Crucified God: the Cross of Christ as the Foundation and Criticism of Christian Theology*, trans. R. A. Wilson and J. Bowden (New York: Harper & Row, 1974)을 보라. (『십자가에 달리신 하나님』 한국신학연구소)

14. 따라서 한스 벨헬름 헤르츠베르크[Hans Wilhelm Hertzberg]는 창세기 자료들과 직접 연결된 것으로 본다. "코헬렛(전도서)의 저자는 자기 앞에 창세기 1-4장을 놓고 그 책을 썼다. 코헬렛의 개념은 창조 역사를 기초로 삼아 형성되었다"(Der Prediger, KAT, 17[Gutersloh: Gerd Mohn, 1963], 230). 헤르츠베르크는 이 문헌

이 창세기 1-4장을 반영한 것으로서, 솔로몬 시대의 작품으로 보이는 J(야
웨 기자) 자료를 포함한다고 설득력 있는 가설을 제시했다. 이 문헌을 간접적
으로나마 솔로몬 시대의 상황과 연계시키는 의외의 논의는 제임스 윌리엄
스의 전도서 분석에 의해 강화된다. James G. Williams, "What Does It Profit
a Man?" in *Studies in Ancient Israelite Wisdom*, ed. J. L. Crenshaw (New York:
Ktav, 1976), 375-389. 윌리엄스 자신은 이 문제에 전혀 관심이 없으나 그가
이 문헌에 관해 주장하는 사실은 귀 기울여 들을 만하다.

15. 다음 책과 비교하라. Bernhard W. Anderson, *Creation Versus Chaos: The
Reinterpretation of Mythical Symbolism in the Bible* (Philadelphia: Fortress Press,
1987; 새로운 서문을 첨가해 다시 출판됨).

16. 이 두 흐름의 전승과 이러한 두 가지 현실 인식 사이의 관계는 오늘날 구약
성서 연구에서 근본적인 문제가 된다. 전승 자체는 연속성을 강조하지만, 이
와 관련된 학문은 그 둘을 구분할 뿐만 아니라 둘 사이에서 심각한 갈등을
찾아낸다. 이런 식으로 문제를 제기하면 요시야라는 인물이 힘을 얻는다. 요
시야에게서는 이 둘이 간결하게 결합된다.

17. 다음 책을 보라. Dorothee Soelle, *Suffering*, tran. E. R. Kalin (Philadelphia:
Fortress Press, 1975); Moltmann, *The Experiment Hope*; Elie Wiesel의 *A Beggar
in Jerusalem* (New York: Schocken, 1987)을 비롯한 여러 작품들; Abraham
Joshua Heschel, *The Prophets* (New York: Harper & Row, 1962).

18. 나는 다음 논문에서 이 패러다임을 아주 구체적인 방식으로 사용한 적이 있
다. "A Biblical Perspective on Hunger." ChrCent 94(1977), 1136-1141.

19. 이 구절은 Douglas John Hall, *Lighten Our Darkness: Toward an Indigenous
Theology of the Cross* (Philadelphia: Westminster, 1976), 3장에서 인용한 것이다.

3장

1. 루벰 알베스Rubem A. Alves는 *Tomorrow's Child: Imagination, Creativity, and the
Rebirth of Culture* (New York: Harper & Row, 1972)에서 이 점을 아주 멋지게 설
명했다. 상상력을 발휘하는 일은 전복적 행위가 되는데, 그 까닭은 그 일이 구
체적인 도전 행위를 낳기 때문이 아니라(물론 그럴 경우도 있겠지만) 현재를 잠

정적인 것으로 보고 그것을 절대화하는 일을 거부하기 때문이다. 역사적 상상력historical imagination은 현재와는 별개의 미래를 가능하게 해 준다. 미래를 확고하게 현재와 연속되는 일로 만드는 것은 모든 전체주의 체제가 노리는 일이다

2. 2장에서 지적한 것처럼, 여기서 전도서를 언급한다고 해서 헬레니즘 시대로 연대를 정한 관례에 문제를 제기하는 것은 아니며, 다만 이 시대의 냉소주의가 솔로몬 시대 상황에서 등장한 냉소주의와 상관관계가 있다는 사실만을 말하는 것이다. 사회상으로 보면, 이 두 시기는 이스라엘에서 대조적인 모습을 지닌다. 하지만 인간의 정신적 측면에서 보면, 두 시대는 똑같이 가련한 상황에 처했다.

3. R. D. Laing, *The Politics of Experience* (New York: Pantheon, 1967), 1장. 레잉의 핵심적 진술은 다음과 같다. "우리의 경험이 무너진다면, 우리의 행실도 파괴적인 모습을 띨 것이다"(12). 경험과 행동의 이러한 대조는 최근에 마틴 마티Martin Marty가 *A Nation of Behavers* (Chicago: Univ. of Chicago Press, 1976)에서 제시한 논의의 가치를 밝혀 준다. 내가 이번 장에서 제시하는 주장은, 이스라엘의 예언자들은 경험과 행동 사이에서 나타나는 이런 소외 상태를 해결해야 했으며, 당시 왕정 이스라엘은 오직 행동만을 다룰 수 있었다는 사실이다.

4. 로버트 리프턴과 에릭 올슨Eric Olson은 *Living and Dying* (New York: Praeger, 1974)에서 죽음을 나타내는 상징들이 제 기능을 하지 못하는 경우와, 또 죽음이 제대로 상징화되지 못할 때 죽음은 파괴성을 띤다는 사실을 연구했다. 이렇게 해서 이들은 "심리적 마비psychic numbing"와 "상징 공백symbolic gap"을 말하고 있다(137). 이들의 결론은, 죽음을 다루는 테크놀로지로 말미암아 "우리가 사는 전 시대가 온통 마비와 무감각의 시대가 되었다"는 것이다. 리프턴의 다음 글과 비교하라. *Death in Life: Survivors of Hiroshima* (New York: Random House, 1967), 474; "Technology Leads to Disconnected Death."; *History and Human Survival: Essays on the Young and Old, Survivors and the Dead, Peace and War, and on Contemporary Psychohistory* (New York: Random House, 1970), 175. 여기서 리프턴은 상징을 갖지 못한 죽음을 가리켜 "관계 의식의 단절severance of the sense of connection"이라고 말한다. 왕에 맞서는 예언자는 적절한 상징들을 풍요롭게 제공하고 나아가 관계성을 견고하게 만들어야 한다.

5. 효과적인 상징이란, 공동체의 역사 속에서 자라난 상징이다. 따라서 우리는

여기서 보편적인 신화를 말하고 있는 게 아니고 특정 역사에 적합한 상징화에 대해 이야기하고 있다. 이스라엘의 경우, 예레미야의 예언을 통해 이스라엘이 되찾은, 잘못된 일들에 대한 기억을 예로 들 수 있다. 피터 아크로이드Peter R. Ackroyd의 "Continuity and Discontinuty: Rehabilitation and Authentication," in *Tradition and Theology in the Old Testament*, ed. D. A. Knight (Philadelphia: Fortress Press, 1977), 215-234에 나오는 도발적인 말들을 살펴보라. 연속성을 주장하는 상징들은 위험하다. 이런 상징들은 불연속성을 지니는 현실을 위축시키기 때문이다. 하지만 아크로이드는, 리프턴이 우리가 살고 있는 문화 속에서 발견한 것을 이스라엘에게 적용한 것이다.

6. 그러한 말에 권위를 실어 주는 고뇌와 격정은 포괄적인 신화comprehensive myths가 아니라 공동체의 경험으로부터 나와야 한다. 따라서 레잉이 주장한 대로, 은유와 비유에 관한 연구는 이스라엘의 경험이 본래대로 이루어질 수 있도록 해 주는 것이어야 한다. 언어의 구체성에 관해서는 다음 책을 보라. Sallie McFague TeSelle, *Speaking in Parables: A Study in Metaphor and Theology* (Philadelphia: Fortress Press, 1975); John Dominic Crossan, *The Dark Interval: Towards a Theology of Story* (Sonoma, Calif.: Polebridge, 1988; 개정판); William R. Herzog II, *Parables as Subversive Speech: Jesus as Pedagogue of the Oppressed* (Louisville: Westminster John Knox, 1994). 예언자의 과제는 역사적 경험으로부터 나온 은유들을 활성화시키는 것이다.

7. 이 본문을 전혀 다른 관점에서 비판하는 글로는 다음을 보라. George Mendenhall, "The Shady Side of Wisdom: The Date and Purpose of Genesis 3," in *A Light Unto My Path: Old Testament Studies in Honor of Jacob M. Myers*, ed. H. N. Bream, et al. (Philadelphia: Temple Univ. Press, 1974), 319-334. 솔로몬 시대의 것으로 보는 일반적인 견해에 맞서 멘텐홀이 주장한 대로, 포로 시대로 시기를 정하는 일은 두 시대를 나란히 놓고 볼 수 있게 해 주는 중요한 자리가 된다.

8. 따라서 무감정apathy과 공식적 낙관주의 속에는 이데올로기적인 의도가 숨겨져 있다. 이에 반해, 예언자들이 촉구하고 실행하는 애통과 애도는 왕권적 현실을 해체하는 출발점이 된다. 겉으로 표현된 고통은 대항 권력counterpower을 일으키는 출발점이 된다. G. Muller-Fahrenholz, "Overcoming Apathy,"

EcRev 27(1975), 48-56을 보라. 그는 A. 미트셸리히Mitscherlich의 연구를 따라, 독일 사람들이 나치 시대에 대해 애통해하지 못하는 무능력을 지적한다. 이러한 연구는 리프턴이 발견한 사실과 일치한다. 뮐러 파렌홀츠의 주장은 이 책에서 제기하는 논점, 곧 애통하는 일이 없으면 무감정을 극복하는 일도 새로운 과제를 받아들이는 것도 불가능하다는 주장과 일치한다. 저항에 필수적인 조건이 되는 파토스에 관해서는 다음 글을 보라. James L. Crenshaw, "The Human Dilemma and Literature of Dissent," in *Tradition and Theology in the Old Testament*, 235-237; Walter Brueggemann, "A Shape for Old Testament Theology, Ⅱ: Embrace of Pain," CBQ 47(1985), 395-415.

9. 다음 글을 참조하라. William L. Holladay, "The Background of Jeremiah's Self-Understanding: Moses, Samuel, and Psalm 22," JBL 83(1964), 153-164. 비교적 간접적인 글로는 다음을 참조하라. Sheldon Blank, "The Prophet as Paradigm," in *Essays in Old Testament Ethics: J. Philip Hyatt, in Memoriam*, ed. J. L. Crenshaw and J. T. Willis (New York: Ktav, 1974), 111-130. 예레미야 전승을 애통으로 정의하는 글로는 다음을 보라. Peter Weter, "Leiden und Leidenerfahung im Buch Jeremia," ZTK 74(1977): 123-150.

10. 예레미야가 나누어진 주님의 격정에 관해서는 다음 글을 보라. Abraham Joshua Heschel, *The Prophets* (New York: Harper & Row, 1962), 6장.

11. 다음 책을 참조하라. Karl Barth, *Church Dogmatics 1/2*, trans. G. W. Bromiley (Edinburgh: T. & T. Clark, 1956), sec. 14. 그는 논의의 상당 부분을 하나님의 자유에 대해, 또 시간을 부정해서 "영원한 현재"를 내세우려는 왕권적 특성에 대해 다루는 데 할애한다. 이에 반해, 성서적 신앙은 하나님의 시간, 즉 회고와 희망의 시간 속에서 산다.

12. 이 은유를 탁월하게 사용하는 예레미야에 대해서는 다음 글을 보라. James Muilenburg, "The Terminology of Adversity in Jeremiah," in *Translating and Understanding the Old Testament: Essays in Honor of Herbert Gordon May*, ed. H. T. Frank and W. L. Reed(New York: Abingdon, 1970), 42-63.

13. Phyllis Trible, "The Gift of the Poem: A Rhetorical Study of Jeremiah 31:15-22," Andover Newton Quarterly 17(1977), 271-280에 나오는 섬세한 해석을 보라. 같은 저자의 책 *God and the Rhetoric of Sexuality*, OBT (Philadelphia:

Fortress Press, 1978)을 보라. Walter Brueggemann, "Texts That Linger, Words That Explode" in *Texts That Linger, Words That Explode* (Minneapolis: Fortress Press, 1999), 1-19, 특히 4-7을 보라.

14. Terence E. Fretheim, *The Suffering of God: An Old Testament Perspective*, OBT (Philadelphia: Fortress Press, 1984), 132-136.

15. 주님을 가장 통렬한 모습으로 그리고 있는 사람이 엘리 비젤Elie Wiesel이다. *Ani Maamin: A Song Lost and Found Again* (New York: Random House, 1973).

16. 더글러스 홀은 부정성의 주제를 십자가의 신학뿐만 아니라 오늘 우리의 사회적 상황에도 적용하였다. 그의 책 *Lighten Our Darkness: Toward an Indigenous Theology of the Cross* (Philadelphia: Westminster Press, 1976), 특히 2 장을 보라.

4장

1. Thomas M. Raitt, *A Theology of Exile: Judgment/Deliverance in Jeremiah and Ezekiel* (Philadelphia: Fortress Press, 1977).

2. John Bright, *Jeremiah*, AB 21 (Garden City, N.Y.: Doubleday, 1965). 다른 견해에 대해서는 다음 글을 보라. Walter Brueggemann, *A Commentary on Jeremiah: Exile/Homecoming* (Grand Rapids: Eerdmans, 1998); Robert P. Carroll, *Jeremiah: A Commentary*, OTL (Philadelphia: Westminster, 1986).

3. John Kautsky, *The Politics of Aristocratic Empires* (Chapel Hil: Univ. of North Carolina Press, 1982); 7-8. K. C. Hanson and Douglas E. Oakman, *Palestine in the Time of Jesus: Social Structures and Social Conflicts* (Minneapolis: Fortress Press, 1998), 64-70.

4. Norman K. Gottwald, *Studies in the Book of Lamentations*, SBT 1/14(2d ed. Chicago: Allenson, 1962).

5. 버나드 앤더슨은 거론되고 있는 전승에서 확연히 구분되는 두 가지 차원 들을 탐구했다. 그러나 그 어느 쪽이든 그것은 특수한 이스라엘 전승에 속 한 것이다. 다음 글을 보라. "Exodus Typology in Second Isaiah," in *Israel's Prophetic Heritage: Essays in Honor of James Muilenburg*, ed. B. W. Anderson

and W. Harrelson(New York: Harper & Brothers, 1962), 177-195; "Exodus and Covenant in Second Isaiah and Prophetic Tradition," in *Magnalia Dei: The Mighty Acts of God. Essays on the Bible and Archaeology in Memory of G. Ernest Wright*, ed. F. M. Cross et al.(Garden City, N. Y.: Doubleday, 1976), 339-360.

6. 다른 어느 때보다도 오늘날, 예언자적 목회는 말과 희망 사이의 본질적 관계를 분명하게 볼 수 있어야 한다. 희망을 가능하게 해 주는 것은 말뿐이며, 과학기술적인 왕권 의식이 진지한 말을 차단할 때 그것은 곧 희망을 막아 버리는 것이다. 바울은 이 점을 로마서 10:14-21을 통해 분명하게 보여주었다.

7. 해체하는 수단으로서 희망이 지니는 전복적 힘에 관해서는 다음 책을 보라. John M. Swomley Jr., *Liberation Ethics* (New York: Macmillan, 1972).

8. 제2이사야가 풍성한 언어를 사용하는 것으로 볼 때, 이 시인은 자기 시대의 문헌을 가까이 했을 뿐만 아니라 그것을 소화했고 나아가 활용했다는 사실을 알 수 있다. 특히 다음 책을 참조하라. Klaus Baltzer, *Deutero-Isaiah*, trans. M. Kohl, Hermeneia (Minneapolis: Fortress Press, 2001). 창조신학과 관련해 욥기와 제2이사야의 연관성에 대해서는 로버트 파이퍼Robert Pfeiffer가 "Dual Origin of Hebrew Monotheism," JBL 46(1927), 193-206에서 다루었다. 제2이사야를 예레미야 애가에서 나오는 애통에 대한 응답으로 볼 수도 있다는 주장은 탐구할 가치가 있다. 제2이사야의 시가 "위로하여라, 위로하여라"(사 40:1)라는 말로 서두를 시작하고 있는 것은 예레미야 애가에서 "위로하는 사람이 아무도 없구나"(애 1:2, 17)라고 말한 데 대한 반응일지도 모른다.

9. 이 구절은 단지 준 빙엄June Bingham이 쓴 라인홀드 니버의 전기인 *Courage to Change: An Introduction to the Life and Thought of Reinhold Niebuhr* (New York: Scribnerm, 1961)에서 좀 재미있게 인용한 것이다. 이 구절은 이스라엘의 주님에게만 적용할 수 있는 것이 아니고, 왕권 의식이 영원한 안정을 추구하면서 만들어 낸 하나님의 불변성immutability과 맞서 싸우는 예언자들에게도 중요한 주장이다.

10. Raitt, *A Theology of Exile*, 188-189.

11. 물론 이 일을 기다리는 것이 수동적인 자세에 머무는 일은 아니다. 도르테 죌레가 최근에 그녀의 책 *Revolutionary Patience*, trans. Rita Kimber and Robert Kimber (Maryknoll, N.Y.: Orbis, 1977)에서 주장한 내용과, 좀 오래된

것으로 크리스토프 블룸하르트Christoph Blumhardt가 "기다림과 서두름!Warten und Eilen"이라는 구절을 통해 말한 것을 살펴보라. 블룸하르트 부자가 연구한 행동과 기다림의 변증법에 관해서는 Karl Barth, *Action in Waiting* (Farmington, Pa.: Plough, 1998)을 보라.

5장

1. 권력을 쥔 왕과 새 왕으로 나선 이 사이에 존재하는 대조와 대안적 성격은 현재 우리가 보고 있는 형태의 예레미야서 34-35장에서도 나타난다. 현재의 형태를 따르면, 두 이야기는 의도적으로 병치된 것이 분명하다. 예레미야서 34장을 보면 약삭빠른 토지 소유자들은(헤롯 왕과 똑같이) 토지와 자유를 가지고 목숨을 건 장난을 한다. 그런데 그 음흉한 장난은 성공하지 못하고 그들은 결국 죽음을 선고를 받는다. 이와 대조적으로 예레미야서 35장을 보면, 순종하겠다는 결의 외에는 아무것도 주장하지 않고 아무것도 가진 것이 없는 레갑 사람들은 결국 복을 받는다. 예수가 나사렛 사람이라는 사실과 레갑 사람들의 삶의 양식은 우연한 유사점 이상의 의미를 지닌다.

2. 누가복음의 요약 부분에 관해서는 폴 미니어Paul S. Minear가 *To Heal and to Reveal: The Prophetic Vocation According to Luke* (New York: Seabury, 1976), 63-77에서 날카롭게 언급한 내용을 보라. 마리아의 노래the Magnificat는, 누가가 "불가능한 것의 필연성의 신학a theology of the necessity of the impossible"으로 제시한 몇 개의 본문 중 하나로 여겨진다. 미니어에 의하면, 이와 동일한 방식으로 다듬어진 본문들은 누가복음 4:18-19; 6:20-22; 7:22; 14:21이다.

3. 누가복음에서 가장 특징적인 이 본문에 나오는 역전이라는 주제에 관해서는 폴 미니어의 *To Heal and to Reveal*, 63-65을 보라. 이 구절에 나오는 희망이란 영, 곧 "하늘"에게 호소하는 일이다. 다시 말해 현재의 질서가 마음대로 지배할 수 없는 대상을 향해 호소하는 일이다.

4. Hannah Arendt, *The Human Condition* (Chicago: Univ. of Chicago Press, 1958), 236-243. "인간사의 영역에서 용서의 역할을 발견한 사람은 나사렛 예수였다"(238). "그가 행한 기적보다 사람들을 더 놀라게 한 일은, 그가 '용서의 권한'을 주장한 일이었다"(239, 주 76). (『인간의 조건』 한길사)

5. 안식일을 메시아 시대의 자유를 나타내는 표지로 보는 점에 대해서는 다음 책을 보라. Jurgen Moltmann, *The Church in the Power of the Spirit: A Contribution to Messianic Ecclesiology*, tran. M. Kohl (Minneapolis: Fortress Press, 1993), 261-278. (『성령의 능력 안에 있는 교회』 한국신학연구소); 몰트만은 에리히 프롬[Erich Fromm]의 말을 인용하여 자기의 주장을 뒷받침한다. "안식일에는 죽음이 중단되고 생명이 다스린다"(270). 안식일이 지니는 근원적인 사회적 의미에 관해서는 Hans Walter Wolff, *Anthropology of the Old Testament*, tran. M. Kohl (Philadelphia: Fortress Press, 1974), 135-142을 보라. (『구약성서의 인간학』 분도출판사); 또 Abraham Joshua Heschel, *The Sabbath: Its Meaning for Modern Man* (New York: Farrar, Straus and Young, 1951)을 보라. (『안식』 복 있는 사람)

6. Paul W. Hollenbach, "Jesus, Demoniacs, and Public Authorities: A Socio-Historical Study," JAAR 49(1981), 567-588. John J. Pilch, *Healing in the New Testament: Insights from Medical and Mediterranean Anthropology* (Minneapolis: Fortress Press, 2000); Norman K. Gottwald, "The Plot Structure of Marvel or Problem Resolution Stories in the Elijah-Elisha Narratives and Some Musings on Sitz im Leben," in *The Hebrew Bible in its Social World and in Ours* (Atlanta: Scholars, 1993), 119-130.

7. Elisabeth Schussler Fiorenza, *In memory of Her: A Feminist Reconstruction of Christian Origins* (New York: Crossroad, 1983; 10th anniversary ed., 1994); Kathleen Corley, *Private Women, Public Meals: Social Conflict in the Synoptic Tradition* (Peabody, Mass.: Hendrickson Publishers, 1993); Ekkehard W. Stegemann and Wolfgang Stegemann, *The Jesus Movement: A Social History of Its First Century* (Minneapolis: Fortress Press, 1998), 378-388. (『초기 그리스도교의 사회사』 동연)

8. Douglas E. Oakman, "Jesus and Agrarian Palestine: The Factor of Debt," in SBL Seminar Papers 1985(Atlanta: Scholars, 1985), 57-73. K. C. Hanson and Douglas E. Oakman, *Palestine in the Time of Jesus: Social Structures and Social Conflicts* (Minneapolis : Fortress Press, 1998), 119-120, 152-153.

9. K. C. Hanson, "Sin, Purification, and Group Process," in *Problems in Biblical*

Theology: Essays in Honor of Rolf Knierim, ed. H. T. C. Sun et al. (Grand Rapids: Eerdmans, 1997), 167-191. 이 논문은 레위기 4-5장, 예레미야서 7-8장과 26장, 사도행전 2장을 다룬다.

10. 예레미야서 7장의 성전 설교를 보면, 예레미야는 예루살렘의 상류 신학 a high theology of Jerusalem과 투쟁하고 있음이 분명하다. 이 신학은 일부분 이사야의 후원으로 형성된 것이다. 예루살렘의 주장들을 비판하는 일은 불가피하게 왕권 의식과 부딪히게 된다는 것을 뜻했다. 예루살렘 전통이 지니는 왕권적 측면에 관해서는 다음 글을 보라. John H. Hayes, "The Tradition of Zion's Inviolability," JBL 82(1963), 419-426; J. J. M. Roberts, "The Davidic Origin of the Zion Tradition," JBL 92(1973), 329-344. 같은 저자의 "Zion in the Theology of the Davidic-Solomonic Empire," in *Studies in the Period of David and Solomon and Other Essays*, ed. T. Ishida (Winona Lake, Ind.: Eisenbrauns, 1982), 93-108. John D. Levenson, "Zion Traditions," in ABD 6:1092-1102.

11. 성서적 신앙과 관련된 율법과 사회적 인습에 관해서는 호세 미란다가 제기한 비판을 보라. Jose Porfirio Miranda, *Marx and the Bible: A Critique of the Philosophy of Oppression*, trans. J. Eagleson(Maryknoll, N. Y.: Orbi, 1974), 특히 4장.

12. 호세 미란다는 긍휼이라는 말의 근거를 다른 그리스 단어에서 찾기는 하지만, 긍휼에 대한 논의를 같은 방향으로 전개한다. *Being and Messiah: The Message of St. John*, trans. J. Eagleson (Maryknoll, N. Y.: Orbis, 1977), 148-153.

13. 구조주의적 비평의 가치와 약점은 *Semeia* 2(1974)에서 제시된, 선한 사마리아 사람의 비유에 대한 다양한 논의들을 통해 살펴볼 수 있다.

14. 물론 이러한 주장은 예언자적 신앙과 해방신학에서 중심을 차지한다. 폴 엘멤Paul Elmem은 이 사실에 대해 다소 다르게 생각하는데, 시인 로버트 로웰Robert Lowell에 관해 평하면서 다음과 같이 말한다."……시인과 노래하는 이들이 깨달은 비밀. 그 고통은 완벽하게 표현함으로써 다스릴 수 있다"("Death of an Elfking," ChrCent 94[1977], 10-57). 이것은 제국을 세우는 관리자들은 결코 알 수 없는 비밀이다.

15. 예언자들이 사용하고, 이어서 예수가 사용한 "화의 신탁woe oracle"을 가혹한

거절로 볼 것이 아니라 죽음을 슬퍼하라는 초청으로 봐야 하는 게 분명하다. W. Eugene March, "Prophecy," in *Old Testament Form Criticism*, ed. J. H. Hayes TUMSR 2(San Antonio: Trinity Univ. Press, 1974), 164-165과 거기에 참고문헌으로 실린 Richard J. Clifford, Erhard Gerstenberger, Gunter Wanke, James G. Williams의 글을 보라. 이 양식을 이런 식으로 다시 규정함으로써 예언자들의 과제가 무엇이냐에 대해 전혀 새로운 관점에서 볼 수 있게 되었다. 이러한 양식을 통해 애통이 이런 말을 위한 적절한 맥락이 된다는 사실이 드러났고, 또 "화"를 위협이나 분노로 생각하는 여러 집단에서 예언자를 심각하게 오해하고 있다는 사실이 밝혀졌다. "화"를 명예와 수치라는 관점에서 해석하는 글로는 K. C. Hanson의 "How Honorable! How Shameful! A Cultural Interpretation of Matthew's Makarisms and Reproaches," *Semeia* 68(1996), 81-111을 보라.

16. 따라서 십자가는 하나님께서 승리와 영광의 신학을 완전히 버렸다는 선언이다. 더글러스 홀이 *Lighten Our Darkness: Toward an Indigenous Theology of the Cross* (Philadelphia: Westminster Press, 1976)에서 주장하는 내용을 보라.

17. Paul Lehmann, *The Transformation of Politics* (New York: Harper & Row, 1975), 48-70.

18. Terence E. Fretheim, *The Suffering of God: An Old Testament Perspective*, OBT (Philadelphia: Fortress Press, 1984), 132-136.

19. 3장에 소개된 리프턴의 주장은 여기서도 적합하다. 이 붕괴가 뜻하는 바는 제국의 가시적인 제도들이 무너졌다는 게 아니라 상징 체계가 파괴되었다는 것이다. 이 비판이 가혹하게 문제 삼는 것은 우리를 격리된 채로 내버려두는, 상징 체계로부터의 소외다.

20. R. H. Fuller, *The Foundations of New Testament Christology* (New York: Scribner, 1965), 207.

21. 부정의 포용에 관해서는 더글러스 홀의 *Lighten Our Darkness: Toward an Indigenous Theology of the Cross* (Philadelphia: Westminster Press, 1976), 2장과 그 외의 여러 곳을 보라. 또 Walter Brueggemann의 글 "A Shape for Old Testament Theology, Ⅱ: Embrace of Pain," CBQ 47(1985), 395-415을 보라.

1. 희망이 과정이나 낙관주의와 어떤 차이가 있는가에 관해서는 다음 글을 보라. Douglas John Hall, *Lighten Our Darkness*: *Toward an Indigenous Theology of the Cross* (Philadelphia: Westminster Press, 1976), 1장과 3장. Jurgen Moltmann, *Theology of Hope*: *On the Ground and the Implications of a Christian Eschatology*, trans. J. W. Leitch (New York: Harper & Row, 1967), 2장. (『희망의 신학』대한기독교서회)

2. 이스라엘에서 인구조사는 자유와 정의를 거슬러 백성을 통제할 수 있는 왕정 제도의 능력을 나타낸다. 따라서 인구조사는 저주의 대상이 된다(사무엘하 24장). 역대기 사가가 이 정책을 사탄의 술수로 돌린 일은 직관상 옳은 판단이었다(역대기상 21장). 이러한 통제 행위에는 분명 사탄적인 요소가 포함되어 있다. 프랭크 크로스는 이 인구조사가 왕권 이데올로기의 전반적인 발전과 관계가 있다고 본다(Canaanite Myth and Hebrew Epic: Essays on the History of the Religion of Israel [Cambridge: Harvard Univ. Press, 1973], 227-240). 그 일이 왜 나중에 와서야 사탄적인 것으로 보이게 되었는지 그 이유를 아는 것은 어렵지 않다. 다시 말해 사탄을 규정하는 일은 사회 경제적 차원과 관계가 있다. Walter Brueggemann, "2 Samuel 21-24: An Appendix of Deconstruction?" CBQ 50(1988), 383-397. 같은 저자의 *First and Second Samuel, Interpretation* (Atlanta: John Knox, 1990) 350-357. (『사무엘(상, 하)』한국장로교출판사) K. C. Hanson, "When the King Crosses the Line: Royal Deviance and Restitution in Levantine Ideologies," BTB 26(1996), 11-25.

3. 언어의 회복을 희망의 첫 번째 행위로 보는 것에 관해서는 도르테 죌레의 *Suffering*, tran. E. R. Kalin(Philadelphia: Fortress Press, 1975)을 보라.

4. John J. Pilch, "Selecting an Appropriate Model: Leprosy-A Test Case," in *Healing in the New Testament*: *Insights from Medical and Mediterranean Anthropology* (Minneapolis: Fortress Press, 2000), 39-54; Jerome H. Neyrey, "Clean/Unclean, Pure/Polluted, and Holy/Profane: The Idea and the System of Purity," in *The Social Sciences and New Testament Interpretation*, ed. R. L. Rohrbaugh(Peabody, Mass.: Hendrickson, 1996), 80-104.

5. 호세 미란다는 지복 선언에 관해 평가하면서, 복의 선언이 지니는 사회 경제적 차원에 주목한다. "나는 어느 곳에 더 큰 믿음과 희망이 있는 지 궁금하다. '죽은 자를 다시 살리신 하나님'(롬 4:17)을 믿는 일인가, 아니면 누가의 말처럼 '주린 사람들을 좋은 것으로 배부르게 하시고, 부한 사람들을 빈손으로 떠나 보내'시는 하나님(눅 1:53)을 믿는 일인가?"(Marx and the Bible: A Critique of the Philosophy of Oppression, trans. J. Eagleson [Maryknoll, N.Y.: Orbis, 1974], 217).

6. 지복선언의 내용에 관해서는 Jurgen Moltmann, *The Church in the Power of the Spirit: A Contribution of Messianic Ecclesiology*, trans. M. Kohl(Minneapolis: Fortress Press, 1993) 80-81을 보라. 몰트만은 "지복 선언의 백성"은 미래를 향해 돌아서야 한다고 결론짓는다. 지복 선언 일반에 관해서는 다음 글을 보라. Michael Crosby, *The Spirituality of the Beatitudes: Matthew's Challenge for First World Christians* (Maryknoll, N.Y.: Orbis, 1981); Hans Dieter Betz, "The Beatitudes of the Sermon on the Mount (Matt. 5:3-12): Observations on Their Literary Form and Theological Significance," in *Essays on the Sermon on the Mount*, trans. L. L. Welborn (Philadelphia: Fortress Press, 1985) 17-36. 같은 저자의 *The Sermon on the Mount, Hermeneia* (Minneapolis: Fortress Press, 1994); K. C. Hanson, "How Honorable! How Shameful! A Cultural Interpretation of Matthew's Makarisms and Reproaches," *Semeia* 68(1996), 81-111.

7장

1. 이 주장은 조지 벤슨George A. Benson이 *Then Joy Breaks Through* (New York: Seabury, 1972)에서 개인의 인격 수준에서 제기한 주장이다. 그는 이 책의 마지막 장을 다음과 같은 말로 시작한다. "그리스도의 부활은 모든 시대의 변혁을 의미하며 기독교적인 기쁨을 보여주는 원형이다"(123). 그는 이 책 전반에 걸쳐 생명에 이르는 길 위에 세워진 십자가의 의미를 탐구한다.

2. 나는 엘리자베스 퀴블러 로스Elizabeth Kubler Ross의 연구로부터 큰 도움을 받았다. *On Death and Dying* (New York: Macmillan, 1969). (『인간의 죽음』 분도출판사; 『죽음과 죽어감』 이레) 그녀의 패러다임을 이스라엘 신앙과 관련시켜 전개한 나의 글, "The Formfulness of Grief," *Interp* 31(1977), 263-275을 보라. 역시 나

의 글인 "Psalms of Disorientation," in *The Message of the Psalms: A Theological Commentary* (Minneapolis: Fortress Press, 1984), 50-121을 보라. (『시편 사색』 솔로몬)

실천 후기

1. Andrew McAuley Smith, "Prophets in the Pews: Testing Walter Brueggemann's Thesis in The Prophetic Imagination in the Practice of Ministry" (D.Min. thesis, Princeton Seminary, 1999).
2. 같은 논문, 49-86.
3. 같은 논문, 92.
4. 같은 논문, 102.

추천 참고문헌

Birch, Bruce C. *Let Justice Roll Down: The Old Testament, Ethics, and Christian Life.* Louisville: Westminster John Knox, 1991. (6장 "Royal Ideal and Royal Reality," 198-239을 보라.)

Blenkinsopp, Joseph. *A History of Prophecy in Israel.* Rev. ed. Louisville: Westminster John Knox, 1996.

Chaney, Marvin L. "Systemic Study of the Israelite Monarchy." *Semeia* 37(1986): 53-76.

Coats, George W. "The King's Loyal Opposition: Obedience and Authority in Exdos 32-34." in *Canon and Authority: Essays in Old Testament Religion and Theology*, edited by G. W. Coats and B. O. Long, 91-109. Philadelphia: Fortress Press, 1977. (이 책은 모세와 예레미야를 함께 다룬다.)

Gordon, Robert P., ed. *The Place Is Too Small for Us: The Israelite Prophets in Recent Scholarship*, SBTS 5. Winona Lake, Ind.: Eisenbrauns, 1995.

Gottwald, Norman K. "The Biblical Prophetic Critique of Political Economy: Its Ground and Import," in *God and Capitalism: A Prophetic Critique of Market Economy*, edited by J. M. Thomas and V. Visick, 11-29. Madison, Wis.: A-R Editions, 1991. 이 글은 다음 책에 들어 있다. Norman K. Gottwald, *The Hebrew Bible in Its Social World and in Ours*, Semeia Studies, 349-364. Atlanta: Scholars, 1993.

Gottwald, Norman K. "A Hypothesis about Social Class in Monarchic Israel in the Light of Contemporary Studies of Social Class and Stratification," in *The Hebrew Bible in Its Social World and in Ours*, Semeia Studies, 139-164. Atlanta: Scholars, 1993.

Gottwald, Norman K. "Social Class as an Analytic and Hermeneutical Category in Biblical Studies." *JBL* 112(1993), 3-22.

Handy, Lowell. K., ed. *The Age of Solomon: Scholarship at the Turn of the Millennium*. Studies in the History and Culture of the Ancient Near East Ⅱ. Leiden: Brill, 1997. (24 articles.)

Holladay, William L. *Jeremiah*. Vol. 1. Hermeneia. Philadelphia: Fortress Press, 1986.

Holladay, William L. *Jeremiah*. Vol. 2. Hermeneia. Minneapolis: Fortress Press, 1989.

Hutton, Rodney R. *Charisma and Authority in Israelite Society*. Minneapolis: Fortress Press, c1994. (특히 1, 2, 5장을 보라.)

Ishida, Tomoo, ed. *Studies in the Period of David and Solomon and Other Essays*. Winona Lake, Ind.: Eisenbrauns, 1982.

Koch, Klaus. "The Language of Prophecy: Thoughts on the Macrosyntax of the debar YHWH and Its Semantic Implications in the Deuteronomistic History." in *Problems in Biblical Theology: Essays in Honor of Rolf Knierim*, edited by. H. T. C. Sun et al., 210-221. Grand Rapids: Eerdmans, 1997.

Overholt, Thomas W. *Channels of Prophecy: The Social Dynamics of Prophetic Activity*. Minneapolis: Fortress Press, 1989.

Smith, Daniel L. *The Religion of the Landless: The Social Context of the Babylonian Exile*. Bloomington, Ind.: Meyer-Stone, 1989.

Whitelam, Keith W. "Israelite Kingship: The Royal Ideology and Its Opponents." in *The World of Ancient Israel: Sociological, Anthropological and Political Perspectives*, edited by R. E. Clements, 119-139. Cambridge: Cambridge Univ. Press, 1989.

Wilson, Robert, R. *Prophecy and Society in Ancient Israel*. Philadelphia: Fortress Press, 1980.

성구 색인

마가복음

누가복음